DANKE SCHÖN DEUTSCHLAND
(Cảm Tạ Xứ Đức)

Danke schön Deutschland

THÍCH NHƯ ĐIỂN

Erstausgabe Paperback: 2002
Zweite Auflage E-Book: 2019

Layout: Nguyễn Minh Tiến
Umschlaggestaltung: Nguyễn Hùng & Nguyên Minh
Lektorat der zweiten Auflage: Nguyên Đạo & Dr. Olaf Beuchling

ISBN-13: 978-1-0917-0517-3
ISBN-10: 1-0917-0517-8

THÍCH NHƯ ĐIỂN

DANKE SCHÖN DEUTSCHLAND

Aus dem Vietnamesischen ins Deutsche übertragen von
Hạnh Tấn & Hạnh Giới

Zweite, durchgesehene und ergänzte Auflage

VIÊN GIÁC
TÙNG THƯ

2019

Đất lành
chim đậu

An einem friedlichen Ort lassen
sich die Vögel nieder

(Vietnamesisches Sprichwort)

INHALTSANGABE

VORWORT

Heute, am 4. Juni 2002, der dem 24. Tag des vierten Mondmonats im Jahr des Pferdes entspricht, beginne ich mit der Niederschrift meines 34. Buches mit dem Titel „Danke schön Deutschland". Ich werde versuchen dieses Werk während der Zeit der Sommerklausur fertig zu stellen, um es anschließend auf Deutsch übersetzen zu lassen. Die deutsche Übersetzung soll den Deutschen helfen, diejenigen Menschen, die einem Volk von der anderen Seite des Globus angehören und teilweise seit 25 Jahren in Deutschland als Flüchtlinge leben, besser verstehen zu können.

Ich weiß nicht, ob bereits jemand vor mir ein ähnliches Buch verfasst hat, um Deutschland und den Deutschen für die gewährte Unterstützung zu danken. Ich selbst jedenfalls empfinde es als meine Pflicht, mit einem solchen Werk meinen Dank an den deutschen Staat und an das deutsche Volk für die meinen Landsleuten erwiesene Großzügigkeit in den letzten 25 Jahren zum Ausdruck zu bringen.

Am 22. April 1977 kam ich nach Deutschland. Im April 2002 waren es also genau 25 Jahre, die ich bereits hier verbracht habe - ein Vierteljahrhundert! Was konnten meine Landsleute und ich in diesem Zeitraum für dieses Land tun, und was können wir in Zukunft noch tun? Wie haben wir uns für den Fall vorbereitet, wenn unsere Hilfe irgendwann einmal von unserem Vaterland gefordert wird? Solche Fragen werden vielseitig und unterschiedlich beantwortet; doch eins ist sicher: All dies geschieht nur in Verbindung mit unserer tiefsten Dankbarkeit gegenüber Deutschland.

Als Vietnamesen und Buddhisten haben wir über die Vier Dankbarkeiten nachzudenken. Es handelt sich um den Dank gegenüber dem Land, in dem wir uns gerade aufhalten, Dank an die eigenen Eltern für deren Erziehung und Fürsorge, Dank an die Lehrer für ihre schulische Erziehung, auf Grund welcher wir uns zu wertvollen Mitgliedern der Gesellschaft entwickeln konnten, und schließlich den Dank gegenüber der Gesellschaft, in der wir uns zu vollwertigen Menschen entwickeln können. Auf Grund dieser Sichtweise hat ein vietnamesischer Buddhist ungeachtet seines aktuellen Aufenthaltsortes stets seine Pflicht gegenüber dem Land zu erfüllen, in welchem er gerade lebt - sei es nun Deutschland oder ein anderer Staat.

Vom ersten bis zum dreizehnten Jahrhundert westlicher bzw. christlicher Zeitrechnung hatten die Vietnamesen nur die Chinesen gekannt. Später baute man auch Kontakte zu den Mongolen und den Japanern auf. Im 16. Jahrhundert kamen die Jesuiten, Mitglieder eines christlichen (katholischen) Ordens, nach Vietnam, um dort zu missionieren. Das war die erste Verbindung zu Europäern. Im 19. Jahrhundert machten die Franzosen (nicht nur) Vietnam zu ihrer Kolonie und herrschten dort fast 100 Jahre lang über die Einheimischen. Daher wissen die meisten Vietnamesen mehr über die Franzosen als über die Deutschen. Der Einfluss Frankreichs wirkte auf die Vietnamesen bis 1975, und zwar trotz der Anwesenheit der US-Amerikaner in Vietnam seit 1954, als dem Genfer Abkommen vom 20. Juli des Jahres folgend Vietnam - am Fluss Ben Hai als Grenzlinie - in ein republikanisch regiertes Süd-Vietnam und ein kommunistisch beherrschtes Nord-Vietnam aufgeteilt worden war. Am 30. April 1975 nahmen die nordvietnamesischen Kommunisten Süd-Vietnam ein. Ab diesem Zeitpunkt verließen mehr als zwei Millionen Menschen das Land um nach der Freiheit zu suchen. Dieser Strom von Flüchtlingen ist bis heute nicht versiegt.

Auch Deutschland wurde geteilt, konnte aber nach der im Jahre 1989 erfolgten Öffnung der Grenze ein Jahr später (1990) friedlich wieder vereinigt werden. Auch in Deutschland hatte es zuvor Tote gegeben, als noch die beschämende Mauer zwischen Ost und West stand. Doch die Zahl der Vietnamesen, die ihr Leben im Chinesischen Meer, im Pazifik oder in den Wäldern von Thailand, Kambodscha, Laos und China ließen, ist sehr viel höher. Auch ohne offizielle Statistiken lässt sich die Zahl dieser Opfer auf etwa 500.000 schätzen.

Vor 1954 gab es wahrscheinlich nur sehr wenige Vietnamesen in Deutschland, allenfalls einige Soldaten aus der damals noch französisch beherrschten Region Vietnam während des Zweiten Weltkrieges (1939-1945). Ich habe keine Kenntnis darüber, wer als erster Vietnamese nach Deutschland kam, oder wann die Botschaft der Vietnamesischen Republik in Bonn ihre Arbeit aufnahm. Doch mit Hilfe der offiziellen Daten lassen sich wahrscheinlich nicht mehr als 100 vietnamesische Arbeiter und Studenten in den 1950er und 1960er Jahren in Deutschland nachweisen. Zwischen 1964 bis 1975 studierten mindestens 2000 Vietnamesen aus Südvietnam an westdeutschen Universitäten, und viele nordvietnamesische Studenten gingen nach Ostdeutschland, also in die damalige DDR. Von 1975 bis heute (2002) waren bzw. sind es etwa 100.000 weitere Vietnamesen, die nach Deutschland kamen und inzwischen hier - größtenteils mit ihren hier geborenen Nachkommen - dauerhaft leben. Hinsichtlich dieses Lebens in der deutschen Gesellschaft gibt es natürlich viele Punkte, die einer Erklärung bedürfen. Wie kommen die Vietnamesen mit den Deutschen zurecht? Was ist nun mit ihrer Sprache und Kultur? War Deutschland vor ihrer Flucht eigentlich ihr Wunschziel?

Ich persönlich bin nicht als politischer, sondern als religiöser Flüchtling nach Deutschland gekommen. Auch flüchtete ich nicht nach 1975 aus Vietnam; ich verließ meine Heimat bereits am 22. Februar 1972 als Student in Richtung Japan. Ich habe daher in den letzten 30 Jahren keine direkte Beziehung mit meiner Heimat mehr gehabt. Ich ahnte damals beim Abflug vom Flughafen Tan Son Nhat der Hauptstadt Saigon nicht, dass ich irgendwann einmal nach Europa verschlagen würde.

Ich weiß nicht, ob diejenigen Deutschen, die früher ihr Land während der Zeit des Hitler-Regimes in Richtung Kanada, USA, Australien u.a. verließen, sich Gedanken darüber gemacht haben, warum sie ihre Heimat verließen und ob sie jemals wieder in ihre Heimat zurückkehren würden. Würden die sozialen Bedingungen am vorläufigen Wohnort ihnen später Schwierigkeiten bereiten, wenn sie nach Deutschland zurückkehren könnten? Solche Fragen können nur diejenigen Deutschen beantworten, die außerhalb ihrer Heimat leben. Ihren Landsleuten in Deutschland fehlt hierfür die nötige Erfahrung.

Nach der Teilung Deutschlands lebten noch viele Deutsche in osteuropäischen Ländern wie der Sowjetunion, der Tschechoslowakei oder Polen. Diese Menschen und auch die Deutschen in der ehemaligen DDR wären gern im Westen gewesen, wo man weit mehr Freiheit als in den kommunistischen Ländern hatte. Auf Grund ähnlicher Beweggründe verließen mehr als eine Million Vietnamesen 1954 den Norden ihres Landes; in die umgekehrte Richtung zogen nur die Mitglieder der Kommunistischen Partei. Auch in Deutschland flüchteten viele aus dem Osten, um im Westen eine neue Existenz aufzubauen; und es gab nur ganz wenige, die vor 1989 freiwillig aus dem Westen in den Osten überwechselten. In der Regel handelte es sich bei diesen wenigen Leuten um überzeugte Kommunisten oder um Personen, die zuvor als Spione des DDR-Regimes im Westen tätig waren und somit nach ihrer Enttarnung im Osten auf Straffreiheit hofften.

Wie viele von denjenigen Deutschen, die vor 1945 ins Ausland geflüchtet waren, kehrten eigentlich später dauerhaft in ihre Heimat zurück? Ich selbst kann diese Frage nicht beantworten, doch die meisten Deutschen, die ich in den USA, Kanada und Australien traf, haben dort inzwischen ihre neue Heimat gefunden und denken auch nicht daran nach Deutschland zurückzukehren. Sie meinen, dass die Zukunft ihrer Kinder in ihren neuen Heimatländern liege; und außerdem gäbe es ihrer Ansicht nach dort mehr Freiheit und mehr Entwicklung als in Deutschland derzeit - und das, obwohl Deutschland in Europa zu den am weitesten entwickelten Ländern gehört! Auf die Ursache dieser Erscheinung werde ich im weiteren Verlauf meines Buches noch zu sprechen kommen.

Wenn ich über die erwähnten Deutschen im Ausland nachdenke, kommt mir das Schicksal der in Deutschland lebenden Vietnamesen in den letzten 25 Jahre in den Sinn, und ich mache mir über die Gemeinsamkeiten und Unterschiede der beiden Gruppen Gedanken, um Möglichkeiten zu finden, wie Deutsche und Vietnamesen einander besser verstehen und akzeptieren können. Wenn solche Wege nicht gefunden würden, gäbe es ständig Missverständnisse zwischen den beiden Volksgruppen, und sie würden vielleicht nur noch auf diplomatischer Ebene miteinander verkehren.

Viele Japaner - besonders Japanerinnen - ziehen es vor, sich dauerhaft im Ausland niederzulassen. Sie suchen dort die in der Gesellschaft verankerte Freiheit und die Gleichheit der Geschlechter. Diejenigen Japaner hingegen, die in der Heimat bleiben, akzeptieren die alten Sitten und die Traditionen ohne jegliche Versuche, etwas zur Änderung der örtlichen Gegebenheiten zu tun. Ähnliches kann man auch bei vielen Deutschen beobachten. Diese sehen und beurteilen die Fremden in ihrem Land oft ohne Rücksicht und Nachsicht - ohne zu wissen, dass alle Menschen in derselben Umwelt leben, und dass es in der menschlichen Gesellschaft nicht bedeutet, dass die Stärkeren gegenüber den Schwächeren überleben.

In den letzten 25 Jahren konnten wir, die in Deutschland lebenden Vietnamesen, unseren eigenen Weg in diesem Land beschreiten; dafür müssen wir dankbar sein. Wir dürfen in Deutschland den Duft der Freiheit atmen; das ist auf Grund der Großzügigkeit der deutschen Regierung und des deutschen Volkes zu verdanken. Man hat uns, Menschen aus Asien mit anderer Hautfarbe, Sprache, Lebensweise, Tradition aufgenommen. Die Menschen der zwei Volksgruppen haben eigentlich nur eines gemeinsam: die Achtung vor der Freiheit. Wir Vietnamesen konnten und können in Deutschland ein friedliches Leben führen. Wir danken Deutschland dafür, dass es uns geholfen hat, ein erträgliches Leben zu führen - ohne jeglichen Druck wie in der Heimat. Gleichzeitig müssen wir aber auch für das deutsche Erziehungssystem dankbar sein. In den letzten 25 Jahren haben viele jungen Vietnamesen als Schüler, Studenten und Auszubildender die Schulen, Universitäten bzw. die Berufsschulen besuchen können. Viele von ihnen haben inzwischen ihre Ausbildung absolviert und arbeiten für das Land - als Dank für die ihnen hier ermöglichte Entwicklung und getreu nach dem Motto: „Genieße die Frucht mit dem Gedanken an den Pflanzenden!" oder „Trinke das Wasser mit dem Gedanken an die Quelle!" Diese vietnamesischen Sprichwörter sagen viel über die uns wichtige Dankbarkeit gegenüber der Gesellschaft aus. Hass soll negiert, und Dank soll gezeigt werden. In diesem Sinne sollen wir daran denken, dass die Freiheit, die heute in Deutschland existiert, ein Ergebnis der Arbeit deutscher „Generationen" von Regierungen unter vielen Bundeskanzlern wie Adenauer, Brandt u.a. sowie des deutschen Volkes ist. Die Deutschen haben andere Erfahrungen als wir Vietnamesen gemacht; sie konnten mit fremder Hilfe die Unterdrückung überwinden und so die Freiheit gewinnen. Vietnam wurde zwar vereinigt, doch in einer Weise, die wir nicht akzeptieren konnten und können. Die Kommunisten beraubten uns unsere Freiheit; deshalb mussten seit 1975 mehr als zwei Millionen Vietnamesen ihre Heimat verlassen. Anders formuliert: Wenn die Kommunisten in Vietnam nicht an die Macht gekommen wären, hätten auch keine Vietnamesen ihre Heimat verlassen müssen. So aber handelten Letztere wie früher diejenigen Deutschen, welche die Nazis unter Hitler nicht ertragen konnten und daher Deutschland fluchtartig verlassen mussten.

Im vorliegenden Buch werde ich einen gesonderten Abschnitt der Beziehung zwischen der Institution des deutschen Innenministerium und den in Deutschland lebenden Vietnamesen seit 1979 widmen, um so den deutschen Regierungen der letzten 25 Jahre unseren Dank für die Unterstützung der Integration der Vietnamesen sowie der Entwicklung der deutschen Abteilung der Kongregation der Vereinigten Vietnamesischen Buddhistischen Kirche und des Vereins der Vietnamesischen Buddhistischen Flüchtlinge auszudrücken - in der Hoffnung, dass die positive Beziehung in Zukunft auch weiterhin bestehen bleiben wird.

Am 2. April 1978 wurde in Hannover in der Eichelkampstraße die Buddha-Andachtsstätte Vien Giac zu Ehren Buddhas eingeweiht. Am 2. April 1988 feierten wir unser zehnjähriges Jubiläum in der Pagode Vien Giac gemeinsam mit unseren deutschen und vietnamesischen Gästen. Eigentlich sollte das 25-jährige Jubiläum in der nun in der Karlsruher Straße gelegenen Pagode Vien Giac am 2. April 2003 gefeiert werden, doch wir werden dies zwei Monate später tun um dann gleichzeitig das Jubiläum unserer Zeitschrift „Vien Giac" feierlich zu begehen. Einen eigenen Abschnitt meines

Buches werde ich der Entwicklung der Pagode und der Zeitschrift Vien Giac in den vergangenen 25 Jahren widmen.

Menschen haben die Angewohnheit, das Alte zu vergessen und nur das Neue zu suchen. Doch ohne das Alte kann es das Neue nicht geben. Deshalb schreibe ich dieses Buch, um die Arbeit der ersten Generation dauerhaft in Deutschland lebender Vietnamesen zu beschreiben, damit die jüngere Generation sie kennen lernt und in Erinnerung behält. Die Verantwortung der neuen Generation liegt im Aufbau einer Zukunft, welche auf der Vergangenheit basieren soll.

Normalerweise lernen die Älteren Neues nur sehr mühsam; sie leben mehr in der Erinnerung an die Vergangenheit. Die Jüngeren dagegen sind anders: Sie streben nach dem Neuen und denken nicht viel an die Vergangenheit. Doch auch sie werden irgendwann alt. Dann werden sie das gleiche Schicksal wie ihre Vorgängergeneration erleben; auch ihre Generation wird dann der Vergangenheit gehören. Deshalb sage ich oft, dass jede Generation nur in der Lage ist eine Brücke zwischen der früheren und der jetzigen Zeit zu bauen. Wir können keine Brücke bauen, die von der Vergangenheit direkt mit der Zukunft verbindet. Wir können es zwar versuchen, doch werden wir sofort daran scheitern. Denn der Vorrat der Vergangenheit reicht nicht gleichzeitig für Gegenwart und Zukunft.

Jedes Jahr feiern wir verschiedene Jubiläen; Zeit und Geschehnisse gehen Hand in Hand. Im Jahr 2003 werden wir - wie bereits erwähnt - das Jubiläum des 25-jährigen Bestehens der Pagode begehen, denn die Pagode wurde am 02.04.1978 eingeweiht. Wir werden allerdings auf Grund des ebenfalls bald zu feiernden Jubiläums des erstmaligen Erscheinens der Zeitschrift „Vien Giac" am 01.01.1979 mit einer gemeinsamen Feier im Juni 2003 beide Ereignisse gleichzeitig angemessen würdigen.

Im Jahr 1978 wurde außerdem der Verein der Vietnamesischen Studenten und Flüchtlinge in Deutschland und im Jahr 1979 die Kongregation der Vereinigten Vietnamesischen Buddhistischen Kirche in Deutschland gegründet. Alle dieser Ereignisse werden wir gemeinsam im Jahr 2003 feierlich gedenken.

Alljährlich findet in der Pagode Vien Giac eine dreimonatige Klausur statt, die im Anschluss an das Vesakfest beginnt und nach dem Ullambanafest ihren Abschluss findet. Diese Klausur ist eine Zeit intensiver Übung für die Ordinierten. Sie üben sich in Ethik, Meditation und Philosophie, um sich der Tradition des Buddhismus entsprechend zu entwickeln. Auch während ihres Aufenthaltes in nichtbuddhistischen Ländern vernachlässigen die Ordinierten diese Zeit nicht, doch ist ihnen dies nur unter schweren Bedingungen möglich. Das Leben in der europäischen und in der US-amerikanischen Umgebung ist sehr komplex, doch die ihnen im Weg stehenden Hindernisse müssen von den Ordinierten überwunden werden. An jedem der 90 Tage der Klausur verbringt jeder Mönch und jede Nonne mindesten 4 Stunden in der Andachtshalle mit Niederwerfungen, Rezitationen, Meditationen, dem Aufsagen von Buddhanamen und Mantras. Einige Ordinierte praktizieren zusätzlich weitere Stunden für sich allein. Darüber hinaus findet täglich ein eineinhalbstündiger Unterricht statt, und 3 bis 4 Stunden verrichten die Ordinierten ihre sonstigen Aufgaben. Während der Klausurzeit verbringen die Ordinierten also in der Regel mehr als 12 Stunden praktizierend. Diese Praxis ist sehr kostbar und soll auch in der Zukunft fortgesetzt werden.

Seit 1995 werfen wir Ordinierten in der Pagode Vien Giac uns vor jedem aus dem Parinirvana Sutra rezitierten Wort nieder. Bis zum Jahr 2002 haben wir auf diese Weise 500 Seiten klein gedruckten Textes gewürdigt. So kamen ca. 100.000 Niederwerfungen bisher zusammen. An jedem Abend werden 300 weitere Niederwerfungen vorgenommen. Am Ende dieser Art der Rezitation dieses Sutras werden es insgesamt 400.000 Niederwerfungen sein. Das Lotus Sutra mit seinen mehr als 70.000 Worten haben wir bereits in fünf Jahren mit Niederwerfungen gewürdigt. Seit 1984 praktizieren wir Ordinierten der Pagode Vien Giac auf diese Weise während der dreimonatigen Klausurzeit. Es handelt sich hierbei übrigens um eine sowohl von Ordinierten als auch von Laien angewandte Praxis.

Viele Leute fragen sich, warum man in der Pagode Vien Giac so aktiv ist. Nun, die Antwort ist sehr einfach: An diesem Ort gibt es viele Menschen, die sich viel Mühe geben, die viel lernen und die viel praktizieren; dabei werden sie in ihren Taten von Menschen und Übermenschen unterstützt. Die Pagode Vien Giac würde ihre Stärke verlieren, wenn die Mönche und Nonnen ihre Praxis und Studien vernachlässigen würden.

Jeden Tag nach der Morgenrezitation habe ich etwas Zeit, mich meiner Schreibarbeit zu widmen. Ohne diese Klausurzeiten hätte ich nicht viel bewerkstelligen können. Die morgendliche Rezitation des Suramgama Mantra ist sehr wichtig. Deshalb habe ich sie seit meiner Ordination im Jahre 1964, also fast 40 Jahre lang, an keinem Morgen vernachlässigt - außer an denjenigen Tagen, an denen ich krank war. Doch letztere Tage in diesen 40 Jahren kann ich an meinen Fingern abzählen. Wenn ich irgendwohin fahre, um meiner geistlichen Arbeit nachzukommen, bemühe ich mich, diese Praxis auch außerhalb der Pagode nicht zu vernachlässigen. Nur wenn ich mich in einem Privathaushalt aufhalten muss, kann ich sie nicht immer durchführen. Das Suramgama Mantra ist wunderbar und stärkt die Praktizierenden, wenn sie Schwierigkeiten gegenüber stehen.

In der Pagode Vien Giac haben sich inzwischen mehr als 20 Ordinierte niedergelassen. Zehn Laien helfen ihnen bei ihren

Arbeiten, und vier weitere Laien sind im Büro tätig. Ich danke allen diesen Menschen. Denn ohne die Ordinierten gäbe es keine Unterstützung für meinen eigenen Geist und kein Objekt meines Mitgefühls. Ohne die Laien besäße ich keine Objekte meiner Widmungen an andere Menschen. Gerade das vorliegende Buch kam aus Dankbarkeit diesen Menschen gegenüber zustande, aber auch aus Dankbarkeit für die Unterstützung des Innenministeriums und besonders des Kultusministeriums der Bundesrepublik Deutschland. Die Arbeiten an diesem Buch vom Abtippen über das Übersetzen und das Korrigieren bis zur Layoutgestaltung erforderten viel Zeit und einen starken Willen. Ohne die Hilfe von Anderen konnte dieses Werk nicht entstehen.

Ich falte meine Hände zusammen, um so meinen Dank an die deutsche Regierung, das deutsche Volk und die vietnamesischen Buddhisten, die mir viel bei der Arbeit für die Pagode und für die Zeitschrift „Vien Giac" geholfen haben, auszudrücken. Ohne diese Hilfe käme ich vor wie jemand, der sich ohne jegliche Ausrüstung auf hoher See befindet.

Ich bedanke mich für all diese Hilfe.

Thich Nhu Dien

Kapitel I

EINIGE SKIZZEN ÜBER DEUTSCHLAND

Was denken die Vietnamesen über Deutschland und die Deutschen? Je nach Beruf und Lebensverhältnissen wird wahrscheinlich jeder von ihnen eine andere Antwort auf diese Frage geben. Natürlich sind neben den lobenswerten Eigenschaften auch einige zu kritisierende Punkte zu erwähnen. Doch in diesem Buch möchte ich mich auf die Besonderheiten der Deutschen im Rahmen ihrer Geschichte seit dem 10. Jahrhundert beschränken. Anhand der Geschichtsbücher will ich den Vietnamesen die Entwicklung Deutschlands in den letzten 1100 Jahren nahe bringen.

Historisch gesehen gibt es Deutschland erst seit dem Jahr 911. Damals wurde es regiert von König Konrad dem Ersten, der die Titel Fränkischer König und Römischer König trug. Im 11. Jahrhundert wurde Deutschland als Römisches Reich, im 13. Jahrhundert als Heiliges Römisches Reich und im 15. Jahrhundert als Deutsche Nation bezeichnet[1]. Das Wort „deutsch" wurde zum ersten Mal im 8. Jahrhundert verwendet, danach hat sich die so bezeichnete Sprache Deutsch von Südfrankreich aus über die 1000-jährigen Geschichte sich weiter entwickelt und verbreitet.

Die vietnamesische Kultur wurde als eine 4000-jährige Kultur bezeichnet. Doch in den Geschichtsbüchern Japans, Chinas und anderer Länder wird Vietnam erstmals im Jahr 938 als selbstständiges Land unter der damaligen Regierung von König Ngo Quyen urkundlich erwähnt.

---

[1] Kappler & Grevel: Tatsachen über Deutschland, 1996, S. 8 f

Aus den genannten Informationen ergibt sich für Deutschland und Vietnam - zwei Länder mit unterschiedlicher geographischer Lage, unterschiedlichen Sprachen und unterschiedlichem Klima - in etwa der gleiche Zeitpunkt der offiziellen Entstehung. Deutschland wurde im Jahr 911 und Vietnam im Jahr 938 erstmals offiziell als Nation angesehen. Seit dieser Zeit wurde Vietnam mehrmals kolonisiert, und zwar von Chinesen, Franzosen, Japanern, Russen und US-Amerikanern. Auch Deutschland musste Ähnliches erdulden. Vor der Französischen Revolution (1789) mussten alle Könige Europas - also auch die Deutschen - erst von der römisch-katholischen Kirche in Rom bestätigt und eingesetzt werden. Im Jahr 1949 wurde Deutschland geteilt; die kommunistische Regierung Ostdeutschlands verkündete am 7. Oktober 1949 die Gründung der so genannten „Deutschen Demokratischen Republik" (DDR), während in Westdeutschland die freiheitliche „Bundesrepublik Deutschland" entstand. In den darauf folgenden 40 Jahren (also von 1949 bis 1989) wurde Deutschland von den vier Nationen Großbritannien, Frankreich, USA und Sowjetunion kontrolliert, um dort die nochmalige Entstehung einer Diktatur wie die unter Hitler zu verhindern. Die DDR wurde von der (ebenfalls kommunistischen) Sowjetunion beherrscht. Die ursprüngliche Bundesrepublik Deutschland dagegen wurde im Nordteil von Großbritannien, im Westteil von Frankreich und im Südteil von den USA kontrolliert - wenn auch nicht rigoros. Die Kontrolle durch andere Nationen war das Schicksal der im Zweiten Weltkrieg unterlegenen Länder wie Deutschland und Japan. Trotzdem hat sich zunächst die „alte" Bundesrepublik Deutschland und später das wiedervereinigte Deutschland zu einer der stärksten Nationen der Welt entwickelt. Dies ist ein beachtliches Phänomen. Deutschland hat sich inzwischen so weit erholt, dass Freiheit, Wirtschaft, Erziehungswesen, Religion, Wissenschaft und Technik dieser Nation denen anderer Länder dieser Welt in nichts nachstehen.

Deutschland - geographisch betrachtet

Deutschland ist 357.000 km² groß. Die längste Strecke in Nord-Süd-Richtung beträgt 876 km, die in West-Ost-Richtung 640 km. Vietnam ist mit einer Grundfläche von 333.000 km² nicht viel kleiner. Dort beträgt die längste Strecke in Nord-Süd-Richtung 2.000 km. Der Umfang Deutschlands beträgt 3.758 km und derjenige Vietnams etwa 5.000 km.

Die Bevölkerungszahl in Deutschland liegt bei etwa 81 Millionen Einwohnern; ungefähr gleich viele Menschen leben in Vietnam, während z.B. Italien 58 Millionen, Großbritannien 57 Millionen und Frankreich 56 Millionen Bürger haben.

Deutschland grenzt an Dänemark im Norden, an die Niederlande sowie an Belgien, Luxemburg und Frankreich im Westen, an die Schweiz und an Österreich im Süden und schließlich an Tschechien und Polen im Osten. Dies ist die Grenzsituation seit dem 3. Oktober 1990, dem Tag der erlangten deutschen Wiedervereinigung.

Vietnam wurde nach dem 20. Juli 1954 geteilt. Im Nordteil des Landes herrschten die mit China und der Sowjetunion befreundeten Kommunisten. Der demokratische Südteil wurde von den USA und der NATO unterstützt. Am 30.04.1975 wurde Vietnam zwar vereinigt, doch zwangsweise unter der Herrschaft der kommunistischen Regierung des Nordens, während die früher in der ehemaligen (kommunistischen) DDR lebende deutsche Bevölkerung ihre Regierung frei wählen konnte. Bis 1975 - also innerhalb von 21 Jahren - hatten die vietnamesischen Kommunisten Nordvietnam in vielerlei Hinsicht zerstört - ähnlich wie die deutschen Kommunisten den Ostteil Deutschlands zwischen 1949 bis 1990 ruiniert hatten. Auch nach etwa 40 Jahren Existenz der DDR wurde letztere nicht von anderen Ländern respektiert; und das hätte auch weiterhin für Ostdeutschland gegolten, wenn die dortige Bevölkerung nicht ein neues System gewählt hätte. Die Welt zeigt Respekt vor Deutschland und den Deutschen, und zwar nicht wegen des Prädikats Made in Germany oder wegen deutscher Firmen wie z. B. Mercedes Benz, Audi oder BMW, sondern wegen des Nationalbewusstseins der Deutschen nach der Wiedervereinigung. Die bislang in Deutschland stationierten Militärkräfte der ehemaligen Sowjetunion sowie Großbritanniens, Frankreichs und der USA wurden allmählich zurückgezogen, allerdings gegen Zahlung einer Entschädigung, damit das Ansehen der Militärmächte nicht beschädigt wurde. Der Abzug fremder Truppen ist als eine Ehre für Deutschland zu werten.

Landschaft und Klima

Im Norden grenzt Deutschland an das Meer, im Mittelteil sind Hügel und kleinere Berge vorherrschend, und im Süden des Landes dominieren die Alpen, eines der höchsten Gebirge Europas. Außer in der Industrie arbeiten die meisten Deutschen in der Landwirtschaft. Im Norden besitzt Deutschland einige Inseln wie z. B. Norderney, Amrum, Föhr, Sylt und Helgoland. Diese Inseln sind beliebte Ziele der Sommerurlauber. Vor 1975 hatte übrigens die katholische Hilfsorganisation Caritas ein Schiff namens „Helgoland" für längere Zeit im Hafen der Stadt Danang in Mittelvietnam ankern lassen, um darauf die Kranken in der einheimischen Bevölkerung medizinisch besser versorgen zu können, als es vor Ort an Land möglich war. Dieses Schiff kehrte erst nach Kriegsende in seine Heimat zurück.

Deutschland wird von zwei Klimatypen - Kontinental- und Meeresklima - beeinflusst. Im Winter schneit es, und die Temperatur sinkt dann oft auf minus 5°C. Im Sommer liegt hier die Durchschnittstemperatur bei 20°C.

Asiaten oder Afrikaner in Deutschland würden sagen, dass es in diesem Land keinen Sommer gibt. In Indien kann die Temperatur im Sommer bis zu 45°C steigen, in Vietnam bis zu 35°C. In unserer Heimat Vietnam ist die kalte Jahreszeit nicht einmal so kalt wie der Sommer in Deutschland. Auch gibt es dort keine vier Jahreszeiten wie hier, sondern nur zwei, nämlich Trocken- und Regenzeit. Es gibt dort auch keine verfärbten Blätter und keinen Laubfall wie hier im Herbst, und in der kalten Jahreszeit ist es zu warm für Schneefälle. Lediglich Nebel gibt es in den hohen Bergen und im Norden des Landes. In Deutschland schneit es meist während der Weihnachtszeit im Winter. Ende März bis Anfang April, also im europäischen Frühjahr, treiben die Pflanzen neue Blätter und Blüten. Die warmen Monate Juni, Juli und August sind die Zeit des Sommerurlaubs für die Deutschen. Danach - in den Herbstmonaten September, Oktober und November - bläst der Wind die gelb verfärbten Blätter von den Bäumen. So sind vier eindeutige Jahreszeiten zu unterscheiden. Nicht wenige Menschen verlassen Deutschland während der Wintermonate und kehren in den warmen Frühlings- und Sommermonaten zurück. Manchmal sagte ich zu den Schülern und Studenten, die unsere Pagode Vien Giac besuchten: „Obwohl Deutschland ein kaltes Land ist, sind die Herzen der Deutschen sehr warm." Jeder, der diese Aussage hörte, war darüber sehr erfreut. Denn dies ist eine Feststellung von einem Fremden, die etwas sehr Positives über die Einheimischen aussagt.

Die Menschen

Die Bevölkerungszahl Deutschlands im Jahr 911 ist unbekannt, doch im Jahr 2002 weist die Statistik über 82 Millionen Einwohner nach, darunter 7 Millionen Ausländer; d.h. letztere machen einen Anteil von etwa 10 % der Bevölkerung aus. Durchschnittlich leben

227 Menschen auf einem Quadratkilometer Landesfläche. Berlin ist die Stadt mit der größten Einwohnerzahl von 3,5 Millionen Menschen. In Deutschland gibt es 19 Städte, die mehr als 300.000 Einwohner haben. Ein Drittel der Einwohner lebt in den 84 Großstädten, die mehr als 100.000 Einwohner haben[1]. Ungefähr 13 Millionen Deutsche wanderten von Ost nach West ab, als 1961 die berüchtigte Mauer von der kommunistischen Regierung der DDR zwischen den beiden Teilen Berlins errichtet wurde, um die eigene Bevölkerung symbolisch und tatsächlich einzusperren.

Die Statistik von 1990 verzeichnet in Deutschland jährlich nur 11 Geburten pro 1000 Einwohner. Dies ist die niedrigste Geburtenrate der Welt. In Asien, wo Familien mit mehr als zwei Kindern sich oft der Geburtenkontrolle unterwerfen müssen, wünschen sich die Eheleute immer noch viele Kinder. Dagegen versucht man in Deutschland, ein Ansteigen der Geburtenrate mit finanziellen Anreizen zu unterstützen. Jedoch wollen die meisten Eheleute keine eigenen Kinder haben. Die Deutschen nehmen die Verantwortung für Versorgung und Erziehung der Kinder sehr ernst; deshalb scheuen sie den mit den Kindern verbundenen Aufwand und verwenden ihren Verdienst lieber für Urlaubsreisen. Wilde Ehen sind nicht mehr selten in Deutschland und auch kein Tabu mehr. Ist dies vielleicht die Ursache für den Geburtenrückgang?

Die Tendenz des Geburtenrückgangs bewirkt eine Steigerung des Anteils der Alten in der Gesellschaft. In 30 Jahren wird das Leben für die älteren Menschen nicht mehr einfach sein, denn die aus den Steuergeldern der arbeitenden Jüngeren finanzierte Unterstützung für sie wird sich verringern und zum Problem für die Regierung werden. Trotz der Sozial- und Rentenversicherungen, wird es bedenkliche Situationen im Leben der Menschen geben. Gleichzeitig ist das Leben der Alten in den asiatischen Ländern -

---

[1] Dto., S. 66

selbst in Japan mit hoch entwickelter Technologie und dem seit 1968 reformierten Sozialsystem - nicht abgesichert. Arbeitslosigkeit stellt in diesen Ländern ein großes Problem dar. Die Selbstmordrate steigt dort ebenso wie die Zahl psychologischer Krankheitsfälle.

Viele asiatische Länder wie z.B. Indien, Vietnam und China gehören zu den Entwicklungs- oder Schwellenländern mit starkem Bevölkerungswachstum bei gleichzeitig niedrigem Lebensstandard. Die dortige Bevölkerung denkt nicht an eine Begrenzung der Geburten. Man sagt: „Die Natur gibt Gras, denn die Natur bringt Elefanten hervor." Die Bevölkerungszahl Vietnams lag vor etwa 100 Jahren bei nur 25 Millionen; heute leben dort bereits 80 Millionen Menschen. Wenn es in den letzten 50 Jahren keine Todesfälle gäbe, wären die Folgen dieses Wachstums der Bevölkerung Vietnams für das Land und die übrige Welt undenkbar schlimm. In Asien stellen die Kinder die einzige Altersversorgung ihrer Eltern dar, in Europa übernehmen Versicherungsgesellschaften diese Funktion. Deshalb ist der Wunsch nach Kindern bei den Menschen in Europa viel geringer als bei denen in Asien. Die Asiaten gehen davon aus, dass die eigenen Kinder sie im Alter versorgen werden; deshalb vertrauen sie ihre Zukunft der Entwicklung ihrer Kinder an. Sie werden daher viel bequemer hinsichtlich der von ihnen zu leistenden beruflichen Tätigkeit und verlangen nur selten eine Gehaltserhöhung und überhaupt keinen Schadensersatz. Ihr materieller Lebensstandard ist viel niedriger als derjenige in Europa, doch ihr Geist ist viel freier als jener der europäischen Menschen. Darum kann man ein Lachen viel häufiger in den Gesichtern asiatischer Menschen finden als in den Gesichtern der Menschen in westlichen Ländern. Wir stellen hier keine Vergleiche an, um zu kritisieren, sondern um Unterschiede in den Kulturen, Traditionen, Umfeldern aufzuzeigen. Wenn Deutsche in asiatischen oder afrikanischen Ländern geboren werden und dort aufwachen - nach vielen Generationen würden sie auch so wie die Einheimischen denken und handeln. Genauso ist es der Fall, wenn Asiaten oder Afrikaner in Deutschland geboren werden und hier aufwachsen.

In Deutschland gibt es keine ursprüngliche ethnische Minderheitenbevölkerung wie in Vietnam. Trotzdem sind viele kulturelle Unterschiede in den Bundesländern festzustellen, und man bemüht sich, diese regionalen Eigenheiten zu erhalten. Die Menschen in Mecklenburg z.B. sind eher in sich gekehrt, die Schwaben sehr sparsam, die Rheinländer sehr freizügig, die Sachsen sehr fleißig usw. Die Industrialisierung überbrückt Distanzen zwischen den Regionen und lässt die Deutschen sich wie Mitglieder einer einzigen großen Familie fühlen. Dies ist die Meinung der Einheimischen über sich selbst. Doch nun folgt die Ansicht eines Ausländers.

Die Deutschen sind zwar fleißig, sauber, strebsam und ordentlich, doch sie sind auch überaus neugierig und außerdem in alten Denkweisen erstarrt. Hierzu die Inhaltsangabe eines kleinen Artikels aus einer Schweizer Zeitung:

„Eine Studentengruppe wollte das Verhalten der Deutschen in Sachen Ordnung und Selbstachtung untersuchen. Dazu gingen sie in ein Postamt in Trier und baten dort um Erlaubnis für ihre Untersuchung. Sie brachten je 5 Aufkleber mit Herren-Symbolen und 5 weitere mit Damen-Symbolen an die zehn im Postamt vorhandenen Telefonzellen an. Dann beobachteten sie das Geschehen an den Zellen eine Woche lang und stellten fest, dass die Männer vor den Zellen mit dem Herren-Symbol Schlange standen und die Frauen entsprechend vor den Zellen mit dem Damen-Symbol. Eines Tages jedoch betrat eine Frau eine Telefonzelle mit dem Herren-Symbol. Die Schweizer Studenten gingen auf die Frau zu und fragten warum sie das tat. Die Antwort der Frau war: 'Na und? Ich bin keine Deutsche; nur die Deutschen würden auf so etwas bei einer Telefonzelle Rücksicht nehmen.'"

Die zitierte Antwort verdeutlicht die Mentalität einer Nation. Die Deutschen akzeptieren viele Regeln ohne lange nachzudenken, während z.B. die Franzosen und die Engländer anders reagieren würden. Sie würden nur die Trennung des Geschlechtes bei Toiletten, nicht jedoch bei Telefonzellen respektieren.

Nachfolgend seien einige Großstädte Deutschlands[1] genannt, die nach der Bevölkerungszahl geordnet sind:

Berlin	3.465.700	Einwohner
Hamburg	1.688.700	
München	1.256.600	
Köln	960.000	
Frankfurt am Main	668.900	
Essen	627.200	
Dortmund	600.600	
Stuttgart	599.400	
Bremen	554.400	
Duisburg	539.000	
Hannover	523.600	
Nürnberg	500.100	
Leipzig	496.600	
Dresden	481.600	

Von diesen 14 Städten befinden sich außer (einem Teil von) Berlin nur die beiden letztgenannten im Gebiet der ehemaligen DDR. Hannover steht an 12. Stelle mit einer Bevölkerungszahl von über 500.000. Die Stadt Hannover feierte im Jahr 1999 ihr 700-jähriges Bestehen und richtete die Weltausstellung EXPO 2000 mit mehr als 18 Millionen Besuchern in sechs Monaten Ausstellungsdauer aus.

---

[1] Dto., S.69

Diese Stadt ist auch Sitz der Pagode Vien Giac, welche jährlich ca. 70.000 vietnamesische und 10.000 deutsche Besucher aufzuweisen hat, die dem Buddha ihre Ehre erweisen bzw. etwas über den Buddhismus lernen wollen.

Deutsche Sprache

Ein französisches Sprichwort besagt: „Deux yeux sont les fenêtres du coeur." („Die zwei Augen sind die Fenster zum Herzen."). Ich habe diese Sprichwort zu: „La langue, c´est la fenêtre du coeur." („Die Sprache, sie ist das Fernster vom Herzen.") geändert. Wahrhaftig, die Sprache ist so wichtig! Jede Nation hat ihre eigene Sprache, manchmal sogar mehrere. Oftmals benutzen verschiedene Nationen die gleiche Bezeichnung für eine bestimmte Sache oder Begebenheit. Die Kommunikation würde sich schwierig gestalten, wenn die Menschen keine Sprache besäßen.

Deutsch ist eine indogermanische Sprache und als solche verwandt mit dem Dänischen, Norwegischen, Schwedischen, Niederländischen, Flämischen und Englischen.

Obwohl in Deutschland viele Dialekte gesprochen werden, verstehen sich die Deutschen verschiedener Regionen untereinander ohne große Schwierigkeiten. Außerhalb Deutschlands sprechen die Österreicher, die Liechtensteiner, jeweils ein Teil der Schweizer, der Norditaliener, der Belgier und der Franzosen (letztere im Elsass), die Luxemburger, viele Niederländer sowie Menschen an den deutschen Grenzen ebenso Deutsch wie ihre Muttersprache. Sogar die Menschen mit deutschen Vorfahren in Polen, Rumänien und in Nachfolgestaaten der ehemaligen Sowjetunion pflegen ihre Muttersprache bis heute.

Für ca. 100 Millionen Menschen stellt die deutsche Sprache ihre Muttersprache dar. 10% der weltweit erschienenden Bücher sind auf Deutsch geschrieben. Deutsch gehört auch zu den meist übersetzten Sprachen nach Englisch und Französisch[1].

Für die Ausländer ist Deutsch eine schwere Sprache, am schwierigsten die Grammatik. Die Verben und Artikel müssen konjugiert werden, während die englische Sprache viel einfacher mit Vokabeln und Grammatik umgeht. Besonders einfach ist die vietnamesische Sprache; die Verben bei ihr brauchen nämlich nicht konjugiert zu werden. Die Schwierigkeit der vietnamesischen Sprache liegt in der Aussprache und Betonung. Die chinesische Sprache besitzt nur 4 ½ Tonlagen, die vietnamesische hingegen 5 ½.

Auch Japanisch hat schwierige Elemente. Die Verben stehen im Japanischen immer am Satzende und werden in verschiedenen Zeitformen konjugiert. Im Deutschen steht das Verb nur in Verbindung mit einem Hilfsverb am Satzende: „Ich möchte Deutsch lernen." Im Vietnamesischen wäre der Satzaufbau ungefähr wie folgt: „Ich möchte lernen Deutsch." Im Japanischen sagt man z.B.: „Watashi wa Eigo o benkzositai" („Ich Englisch möchte lernen."). Das Verb benkyo wird in verschiedenen Formen - z.B. Zeitformen - konjugiert, wie im genannten Beispiel als „lernen möchten". Dies ist der Grund warum ich Sprache als Fenster vom Herzen bezeichne.

Viele Ausländer wie z.B. Türken oder Italiener leben bereits seit 30–40 Jahren in Deutschland; die meisten von ihnen, die ich gelegentlich treffe, sind Taxifahrer, welche die deutsche Sprache nur fehlerhaft beherrschen. Ihre Kinder wurden hier geboren, gehen in die Schule und sprechen meist fehlerfrei Deutsch. Dies ist auch bei den in Deutschland lebenden Vietnamesen ähnlich. Als sie vor den Kommunisten flüchteten, verließen sie das Land mit der ganzen Familie. Die Erwachsenen leben in Deutschland stets

---

[1] Dto., S. 69 f

mit der Erinnerung an die Vergangenheit und lernen nur mühsam Deutsch, während die Jüngeren - ohne starke Beziehung zur Heimat - sich auf ihre schulische Karriere konzentrieren. Bei dieser schnellen Form der Integration verlernen sie die Muttersprache, und vergessen ihre Tradition. Dies hat bei den Erwachsenen viel Sorge um die Zukunft der dritten und folgenden Generation(en) zur Folge. Natürlich wünschen die Deutschen eine rasche Integration der Ausländer; die Ausländer jedoch sind um die Bewahrung ihrer eigenen Kultur, Sprache und Tradition bemüht, denn für sie ist Integration nicht gleichbedeutend mit Assimilation.

Die Ausländer in Deutschland

In Deutschland hat man viel Nachsicht mit Ausländern. Dennoch kommen auch Diskriminierungen vor, z.B. dann, wenn ein schlecht Deutsch sprechender Ausländer eine hohe Position einnimmt. Manche Deutsche denken auch, dass die Ausländer ihnen Arbeitsplätze wegnehmen, deshalb sind sie den Ausländern nicht immer freundlich. Doch die meisten Deutschen verstehen, dass sie ihren ausländischen Mitbürgern auch viel zu verdanken haben. In den 1950er- und 1960er-Jahren mussten sie nämlich Arbeitskräfte für die damals boomende deutsche Wirtschaft z.B. aus der Türkei und aus Italien holen. Viele Deutsche denken auch daran, dass ihr Wohlstand viel vom Verkauf deutscher Produkte ins Ausland abhängt. Wir sollten bedenken, dass wir in diesem Zeitalter miteinander leben und nicht mehr füreinander.

Deutschland ist eigentlich kein Wunschziel für Immigranten - anders als etwa die USA, Kanada oder Australien. In der jüngsten Vergangenheit versuchten deutsche Parteien wie die SPD und die Grünen, das im Ausland oft noch existierende Vorurteil, die Nazis würden immer noch in Deutschland das Sagen haben, durch

Lockerungen bei den Bestimmungen für Asylanten, zu bekämpfen. Viele Deutsche sind der Meinung, dass die Vergasung von Juden und Mitgliedern anderer Minderheiten während der Hitler-Diktatur ein schlimmes Verbrechen war. Deshalb gibt es heute Paragraphen im deutschen Gesetz, die die Gleichstellung der Ausländer mit den Deutschen sichern und ihre Rechte schützen.

Anfang 2002 wurden die Grenzen vieler europäischer Länder untereinander durch eine neue einheitliche Währung, den Euro, weiter verwischt. Die Bewegungsfreiheit innerhalb der beteiligten Länder wurde so erweitert, gleiches gilt für Geschäfte und zu vermittelndes Wissen im Bereich der Ökonomie. Dadurch wird ein Gefühl der globalen Zusammengehörigkeit gefördert. Die Deutschen müssen begreifen, dass auch sie Ausländer sind, sobald sie die deutsche Grenze verlassen. Jeder, der nach Deutschland kommt - etwa, um zu studieren, zu arbeiten oder zu wohnen - hat seinen eigenen Beweggrund für diesen Schritt. Jeder dieser Gründe ist genauso zu respektieren wie die Gründe jedes Einzelnen derjenigen 2 Millionen Deutschen, die heute im Ausland leben. Die Welt existiert heute als ein Ganzes, in dem wir miteinander leben und füreinander da sein müssen. Wir dürfen uns nicht mehr nach der „Daitoa", der Vorgehensweise der Japaner im Zweiten Weltkrieg in Ostasien, oder nach der Methode Hitlers richten, weil wir sonst am Ende auch kapitulieren müssten. Die damalige Niederlage stellt eine wichtige Lektion für alle dar - nicht nur für Japaner und Deutsche.

Von den 81 Millionen Menschen in Deutschland sind 7 Millionen Ausländer. Davon stammen fast 2 Millionen Menschen aus der Türkei, aus Italien fast 600.000 Menschen, aus Griechenland 351.000, aus Polen 260.000, aus Österreich 186.000, aus Rumänien 162.000, aus Spanien 133.000, aus dem Iran, aus Portugal, Großbritannien, den USA und den Niederlanden insgesamt etwa 100.000 bis 115.000, aus Bulgarien, Ungarn und Frankreich zusammen etwa 50.000 bis 100.000 sowie aus Vietnam etwa 100.000, Marokko etwa 82.000, dem Libanon 55.000, Sri Lanka 46.000, Afghanistan (ebenfalls) 46.000 und Indien 36.000 Menschen.

Etwa 50% dieser Leute leben seit mehr als 10 Jahren in Deutschland, und 2/3 der Ausländerkinder wurden bereits in Deutschland geboren.

Die Zahl der Asylsuchenden in Deutschland stieg lange Zeit fast in jedem Jahr. 1991 waren es 256.112 Menschen, 1993 dagegen bereits 322.600 Menschen, die auf diese Weise in Deutschland Schutz suchten. 4-6 % dieser Menschen wurde aus politischen Gründen Asyl gewährt, andere Gründe waren solche humanitärer Art, Heirat usw. Die Abgelehnten wurden je nach Einzelfall entweder abgeschoben oder geduldet.

Einem Asylantrag von Ausländern wird in Deutschland beim Vorweisen folgender drei Gründe am ehesten stattgegeben:

Religiöse Benachteiligung wie z.B. Einschränkung religiöser Praxis und Studien im Heimatland

Politische Verfolgung oder Denunziation sowie Gefährdung der persönlichen Freiheit

(Anmerkung: Die meisten derartigen Benachteiligungen sind erst auf Grund der Flucht aus der Heimat aufgetreten, so dass es nur wenige Personen gibt, denen aus politischen Gründen Asyl gewährt wird. Das deutsche Gericht in Zirndorf, das die politischen Gegebenheiten in den verschiedenen Herkunftsländern der Asylsuchenden untersucht, verlangt nämlich stets Nachweise für das Vorliegen einer Unterdrückung im Heimatland bereits vor einer erfolgten Flucht. Wie aber kann man derartige Beweise aus einem diktatorisch regierten Land wie Vietnam nachträglich erbringen? Die Macht der vietnamesischen Kommunisten basiert auf Lügen und Betrug, doch die Bürokratie der restlichen Welt verlangt immer noch Beweise für die Unterdrückung der Bürger des Landes. Das Asylabkommen vom 28.07.1951 gab allerdings vielen Menschen die Möglichkeit, ihre Existenz im Ausland wieder aufzubauen, welche von der Regierung in ihrer Heimat wegen ideologischer Differenzen zerstört wurde).

Zugehörigkeit zu einer benachteiligten Minderheit in einem Land, dessen Regierung Kultur, Sprache und Tradition dieser Minderheit der Gefahr der Vernichtung aussetzt.

Außer den drei genannten gibt es noch weitere mögliche Gründe für eine Gewährung von Asyl, die allerdings nicht so einfach zu nachzuweisen sind, weshalb ein Flüchtling den Status eines Asylsuchenden durchaus auch verlieren kann. In diesem Fall wird er nämlich als Wirtschaftsflüchtling betrachtet. Der Asylantrag wird als ungerechtfertigt abgelehnt, und er wird zurück in sein Heimatland abgeschoben, wo er dann in der Regel gerade wegen seiner versuchten Flucht vor noch größeren Problemen als vor seiner früher dort erzwungenen Ausreise steht.

Die von den in Deutschland lebenden Ausländern gezahlten Steuergelder

Die Ausländer haben allen Grund, Deutschland dankbar zu sein. Doch auch die deutsche Regierung und die deutschen Bürger sollten den Ausländern danken. Letztere haben Elemente vieler Kulturen in das Land gebracht, sie sind ebenso aktiv an der Entwicklung eines weltoffenen, multikulturellen Landes beteiligt. Ein Garten, in dem bislang schöne Rosen wachsen wirkt ja auch schöner, wenn er zusätzlich mit anderen Blumen wie z. B. Nelken,

Astern, Gladiolen oder sogar Orchideen bestückt wird. Außerdem sind von den 7 Millionen Ausländern in Deutschland mehr als 4 Millionen Arbeitnehmer (darunter auch oft Großunternehmer) und somit Steuerzahler. Diese Menschen zahlen jährlich etwa 50 Billionen Euro Steuern an den deutschen Staat. Dies ist ein nicht zu unterschätzender Beitrag ausländischer Mitbürger zur Erhaltung des Sozialsystems in Deutschland[1]. Wenn immer mehr Deutsche von dieser Tatsache Kenntnis nehmen würden, würde auch der leider immer noch zu verzeichnende Ausländerhass abnehmen Viele Deutsche halten aber immer noch die Ausländer einschließlich der Flüchtlinge für Schmarotzer und Arbeitsplatzkonkurrenten. In Wirklichkeit gibt es in allen Nationen faule und schlechte Menschen; doch diejenigen Leute, die ein Leben im Ausland anstreben, müssen schon einen starken Willen und eine große Bereitschaft zum Verzicht aufbringen. Von dieser Seite her betrachtet, kann man schon fast mit Sicherheit sagen, dass die Flüchtlinge nicht mit der Absicht zum schmarotzen nach Deutschland gekommen sind.

Viele Ausländer, die bereits seit mehr als 10 Jahren in Deutschland leben, beantragen die deutsche Staatsbürgerschaft oder die doppelte Staatsbürgerschaft. Dieser Schritt wurde auch von der Regierung mit Hilfe spezieller Paragraphen unterstützt Dies ermöglicht eine schnelle Integration und eine Entlastung der staatlichen Fürsorge.

Nach der Wiedervereinigung Deutschlands im Jahre 1990 wurden alle politischen und industriellen Einrichtungen des Ostteils nach den bereits im Westteil vorhandenen Modellen reorganisiert. Heute gibt es 13 Flächen- und 3 Stadtbundesländer in Deutschland. Die Bundesrepublik Deutschland ist eines der größten Staaten Europas. Die Bundesländer sind im Einzelnen:

---

[1] Dto., S. 72

1. Baden-Württemberg
2. Freistaat Bayern
3. Berlin
4. Brandenburg
5. Freie und Hansestadt Bremen
6. Freie und Hansestadt Hamburg
7. Hessen
8. Mecklenburg-Vorpommern
9. Niedersachsen
10. Nordrhein-Westfalen
11. Rheinland-Pfalz
12. Saarland
13. Freistaat Sachsen
14. Sachsen-Anhalt
15. Schleswig-Holstein
16. Thüringen

Alle dieser 16 Bundesländer zusammen sind nicht einmal so groß wie der US-Staat Kalifornien, doch Produktivität, Nationalbewusstsein, Poesie, Theater- und Malkunst, Musik, Sport usw. sind Bereiche, um die andere Staaten Deutschland beneiden. Die Bundesrepublik liegt in vielen Sparten weltweit an zweiter oder dritter Stelle. Wenn Ausländer die Deutschen bewundern, dann besonders deren Nationalbewusstsein, Verantwortungsbewusstsein und Freiheitsliebe.

Im Folgenden werde ich das Bundesland Niedersachsen näher vorstellen, welches die Pagode Vien Giac sich in seinem Landeshauptstadt Hannover befindet.

Niedersachsen hat 7,6 Millionen Einwohner, die auf einer Landesfläche von über 46.352 km² leben. 2/3 dieser Fläche werden für die Landwirtschaft genutzt. Berühmte Produkte sind die Oldenburger Wurstsorten sowie der Honig aus der Lüneburger Heide. Der Harz ist ein wichtiger geographischer Bereich für Mineralien. Schon seit den Zeiten der Könige wurde Silber in den Minen von Goslar gewonnen. Bereits seit dem Jahr 1775 wird das Fach Geologie und Mineralienswissenschaft in Clausthal gefördert und gelehrt. In Salzgitter wurde Eisen entdeckt; der dortige Eisenvorrat ist der drittgrößte Europas. In Niedersachsen werden außerdem 5 % des Erdöls und -gases in Deutschland gewonnen. Braunschweig ist ein Zentrum für Chemiewissenschaften. In Emden befindet sich der drittgrößte deutsche Hafen an der Nordsee; diese Stadt ist auch berühmt wegen des Schiffbaus. Wolfsburg ist Stammsitz und zugleich wichtigster Produktionsstandort des „Volkswagen"-Konzerns.

Von den 7,6 Millionen Einwohnern Niedersachsens leben allein mehr als 500.000 in der Landeshauptstadt Hannover, welche Standort der weltweit größten, jährlich stattfindenden Industriemesse ist und der Weltausstellung EXPO 2000 war.

Die Universität in Göttingen ist eine bekannte Institution für Naturwissenschaften. Göttingen ist auch der Geburtsort des Mathematikers und Astronoms Carl Friedrich Gauß (1771-1859). Im 20. Jahrhundert wurde hier an der Universität das Fach Atomphysik gefördert und gelehrt; und zwei Physiker der Hochschule, Max Born (1882-1970) und Werner Heisenberg (1901-1976), gewannen sogar den Nobelpreis.

Im Jahr 1993 erwirtschaftete die Produktion in Deutschland 1.079 Billionen DM (= ca. 550 Billionen Euro). Der von den Ausländern geleistete Anteil daran ist nicht unbedeutend. Der in Niedersachsen geleistete Beitrag zu diesem Ergebnis ist bemerkenswert. Jedes Jahr empfängt die Pagode Vien Giac fast 100.000 Besucher, welche als Verkehrsteilnehmer und Reisende sowie als Konsumenten indirekt zum Wachstum der niedersächsischen Wirtschaft beitragen

Mögliche zu behandelnde Aspekte zum Thema Deutschland gibt es viele: Gesetzgebung, Wahlsystem, Beziehungen zu anderen Ländern, Wirtschaft, Industrialisierung, Sozialsystem und -struktur, Emanzipation, Sport, Erziehungswesen, Tourismus, Arbeitswelt, Kultur, Religionen, Musik, Theater usw. Ihre Behandlung würde weit mehr als ein Kapitel wie dieses in Anspruch nehmen. Ich will jedoch in meinem Buch den Vietnamesen nur einige Merkmale Deutschlands nahe bringen. Diejenigen meiner Landsleute, die über Deutsch- und/oder Englischkenntnisse verfügen, können bei Interesse in den Bibliotheken ausführlichere Quellen finden.

Kapitel II

DIE VIETNAMESISCHEN BUDDHISTEN UND DER DEUTSCHE STAAT

Am 30.04.1975 - während meiner Studienzeit in Japan - ging ich mit einigen anderen Studenten zur vietnamesischen Botschaft in Tokio, weil wir dort unsere Reisepässe verlängern wollten. Jedem von uns wurde der Pass um fünf Jahre verlängert, obwohl die demokratische Regierung von Südvietnam kurz zuvor von den Kommunisten gestürzt worden war. Doch dank dieses Passes bekam ich später ein Visum von der deutschen Botschaft in Tokio. Als Belege meines dringenden Wunsches einer Einreise nach Deutschland hatte ich die Einladung eines sich bereits dort aufhaltenden alten Schulfreundes, Dr. Van Cong Tram, und eine Anmeldung zum Deutsch-Sprachkurs vorgelegt.

Von 1975 bis 1977 stellte uns die japanische Regierung überhaupt keine Personaldokumente mehr aus, während die deutsche Regierung nach 1975 vietnamesischen Studenten einen grauen Pass für Ausländer gab. Später erhielten die Studenten einen Reisepass für Personen mit Asylstatus nach dem Genfer Abkommen vom 28. Juli 1951. Die Japaner hatten in dieser Hinsicht kein klares Abkommen getroffen, deshalb waren wir damals sehr verunsichert.

Am 22. April 1977 setzte ich meinen Fuß am Flughafen Hamburg auf deutschen Boden und kam anschließend nach Kiel an die Universität, um dort Deutsch zu lernen. Danach, im März 1978, wurde ich an der Universität Hannover im Fach Erziehungswissenschaft immatrikuliert und zog daraufhin nach Hannover.

Eigentlich hatte ich nicht vor, in Deutschland zu bleiben, denn meine Promotion in Japan war noch nicht abgeschlossen. Doch die vietnamesischen Studenten in Hannover baten mich zu bleiben, und ich fügte mich diesem Wunsch.

Ich beantragte Asyl und erhielt sofort einen Pass für Ausländer. Die Bearbeitung des Antrags dauerte nur drei Monate. Auf Grund der Unterdrückung der Religionsfreiheit in Vietnam wurde meinem Antrag am 29.03.1979 stattgegeben. Ich wurde als Kontingent-Flüchtling anerkannt und bekam ein Reisedokument mit blauer Hülle und zwei schwarzen Streifen. Der Prozess zur Anerkennung als Asylant verlief damals sehr schnell, da zu jener Zeit noch nicht sehr viel Asylsuchende nach Deutschland kamen und weil ich einen sehr guten und eindeutigen Grund aufweisen konnte.

Von 1979 bis 1986 benutzte ich den mir ausgestellten Reisepass. Am 15. Juli 1986 wurde ich auf Antrag als deutsche Staatsbürger anerkannt. Es gibt mehrere Gründe dafür, warum ich die deutsche Staatsbürgerschaft beantragt hatte. Zum einen war die Möglichkeit einer Rückkehr nach Vietnam sehr ungewiss, außerdem war - und wird - der Buddhismus dauerhaft von der kommunistischen Regierung in Vietnam unterdrückt. Zum anderen erleichtert die deutsche Staatsbürgerschaft eine Integration in die deutsche Gesellschaft und auch das weltweite Reisen. Letzteres ist eine Notwendigkeit, die meine Berufung mit sich bringt, da ich als Erster Sekretär der Kongregation der vietnamesischen Buddhisten in Europa häufig zu Versammlungen in die USA, nach Kanada und nach Australien reisen muss.

Die Gedenkstätte zu Ehren Buddhas Vien Giac in der Kestnerstr. 37 in Hannover wurde am 2. April 1978 eingeweiht.

Am 24. Juli 1978 verfasste ich die Satzung für den Verein der Vietnamesischen Studenten und Flüchtlinge in Deutschland in den beiden Sprachen Deutsch und Vietnamesisch. Am 2. Oktober 1980 stellten wir einen Antrag zur Eintragung als Verein bei den Behörden und wurden als solcher am 27. Juni 1981 vom Gericht in Hannover unter der Registriernummer 4844 staatlich anerkannt. Gleichzeitig erkannte das Finanzamt Hannover unseren Verein als gemeinnützig an.

Die Kongregation der Vereinigten Vietnamesischen Buddhistischen Kirche in Deutschland hatte erst am 5. Oktober 1980 eine Satzung erhalten und beantragte anschließend beim Gericht ebenfalls die Eintragung als Verein und beim Finanzamt die Anerkennung der Gemeinnützigkeit. Am 23. Dezember 1981 wurde die Kongregation unter der Registriernummer 4826 eingetragen; und am 13. Januar 1981 wurde sie vom Finanzamt unter der Registriernummer 25/206/28507-227 als gemeinnützig anerkannt.

Beide genannten Körperschaften erhielten somit das Recht auf Aktivität in der Bundesrepublik Deutschland. Die Mitglieder der Kongregation sind ordinierte Personen, die Mitglieder des erstgenannten Vereins dagegen sind Laienbuddhisten.

Am 10. Dezember 1978 nahm die damalige niedersächsische Regierung unter Ministerpräsident Albrecht erstmals 1000 vietnamesische Flüchtlinge auf, welche vom Schiff „Hai Hong" gerettet worden waren. Diese Menschen wurden zuerst nach Hongkong und von dort aus nach Deutschland gebracht. Diese Handlung stellt meines Erachtens einen der edelsten Akte deutscher Behörden dar. Zum ersten Mal konnten so viele Vietnamesen auf einmal nach Deutschland kommen. Am Tag ihrer Ankunft war ich mit den vietnamesischen Studenten am Flughafen Hannover, um sie zu begrüßen. Ich nahm ein Urlaubssemester in Anspruch, um meinen Landleuten im Göttinger Krankenhaus und im ursprünglich eigentlich für deutsche Übersiedler bestimmten Aufnahmelager Friedland als Übersetzer zu helfen. Damals war ich erst ein Jahr lang in Deutschland gewesen, daher waren meine Deutschkenntnisse sehr begrenzt.

Im Anschluss an meine befristete Unterstützung bei Sprachproblemen wurden Herr Nguyen Ngoc Tuan, Frau Nguyen Thi Thu Cuc, Herr Van Cong Tram, Herr Lam Dang Chau u.a. von der niedersächsischen Landesregierung als hauptamtliche Übersetzer fest eingestellt. Einige dieser Personen waren bis zu 5 Jahre lang in dieser Funktion als Dolmetscher tätig. Ich selbst kehrte Anfang 1979 zur inzwischen in der Eichelkampstraße in Hannover eingeweihten Pagode Vien Giac zurück, um als Ordinierter meiner geistlichen und als Student meiner studentischen Pflicht nachzukommen. Für unsere karitative Arbeit erhielten wir damaligen Ministerpräsidenten eine Auszeichnung. Diese Auszeichnung habe ich bis heute noch aufbewahrt.

Während meiner karitativen Arbeit zur Betreuung meiner Landleute wurde ich von der deutschen Presse interviewt. Wahrheitsgemäß berichtete ich damals über meinen Plan für den Buddhismus in diesem Land für die unmittelbare und die mittelfristige Zukunft. Damals zeigten die deutsche Bevölkerung und die Regierung sehr viel Sympathie für die Vietnamesen. Am 17. Oktober 1979 lud Herr Dr. Geißler, ein Mitarbeiter des Bundesinnenministeriums, Herrn und Frau Nguyen sowie mich in ein Büro der katholischen Kirche in Hannover zu einem Gespräch ein. Dort informierte er sich bei uns über die Aktivitäten der Buddhagedenkstätte sowie des Vereins. Am 23. November 1979 übermittelten wir einen Bericht über die jährlichen Feiern, die Herausgabe der Zeitschrift „Vien Giac", die für das Zentrum zu zahlende Miete usw. nach Bonn an das Innenministerium.

Am 11. Februar und am 30. April 1980 erhielten wir zwei Briefe von Dr. Geißler bezüglich einer möglichen staatlichen Unterstützung. Da wir aber noch nicht mit der deutschen Bürokratie vertraut waren, konnten wir sie nicht gleich beantworten. Erst am 7. Mai des Jahres stellten wir einen Antrag auf staatlichen Zuschuss. Zunächst stellte die Regierung uns 11.800 DM zur Durchführung des Vesakfestes in der Pagode, 3000 DM für die Herausgabe der Zeitschrift „Vien Giac" und 5400 DM als Mietzuschuss für das Zentrum zur Verfügung. Insgesamt bekamen wir damals also 20.200 DM Zuschuss von der Bundesregierung. Darüber hinaus erreichten uns vom niedersächsischen Kulturministerium weitere 15.000 DM. Im Jahr 1980 wurden wir also mit Zuschüssen in Höhe von insgesamt 35.200 DM unterstützt.

Am 5. August 1980 bekamen wir einen Eilbrief vom Innenministerium, in dem uns die rasche Stellung eines Antrages zur finanziellen Förderung für Geräte, die unsere Druckerei damals benötigte, dringend empfohlen wurde. Am 8. August 1980 erreichte uns noch ein weiterer Brief vom gleichen Absender mit der darin geäußerten Bitte um drei Angebote verschiedener Firmen. Da unsere Deutschkenntnisse noch recht begrenzt waren - erst recht bezüglich der Sprache der Bürokratie - konnten wir die beiden Briefe - wenn auch mit Hilfe von Wörterbüchern - zwar ohne große Schwierigkeiten lesen; wir verstanden aber nicht, warum das Ministerium drei verschiedene Kostenvoranschlage brauchte. Erst später stellten wir fest, dass die Lieferfirmen verschiedene Preise für das gleiche Produkt verlangten, und dass das Ministerium anhand der Kostenvoranschläge den niedrigsten Preis ermitteln wollte, um diesen dann zu genehmigen. Auf Grund dieses Vorfalls lernten wir eine wichtige Lektion über Bürokratie und über Konkurrenz in der Wirtschaft.

Im gleichen Jahr erhielten wir 10.000 DM zur Durchführung des Ullambanafestes. Am 8. Oktober 1980 stellten wir einen Antrag auf Mietzuschuss in Höhe von monatlich 3000 DM. Man gab diesem Antrag am 10. Dezember 1980 statt und überweist seitdem jährlich die erbetene Summe. Am 24. November 1980 baten wir um einen weiteren Zuschuss für den Kauf einer Maschine sowie für andere Aktivitäten im Jahr 1980 und erhielten so insgesamt 62.011,80 DM von der Regierung.

Am 01. Januar 1981 zogen wir in die Eichelkampstr. 35A um; mit Hilfe des bewilligten Zuschusses der Regierung konnten wir die 3000 DM Monatsmiete bezahlen. Im Jahr 1981 hatten wir bereits mehr Erfahrung; deshalb konnten wir nun die geforderten Fristen zur Stellung von Anträgen einhalten. In diesem Jahr erhielten wir von der Regierung insgesamt 99.800 DM an Zuschüssen. Im Folgenden liste ich die je nach Jahr unterschiedlich hohen finanziellen Beihilfen auf, die jeweils von der deutschen Regierung uns vietnamesischen Buddhisten zugebilligt wurden. Ich tue dies, damit wir alle wissen, wie dankbar wir sein sollten.

1982: 70.488 DM	1989: 82.400 DM	1996: 131.760 DM
1983: 71.500 DM	1990: 86.000 DM	1997: 131.630 DM
1984: 72.700 DM	1991: 138.200 DM	1998: 138.230 DM
1985: 75.600 DM	1992: 87.700 DM	1999: 138.230 DM
1986: 79.400 DM	1993: 140.100 DM	2000: 124.400 DM
1987: 78.300 DM	1994: 127.100 DM	2001: 155.000 DM
1988: 79.880 DM	1995: 162.465 DM	2002: 77.500 EUR

Insgesamt hat der deutsche Staat also der Pagode Vien Giac in Hannover in den letzten 23 Jahren mit 2.118.206,80 DM und 77.500 EUR geholfen.

Die Höhe der Unterstützung seitens der Regierung ist von Jahr zu Jahr unterschiedlich und richtet sich nach dem von uns jeweils beantragten Geldbetrag. Der Staat hilft uns bei der Durchführung großer Festveranstaltungen, bei der Herausgabe der Zeitschrift „Vien Giac", bei den Heizkosten für den Tempel, beim Bürobedarf usw. Zusätzlich zu diesen zwei Millionen stand uns etwa 1/3 dieser Summe aus von uns selbst mit Hilfe von Spenden aufgebrachten Mitteln zur Verfügung. Dies entspricht einer Vereinbarung mit dem Bundesinnenministerium. Wir müssen übrigens alle drei Jahre der Stadt Hannover einen Finanzbericht über unsere Spendeneinnahmen und über die Ausgaben für Baumaßnahmen, Kfz-Bedarf, Benzin, Versicherungen, Küchenbedarf und andere Unterhaltsmittel vorlegen. Die Stadt Hannover muss dies alles überprüfen. Eines der Gründe hierfür ist der Steuererlass für diejenigen Arbeitnehmer, die Spenden an uns entrichten und einen Teil der letzteren vom Finanzamt steuermindernd berücksichtigt haben wollen. Deshalb musste die Pagode in den letzten 25 Jahren immer genaue Berichte über Einnahmen und Ausgaben vorlegen. Tatsächlich jedoch nehmen nur 10-20 % unserer Spender diese Steuererleichterung in Anspruch; die meisten halten dies nicht für nötig. Unter den Spendern sind sogar Sozialhilfeempfänger, die ihr weniges Geld mit der Pagode teilen; für sie ist natürlich eine Steuerminderung auch nicht möglich, da sie nicht vom Staat belangt werden.

Die von der Regierung gewährte Hilfe an die Flüchtlinge wurde und wird natürlich über Steuern von der Bevölkerung finanziert - und zwar einschließlich des Steuernanteils der Arbeitnehmer unter den 100.000 Vietnamesen, welche mehr oder weniger von der Pagode betreut wurden und werden. Deshalb fördert der Staat die Pagode auch weiterhin. Diese Hilfe stellt eine Art Unterstützung des Prozesses der Stabilisierung beim Existenzaufbau der Flüchtlinge in der neuen Heimat durch Integration dar. Sie ist daher meines

Erachtens keine Fehlinvestition des Staates. Der durch die in der Pagode geleistete Arbeit unterstützte buddhistische Glaube vermittelt den Flüchtlingen eine Ethik; diese wiederum fördert den Frieden in der Gemeinschaft und Gesellschaft. Darum ist meiner Meinung nach die beschriebene Hilfe die edelste seitens der Regierung.

Als Empfänger derartiger Wohltaten müssen wir auch unsere Pflicht erfüllen bzw. unseren Beitrag leisten. In den letzten 25 Jahren haben wir unseren Willen zur Selbständigkeit und zur Integration durch den Aufbau einer Institution der Kultur und Religion belegt, die 9.000.000 DM (etwa 4,6 Millionen Euro) wert ist. Diese Summe kam zustande durch Beiträge aller Buddhisten in Deutschland, in den USA, in anderen Ländern Europas und in Australien, die in Form von Spenden oder zinslosen Darlehen geleistet wurden. Wir haben auch einen Bankkredit in Höhe von 700.000 DM (etwa 360.000 Euro) aufgenommen, den wir bis etwa Mitte 2007 zurückzahlen müssen. Dies alles sind große Anstrengungen, die wir dem deutschen Staat unseren Dank zeigen sollen - mit dem Ziel zur Stabilisierung des Lebens der in Deutschland lebenden Vietnamesen.

In den vergangenen 25 Jahren haben wir mehr als 10.000 Buddhisten unterrichtet, welche Zuflucht zu den drei Juwelen des Buddhismus genommen und den Letzteren studiert und praktiziert haben. Nicht nur Vietnamesen besuchen unsere Institution; auch Deutsche sind gekommen, um die Lehre des Mitgefühls und der Weisheit kennen zu lernen. Der Buddhismus hat keine Einrichtung zur Glaubensausbreitung. Wer sich für diese Lehre interessiert, kann in die Pagode kommen. Wir sind Flüchtlinge in Deutschland; wir haben außer unserem Glauben fast gar nichts mitbringen können. Als die Chinesen vor 2000 Jahre nach Vietnam kamen, waren auch buddhistische Mönche unter ihnen. Diese praktizierten in unserem

Land. Viele unserer damaligen Vorfahren waren am Buddhismus interessiert, lernten ihn durch die chinesischen Mönche kennen, praktizierten ihn selbst und übernahmen ihn in ihr Leben. Während der Herrschaft einiger Dynastien in Vietnam, z.B. der Ly- und Tran-Dynastien vom 11. bis zum 14. Jahrhundert, war der Buddhismus sogar Staatsreligion in Vietnam. In diesen 400 Jahren trug er viel zum Aufbau des Landes bei.

Der Buddhismus kam auf ähnliche Weise auch nach Deutschland - mit Mitgefühl und Harmonie, ohne Hass oder Krieg. Bevölkerung und Regierung kamen uns buddhistischen Vietnamesen deshalb sehr entgegen. Wir hatten manchmal Gelegenheiten gehabt, mit den Mitarbeitern des Innenministeriums wie Herrn Dr. Geißler, Frau Michael, Herrn Dammemann und Herrn Dubert zu sprechen. Sie waren stets freundlich, hilfsbereit und vermittelten uns ein Gefühl der Sicherheit. Die drei Erstgenannten sind inzwischen pensioniert, doch wir fühlen uns diesen Personen weiterhin in Dankbarkeit verbunden. In den Jahren 1980 und 1981 wussten wir überhaupt nichts über deutsche Bürokratie, doch wir erhielten viel Hilfe von den genannten Leuten. Manchmal bekamen wir von ihnen Briefe, die uns an Abgabefristen für Anträge erinnerten oder uns zur Stellung von Anträgen für bestimmte Dinge ermunterten. Solche Gesten bleiben unvergesslich. Die genannten Menschen waren unsere Helfer, doch sie selbst denken wahrscheinlich nicht mehr daran. Aber wir als Empfänger der uns zuteil gewordenen Unterstützung dürfen diese Menschen niemals vergessen.

Die Beihilfen seitens der Regierung sind stets an Organisationen gerichtet, nicht aber an Privatpersonen. Die vietnamesischen Buddhisten in Deutschland haben - wie erwähnt - zwei Körperschaften gegründet, und zwar je eine für Ordinierte und eine für Laien. Diese Struktur haben wir auch den deutschen Buddhisten zu vermitteln versucht, doch bislang ohne Erfolg. Die

Deutschen kennen und praktizieren den Buddhismus erst seit 100 Jahren, deshalb sind sie immer noch nicht fest organisiert oder strukturiert, und es gibt daher auch noch keine Kongregation der Deutschen Buddhisten. Viele Deutsche sind hinsichtlich buddhistischer Übungen sehr talentiert, doch ein Talent sollte auch gefördert werden. Ein begabtes Kind bedarf schließlich auch der Erziehung durch die Eltern. Eltern und Lehrer erfüllen ihre Pflichten im Erziehungsbereich, damit das Kind sich zu einer für die Gesellschaft wertvollen Persönlichkeit entwickelt; doch es hängt auch viel vom jeweiligen Kind selbst ab. Die Forderung, Kinder mit den Eltern gleich zu stellen, ist unvernünftig, denn die Erziehung würde dadurch ihre Aufgabe und Bedeutung verlieren.

Die Ordinierten haben spezielle Regeln einzuhalten. Sie leben im Zölibat und dienen der Gemeinde. Sie sind in einer von der Organisation der Laien getrennten Körperschaft organisiert. Diese Trennung zwischen Ordinierten- und Laienorganisation ist eines der Gründe, weshalb in Deutschland das öffentliche Recht auf die Buddhistenverbände noch nicht angewandt wird, während in Österreich im Jahr 1983 und in Italien im Jahr 2000 der Buddhismus zu einer öffentlich anerkannten Religion werden konnte. Gerade die deutschen Buddhisten bemängeln, dass der Buddhismus in Deutschland lediglich wie eine Ware angesehen wird, welche auf den Tischen eines Bazars angeboten wird. Dies ist eine sehr traurige Tatsache. Die Anhänger der verschiedenen in Deutschland praktizierenden buddhistischen Schulen wie Ch´an (Zen-Buddhismus), Reines Land (Schintoismus) oder Tibetischer Tantrismus wollen nur ihre jeweilige eigene Schule gelobt wissen, und zwar ungeachtet oder sogar auf Kosten anderer Schulen. Die erste buddhistische Bewegung in Deutschland, die damals stark von der Theravada-Tradition beeinflusst war, wurde u.a. von Schopenhauer initiiert. Heute ist der Einfluss von Ch´an und

Tantrismus in Deutschland viel stärker als derjenige bereits länger hier vertretener buddhistischer Traditionen.

Deutschland ist ein freies Land. Mit 5 bis 7 Mitgliedern lässt sich hier schon ein Verein registrieren. Doch bis 1978 gab es nicht genügend vietnamesische buddhistische Ordinierte. Deshalb gründete ich zunächst den Verein der Vietnamesischen Studenten und Flüchtlinge. Erst ein Jahr später - durch die Aufnahme von Flüchtlingen in Deutschland - kamen andere vietnamesische buddhistische Mönche und Nonnen in das Land. So konnte ich die Kongregation der Vereinigten Vietnamesischen Buddhisten ins Leben rufen. Damals waren die Ehrwürdigen Thich Tri Hoa, Thich Minh Than, Thich Giac Minh, Thich Thien Tam, Thich Minh Phu und ich sowie die Nonnen Dieu An, Dieu Hanh und Minh Loan Gründungsmitglieder der Kongregation. Später wanderten die Ehrwürdigen Thich Tri Hoa, Thich Minh Than und Thich Giac Minh in die USA aus. Dagegen kam die Ehrwürdige Nonne Thich Nu Dieu Tam nach Deutschland, und auch neu Ordinierte füllten die durch die Auswanderung Einzelner in der Kongregation entstandenen Lücken. Heute gehören zur Kongregation 40 ordinierte Mitglieder. Wir stellen damit den quantitativ größten buddhistischen Orden in Deutschland dar. Die Gesamtzahl deutscher buddhistischer Ordinierter anderer Traditionen erreicht diese Höhe noch nicht, wie ich annehme. Ein Leben nach buddhistischen Regeln ist anscheinend nicht so einfach, obwohl mehr als 200.000 Deutsche sich als Buddhisten bezeichnen und 500.000 bis 1.000.000 weitere Bundesbürger sich für diese Religion interessieren.

Im Jahr 1980 wurde ich zum Vorsitzenden der Kongregation gewählt, und seitdem habe ich dieses Amt inne. Alle zwei Jahre wird der Vorstand neu gewählt. Ich glaube, dass die derzeitige Amtzeit (2001-2003) meine letzte sein wird, denn ich möchte gern die leitende Position an einen Jüngeren übergeben. Ich habe schon

25 Jahre für die Kongregation in Deutschland gearbeitet. Diese 25 Jahre kamen mir wie 50 Jahre Arbeit in Vietnam vor, denn in Deutschland war alles neu und vieles musste bei Null begonnen werden. Die Arbeit musste von A bis Z neu erlernt und beherrscht werden, um ein Scheitern der Mission zu verhindern.

Ende 1978 wurde der Verein der Vietnamesischen Studenten und Flüchtlinge im Ordnungsamt Hannover registriert. Im Jahr 1979 erhielt ich eine Beihilfe des niedersächsischen Innenministeriums für diesen Verein. Am 27. Juni 1981 wurde Letzterer vom Gericht anerkannt; und im gleichen Jahr wurde ihm die Gemeinnützigkeit zugesprochen. Die Kongregation wurde am 5. Oktober 1980 gegründet und vom Gericht am 23. Dezember 1981 anerkannt sowie von Finanzamt als gemeinnützig eingestuft. Seit dieser Gründungszeit arbeiten wir mit Erfolg bis heute (2002). Noch im laufenden Jahr werden wir auch einen Antrag auf Anerkennung beider Verbände als dem öffentlichen Recht unterstehende Organisationen beim Kultusministerium Niedersachsen stellen. Ich hoffe, dass wir mit diesem Schritt genauso erfolgreich sein werden wie unsere Glaubensbrüder und -schwestern in den Ländern Österreich und Italien.

Mein Dank an den deutschen Staat ist eine Selbstverständlichkeit; ebenso selbstverständlich ist aber auch mein Dank an die vietnamesischen Mönche und Nonnen. Denn ohne sie hätte eine buddhistische Organisation wie die unsrige hier nicht realisiert werden können.

Der Mönch, dessen ich hier an erster Stelle gedenken möchte, ist der Ehrwürdige Thich Giac Minh. Er gehörte der Bettelmönchgemeinschaft an und kam 1979 zuerst nach Aachen. Nach einigen Monaten zog er zu mir in die Kestnerstr. 37 und wohnte hier von Ende 1979 bis Mitte 1980. Danach wanderte er in die USA aus und ließ sich in Los Angeles, Kalifornien, nieder.

Während der ersten Versammlung unserer Kongregation war er als Stellvertretender Vorsitzender gewählt worden und als solcher für innere Angelegenheiten zuständig gewesen.

Anfangs war der Ehrwürdige Thich Thien Tam als Stellvertretender Vorsitzender für Äußere Angelegenheiten zuständig. Er kam 1979 als Flüchtling nach Münerstadt bei Würzburg. Er war in der Kongregation bis 1985 aktiv. Obwohl er immer noch in Deutschland lebt, zog er sich in ein ruhiges Privatleben zurück. Er widmet seine Zeit lieber der Schulung des Geistes als der Bürokratie.

Der Ehrwürdige Thich Minh Than war unser Sekretär. Er kam 1979 als Flüchtling nach Barntrup und zog 1985 nach Düsseldorf. 1986 wanderte er in die USA aus, wo er derzeit in San Jose, Kalifornien, lebt.

Die Ehrwürdige Nonne Thich Nu Dieu Hanh war unsere Kassenwartin. Sie kam 1979 nach Deutschland und lebt bis heute als Äbtissin der Pagode Phat Bao in Barntrup.

Der Ehrwürdige Thich Minh Phu und die Nonne Minh Loan waren in der Kongregation zuständig für Kulturangelegenheiten. Beide kamen 1979 nach Deutschland und lebten zunächst im Flüchtlingslager Münerstadt. 1981 kam der Ehrwürdige Thich Minh Phu nach Hannover und lebte bei mir bis 1983. Im Jahr 1984 zog er nach Düsseldorf um und weihte dort die Gedenkstätte zu Ehren Buddhas Thien Hoa ein. Diese Institution verlegte er später nach Mönchengladbach. Noch in der derzeitigen Amtzeit (2001-2003) übernahm der Ehrwürdige Thich Minh Phu als Nachfolger des Ehrwürdigen Thich Thien Tam das Amt des Stellvertretenden Vorsitzenden für Äußere Angelegenheiten. Die Nonne Minh Loan dagegen legte im Jahr 1990 ihre Robe ab und verlor somit auch ihren Status als Mitglied der Kongregation.

Die letzte zu nennende Person ist die Ehrwürdige Nonne Thich Nu Dieu An. Anfangs war sie zuständig für zeremonielle Angelegenheiten; im Laufe der Jahre wurden ihr andere Posten zugesprochen. Sie kam ebenfalls im Jahr 1979 nach Münerstadt und lebte auch nur eine kurze Zeit bei mir, bevor sie nach Aachen ging und dort die Pagode Quan The Am gründete. Sie ist nach wie vor dort aktiv.

Nachdem drei der Ehrwürdigen in die USA ausgewandert waren, wurden ihre Posten mit anderen Ordinierten wie etwa den Ehrwürdigen Nonnen Thich Nu Dieu Tam und Thich Nu Dieu Phuoc besetzt. Bei der Neubesetzung frei gewordener Positionen bzw. Funktionen innerhalb der Kongregation mussten wir stets darauf achten, dass wir nach dem deutschen Gesetz vorgingen.

Die Satzung der Kongregation hat 5 Kapitel, 10 Paragraphen und 14 Punkte; sie ist von Anfang an die Richtlinie für unsere Aktivitäten in Deutschland gewesen. Ich möchte hiermit noch einmal meinen Dank an den deutschen Staat aussprechen, der die offizielle Anerkennung ermöglicht hat, aber auch meinen Dank an diejenigen Mönche und Nonnen, die in den letzten 20 Jahren mit mir aktiv waren. Diese Personen sind die tragende Säule des vietnamesischen Buddhismus in diesem Land. Um ehrlich zu sein: Ich bin nicht so talentiert wie andere Menschen, doch ich bin ein guter Zuhörer. Deshalb konnte ich die Kongregation in den letzten 20 Jahren sicher leiten. Als Vorsitzender denke ich immer, dass ich die helfenden Hände wertschätzen muss - ob diese Hände talentiert sind oder nicht. Mit vereinten Kräften kann vieles geschaffen werden. Ein starker Baum, der allein steht, kann leicht durch einen Sturm entwurzelt werden. Doch wir - wie kleine, dicht stehende Sträucher am Straßenrand - können nicht so leicht erschüttert werden. Manchmal gibt es natürlich auch große oder kleine Unstimmigkeiten innerhalb der Kongregation; doch letztendlich haben wir stets gemeinsam friedliche und für alle Beteiligten zufrieden stellende Lösungen gefunden. Wir haben viel von der westlichen Mentalität gelernt. Alles, was nicht stimmt, wurde erörtert und offen diskutiert, um so die beste der vorgetragenen Ideen auszuwählen und diese in die Tat umzusetzen. Nur so kann eine Organisation stark und vertrauenerweckend sein.

Unsere Aufgabe ist es, die Lebensenergie des Buddhismus hier in Deutschland aufrechtzuerhalten. Diese Arbeit betrifft etwa 70.000 vietnamesische sowie deutsche Buddhisten. Im Vergleich zu Gemeinschaften anderer in Deutschland wirkender Traditionen ist eine Gesamtzahl von 40 Ordinierten nicht wenig.

Das Geld, das wir vom deutschen Staat erhalten, ist nicht für individuelle Ausgaben jedes einzelnen Mitglieds der Kongregation bestimmt; daher muss genau Buch über alle Ausgaben geführt werden. Der Gesamtbetrag in Höhe von über 2 Millionen DM, den wir vom Staat insgesamt im Laufe der letzten 20 Jahre erhielten, war ausschließlich zur Unterstützung der Entwicklung unserer religiösen Kultur bestimmt. Dazu zählen große Festveranstaltungen z.B. am Geburtstag des Buddha und am Totengedenktag oder die Miete für Festhallen bei Tausenden Besuchern. Seit 1991 wird das früher für die Miete bewilligte Geld als Zuschuss für Heizkosten im neuen Gebäude beantragt. Wir verwenden das uns zugewiesene Geld auch für die Herausgabe unserer alle zwei Monate erscheinenden Zeitschrift und verschiedener von mir verfassten oder übersetzten Bücher. Am Ende des Jahres bleibt in der Regel nichts mehr vom Geld übrig. Nur die Möbel, die Maschinen usw. bleiben uns, doch diese sind nach 20-jährigem Gebrauch bald nicht mehr zu gebrauchen.

Alle unsere Ausgaben müssen am Ende jedes Jahres aufgelistet und nach Bonn übermittelt werden, wo das Bundesausgleichamt sie mit denen anderer Jahre vergleicht und sie überprüft. Zum Beispiel dürfen in einer Aufstellung von Lebensmitteln Quittungen für Seife und andere Artikel nicht aufgelistet sein, denn solche Dinge können hier nicht berücksichtigt werden.

Ich persönlich - wie auch jeder andere Ordinierte innerhalb der Kongregation - habe in den letzten 25 Jahren keinen Lohn vom Staat erhalten, denn unsere Arbeit ist gemeinnützig wie in der Satzung festgelegt. Unser Bedarf ist allerdings ja auch sehr gering, denn das Wohnen im Kloster ist für uns kostenfrei, Fahrkosten, Speisen usw. werden aus Spenden der Laien finanziert, und andere Bedürfnisse haben wir nicht. Die in Deutschland erforderliche Krankenversicherung wird vom Etat des Klosters getragen. Da wir im Zölibat leben, brauchen wir auch kein Vermögen zu erarbeiten, um dieses später an Nachkommen weiterzuvererben, wie es andere, weltlich lebende Menschen tun.

Ich weiß nicht, wie lange ich noch leben werde; deshalb möchte ich nach 25 Jahren Arbeit meinen Dank an Deutschland und an meine Wegbegleiter aussprechen. Für mich umfasst die Zeit einer Generation 20 Jahre; also ist die Zeit meiner Generation meiner Meinung nach bereits abgelaufen. Der Erfolg der nachfolgenden Generation ist noch ungewiss.

Ich möchte im Folgenden - nach der eben erfolgten Darstellung der Entwicklung der Kongregation - auch die Entwicklung der Laienorganisation für Buddhisten in Deutschland schildern.

Der Verein der Vietnamesischen Studenten und Flüchtlinge in Deutschland wurde - wie an anderer Stelle bereits erwähnt - am 20. November 1979 gegründet und hatte damals fünf Vorstandsmitglieder, die ich im folgenden vorstellen möchte:

Vorsitzender des Vereins war Herr Thi Minh-Van Cong Tram. Zur Zeit der Vereinsgründung war Dr. Van noch ein Medizinstudent, der im Jahr 1969 zum Studium nach Deutschland gekommen war. Da er zum Zeitpunkt der Vereinsgründung schon 10 Jahre in Deutschland gewesen war, sprach er bereits fließend Deutsch. Heute ist er Arzt im Krankenhaus Iserlohn. Ich habe ihm meine Anwesenheit in Deutschland zu verdanken. Er war mein Schulfreund in der Grundschule; und nun hat er bei mir Zuflucht genommen.

Das zweite Vorstandsmitglied war Herr Ngo Ngoc Diep. Auch er war damals Student und ist bereits seit 1968 in Deutschland. Im Vorstand war er für innere Angelegenheiten des Vereins zuständig Er ist diplomierter Bauingenieur geworden, doch inzwischen kann er seinen Beruf aus gesundheitlichem Grund nicht mehr ausüben. Jetzt arbeitet er in der Gastronomie. Er hat mir sehr viel seit der Gründung der Gedenkstätte zu Ehren Buddhas Vien Giac 1978 bis zum Jahr 1992, erst danach arbeitete er nicht mehr eng mit uns zusammen.

Das dritte Vorstandsmitglied war Herr Tusito Nguyen Ngoc Tuan. Er studierte in Deutschland seit 1968, ist nun Diplomingenieur und arbeitet bei der Deutschen Post in Bonn. Zur Zeit der Vereinsgründung war er als Stellvertretender Vorsitzender zuständig für äußere Angelegenheiten.

Das vierte Vorstandsmitglied war Frau Dieu Hoa Nguyen Thi Thu Cuc, Sekretärin des Vereins. Auch sie war seit 1968 Studentin. Sie arbeitete mit uns leider nur bis 1980, als sie - bedingt durch ihre Arbeit - zunächst nach Hamburg und später nach Bonn umziehen musste.

Das fünfte Vorstandsmitglied war die Kassenwartin Frau Thi Nhan – Doan Thi Thu Hanh. Sie kam erst im Jahr 1977 nach Deutschland und heiratete einen Deutschen. Nun lebt sie in Braunschweig. Sie war zeitweise sowohl Kassenwartin des Vereins als auch der Gedenkstätte zu Ehren Buddhas. Alle ihre Buchführungsunterlagen habe ich bis heute aufbewahrt. Beim

25-jährigen Jubiläum im Jahr 2003 werde ich eine kleine Ausstellung organisieren, so dass wir die Entwicklung unserer Arbeit an Hand solcher Belege nachvollziehen können.

Vier der fünf genannten Vorstandsmitglieder waren zur Zeit der Vereinsgründung Studenten; deshalb trug der Verein den Titel Verein der Vietnamesischen Studenten und Flüchtlinge in Deutschland ein. Bis 1987, als die Zahl der vietnamesischen Buddhisten in Deutschland auf Grund der ins Land gekommenen Flüchtlinge sehr stark angewachsen war, wurde der Name in Verein der Vietnamesischen Buddhistischen Flüchtlinge in Deutschland umgeändert. Diese Vereinigung hat sich zu einer relativ starken Organisation in Deutschland lebender Vietnamesen entwickelt.

Nach 20 Jahren aktiver Arbeit hat der Verein inzwischen insgesamt 18 Ortsvereine in Hamburg, Norden, Bremen, Hannover, Berlin, Koblenz, Nürnberg, Frankfurt am Main, Aschaffenburg, Wiesbaden, Saarland, Freiburg, Mannheim, Stuttgart, Tuttlingen, Reutlingen und München gegründet. Als Unterorganisationen einiger dieser Ortsvereine haben sich inzwischen auch 7 Gruppen von Jungbuddhisten für vietnamesische Jugendliche und Schüler gebildet. Diese Gruppen sind in Norden, Bremen, Hamburg, Hannover, Berlin, Nürnberg und München aktiv und werden als Familien der Buddhisten bezeichnet. Sie wirken entweder unter der jeweiligen örtlichen Pagode (wie in Hamburg, Hannover, Berlin und München) oder aber - falls (noch) keine solche existiert - autonom (wie in Norden, Bremen und Nürnberg). Umgekehrt gibt es aber auch einige Pagoden ohne Jugendgruppen vor Ort wie in Barntrup, Aachen, Mönchengladbach, Reutlingen und Frankfurt am Main.

Es gibt in Deutschland inzwischen 10 buddhistische Institutionen für ca. 70.000 Vietnamesen, die dort u.a. ihren Glauben praktizieren, Trauerfeiern abhalten und Trauungen vollziehen können. Der große

Andrang vietnamesischer Laien stellt eine zu große Belastung für die Institutionen dar, wenn man vergleichsweise an die deutschen buddhistischen Institutionen mit jeweils manchmal nur 5 - 10 Mitgliedern denkt.

Dr. Baumann hat in seinem Buch „Deutsche Buddhisten" insgesamt ca. 500 in Deutschland existierende buddhistische Vereine (Statistik von 1995) aufgeführt. Ich weiß nicht, ob ich diese Anzahl positiv oder negativ beurteilen soll. Doch ich weiß, dass die diesen vielen Gruppen zu Grunde liegende Art der Selbstentfaltung in den meisten Fällen nicht sehr lange anhalten wird. Diejenigen Körperschaften mit gut funktionierender Organisation und entsprechender Arbeitsmoral werden sich im Laufe der Zeit weiter entwickeln; die anderen werden von sich selbst auflösen.

Ich vergleiche die Entwicklung des Buddhismus in allen Ländern mit der Gestalt eines Baumes. Der Stamm stellt den Ursprung dar; an ihm setzen die Äste mit ihrer Entwicklung an. Schwache oder abgestorbene Zweige werden irgendwann von selbst fallen, während andere - stärkere – weiter wachsen werden. In Gedenken an dieses Beispiel habe ich auch die Entwicklung der Kongregation sowie des Vereins vorangetrieben. Ich selber mache mir keine Sorgen über die weitere Entwicklung der beiden Organisationen. Was mir wichtiger erschien, war die Entwicklung meines eigenen Geistes und mein Fortschritt in der Praxis, besonders in diesem für mich so fremden Kulturkreis der Europäer.

Bisher habe ich versucht, einen Überblick über die Entwicklung, Organisation und Arbeit der Kongregation der Vereinigten Vietnamesischen Buddhistischen Kirche in Deutschland sowie des Vereins der Vietnamesischen Buddhistischen Flüchtlinge in Deutschland zu geben. Die positive Entwicklung der beiden Körperschaften war der Unterstützung des deutschen Staates zu verdanken, weshalb wir zu großem Dank verpflichtet sind. Sowohl im säkularen als auch im spirituellen Bereich habe ich in den letzten 20 Jahren in Deutschland Institutionen gegründet. Nun folgt die Phase der Ausbildung von Menschen, die unser Werk aktiv fortsetzen.

Der deutsche Staat organisiert ein System, das nach den Regeln der Legislative funktioniert. Dieses System bestimmt das Geschehen in der Gesellschaft und sorgt für die Sicherheit der Bevölkerung. Hier finde auch ich die gesicherte Ruhe und die Harmonie des Lebens. Die Annehmlichkeit hängt dabei aber nicht von materiellem Besitz ab, sondern von der geistigen Einstellung und von den Ideen der Menschen in Harmonie mit der Freiheit, die man genießt. Deshalb gibt es immer mehr Menschen, die in Deutschland ein neues Leben beginnen möchten. Dies ist der wirkliche Grund der Neuankömmlinge - und nicht etwa aus kommerziellen Interesse, wie manche Politiker oder deutsche Extremisten fälschlicherweise behaupten. Die Einstellung derartiger Leute beleidigt zutiefst die Flüchtlinge, welche einen hohen Preis für ihre erlangte Freiheit bezahlen mussten. Sie haben nämlich ihre Heimat und Verwandten verloren.

Kapitel III

WIE ICH DIE DEUTSCHEN SEHE

In den letzten 25 Jahren habe ich die freie Luft in Deutschland atmen können; ich habe hier Brot und Kartoffeln aus der hiesigen Erde sowie Reis und andere importierte Produkte aus Asien gegessen. Diese Freiheit habe ich Deutschland zu danken. Wenn Deutschland mich und die anderen Flüchtlinge nicht aufgenommen hätte, wäre unser Leben nicht so sinnvoll verlaufen, und jede Entwicklung wäre sehr eingeschränkt gewesen. Deshalb soll jeder, der wie wir diesen Dank in sich trägt, Deutschland danken - dies ist eine Pflicht. Doch jede Gesellschaft hat ihre eigenen Facetten. Nur die Wahrheit und die Weisheit der Religion sind endgültig, doch diese Erkenntnis wird auch in der westlichen Kultur durch die Medien täglich negiert oder aber verhöhnt. Deshalb muss ich bereits an dieser Stelle betonen, dass das Folgende die subjektive Sichtweise eines Ausländers darstellt, die man mit Vorsicht genießen sollte.

Im Jahr 1975 - nach einem dreijährigen Aufenthalt in Japan – habe ich einen Artikel über die Japaner verfasst. Der Titel des Artikels war „Japan in meinen Augen". Menschen anderer Länder amüsierten sich köstlich da meine Ansichten den ihren entsprachen. Doch die Japaner selbst waren nicht sehr begeistert darüber. Der Artikel endete mit der Aussage: „Die Japaner sind wie die Kirschblüten: sehr schön anzusehen, doch ohne Duft. Dies bedeutet, dass die Japaner sehr höflich und sehr nett sind; doch dies basiert nur auf einer diplomatischen Ebene und kommt nicht von Herzen. Jedes Volk hat seine eigene Mentalität, welche für die betreffende Nation kennzeichnend ist; doch es gibt auch viele Dinge, die von Individuen ausgehen. „Harakiri" (ritueller Selbstmord durch Aufschlitzen des Bauches im Geist des Samurai) zum Beispiel wird heute so gut wie nicht mehr vollzogen. Man kennt dies durch den Kampfgeist der Japaner in dem Film „Kamikaze". Die japanischen Soldaten wollten eher sterben als aufzugeben und besiegt zu werden, doch nach dem Abwurf zweier Atombomben auf Hiroshima und Nagasaki im August 1945 verloren sie diesen Kampfgeist. Dies spiegelt die Mentalität der Japaner wider.

Die Japaner sind sehr pünktlich, höflich und fleißig. Dies ist auch ein Merkmal der japanischen Mentalität. Wie sieht es bei den Deutschen in dieser Hinsicht aus? Als ich nach Deutschland kam, bemerkte ich, dass die Deutschen genauso sauber wie die Japaner sind. Beispielsweise werden die Fenster immer geputzt, ungeachtet ob sie sauber oder schmutzig sind. Die Sauberkeit der Glasscheiben beeindruckt die Passanten und betont den Fleiß der deutschen Hausfrauen. Wir Asiaten stufen dieses Verhalten unwillkürlich als „zu fleißig" ein. Die Vietnamesen sind in dieser Hinsicht anders. Sie machen nur dort sauber, wo Schmutz ist. Die Fenster putzen sie nur einpaar Mal im Jahr. Sauberkeit und Fleiß sind positive Eigenschaften der Deutschen, doch diese Menschen sind vom Wesen her auch sehr verschlossen - wie ihr Haus. Diese Mentalität ist möglicherweise klimabedingt. Es ist sehr kalt in Europa; deshalb bleiben die Menschen häufiger im Haus, wogegen in Südostasien die Menschen auf Grund des warmen Wetters sich eher draußen aufhalten. Ein Wochenende in der Stadtmitte spiegelt dies am deutlichsten wider. In Deutschland fällt die Stadt dann in Schlaf, und es bleibt ruhig bis zur vollkommenen Stille. In Südostasien dagegen lebt die Stadt gerade am Wochenende auf, die Leute gehen einkaufen, besuchen einander oder gehen einfach nach draußen, um dort ihre Zeit zu verbringen, und überall hört man lärmendes

Gelächter. Deshalb ist die Stille in Deutschland am Wochenende für einen Ausländer sehr befremdlich, und er fragt sich dann, wie so ein Gemeinschaftsleben aussehen mag.

Die Deutschen grüßen sich kaum, wenn sie sich nicht kennen. Die Amerikaner sind da anders; als Grußwort gilt bei ihnen die Frage: „How do you do?" („Wie geht es Ihnen?"). Bei Deutschen hört man als Fremder eine derartige Begrüßung selten. Asiaten haben bei jeder Begegnung stets ein Lächeln für unser Gegenüber. Auch solch eine Geste ist sehr selten bei Deutschen zu beobachten.

Obwohl die Deutschen als fleißig gelten, sind die Japaner umso mehr fleißiger. Was aber versteht man unter „fleißig"? Fleiß ist eine dauerhaft positive Einstellung zur Arbeit mit dem Ziel eines effektiven Arbeitsergebnisses. In Deutschland beginnt am Freitagnachmittag für die meisten Arbeitnehmer das erholsame Wochenende, während in Japan und anderen asiatischen Ländern die Arbeitnehmer bis zum Samstagnachmittag und manchmal sogar auch den ganzen Sonntag lang arbeiten müssen. In Deutschland würde dies eine Verletzung des Arbeitsgesetzes bedeuten.

In Deutschland gibt es auch sehr viele Feier- und Urlaubstage für die Arbeitnehmer, während in Asien nur ein bis zwei Wochen Urlaub im Jahr üblich sind. Bei Krankheit gelten dort die Tage des Arbeitsausfalls als Urlaubstage. So eine Regelung würde in Deutschland Empörung hervorrufen. Japaner würden bei einem Vorstellungsgespräch als ein für ihre Einstellung sprechendes Argument anführen, dass sie sich für eine positive Entwicklung des Unternehmens einsetzen würden, weil so die Existenz der eigenen Familie gesichert wird, weil sie sich eine gute Karriere versprechen, wenn das Unternehmen expandiert, und weil sie so zum guten Ruf des Unternehmens in der Wirtschaft beitragen. Dies sind die von einem japanischen Ingenieur oder Arbeiter genannten Gründe, wenn er sich um eine Stelle bewirbt. Einen solchen Charakterzug vermisse ich sehr bei den Vietnamesen. Sie beantworten die Frage nach ihrer Arbeit meist mit der Aussage: „Meine Arbeit ist sehr leicht, und doch verdiene ich viel Geld." Eine solche Antwort spiegelt Verantwortungslosigkeit wider. Die Japaner würden sagen: „Die Arbeit ist sehr mühsam, doch ich verdiene dementsprechenden Lohn." Die Deutschen dagegen würden wiederum anders beantworten: „Über den eigenen Lohn redet man nicht mit anderen Leuten!". Eine Arbeitswoche in Deutschland umfasst in der Regel etwa 40 Stunden; doch die Tendenz, diese wöchentliche Stundenzahl auf 35 oder 30 zu reduzieren, ist in vielen Branchen groß. Die von Arbeitnehmern bzw. Gewerkschaften angestrebte Reduzierung der Arbeitszeit soll aber gleichzeitig den Verdienst des Einzelnen nicht beeinträchtigen! Ich weiß nicht, wie so etwas funktionieren kann, wenn das Wachstum der Wirtschaft gleichzeitig gesichert werden soll. In der westlichen Kultur werden jedoch die Bedürfnisse bzw. die Vorteile des Individuums als besonders wichtig angesehen, während in Asien mehr auf diejenigen der Gemeinschaft geachtet wird.

Die Deutschen kleiden sich sehr einfach, nicht so auffallend wie die Franzosen. Die Franzosen kleiden sich sehr schick und benehmen sich sehr höflich, doch in ihren Taschen ist nicht so viel Geld wie in denen der Deutschen. Die Deutschen haben Vertrauen in ihre Regierung, in die Unternehmen sowie in die Banken. Deshalb zahlen sie ihr Geld auf Konten ein, woraus sie selbst und auch der Staat Nutzen ziehen können. In Asien – einschließlich Vietnam - hat man dagegen kein Vertrauen in die Regierung und in die Banken. Daher bewahren die Leute ihr Geld lieber im eigenen Haus auf oder aber beteiligen sich an einem Gruppenspartopf. Diese Vorgehensweise bringt weder den Verbrauchern noch dem Staat Nutzen, da der Staat dadurch keine Steuern einnehmen kann.

Unter solchen Verhältnissen ist die Sicherheit des Geldes und seines Wertes als sehr gering einzuschätzen.

Auch die Mahlzeiten der Deutschen sind recht einfach. Die Leute benehmen sich sehr höflich beim Essen. Kein Lärm soll beim Benutzen der Bestecke oder beim Kauen entstehen. Die Japaner verhalten sich da ganz anders: Sie schlürfen sehr laut und schmatzen, um zu zeigen, dass ihnen das Essen gut schmeckt. Die Vietnamesen wiederum zeigen ein anderes Verhalten: Sie laden jeden Anwesenden persönlich ein, am Essen teilzunehmen, sie unterhalten sich laut während des Essens. Um Freundschaftlichkeit zu demonstrieren, legen sie gegenseitig Speisen auf den Teller des anderen.

Obwohl ich bereits lange in Deutschland lebe, empfinde ich bei manchen Begebenheiten stets das gleiche befremdliche Gefühl, nämlich wenn ich sehe, dass zwei Freunde im Restaurant nach einer gemeinsamen Mahlzeit getrennte Rechnungen bezahlen. In Vietnam würde der Eingeladene sich hierbei verletzt fühlen. Bei Vietnamesen gilt es fast als selbstverständlich, dass der Ältere für den Jüngeren, der Einladende für den Eingeladenen bezahlt. Dies ist nicht nur eine Geste der Großzügigkeit, sondern dient auch dem Schutz vor Missverständnissen. Geld ist ein Tabu in der westlichen Kultur, sogar innerhalb der Familie. Jeder - der Ehemann, die Ehefrau und jedes Kind - hat ein eigenes Konto. In Asien vertraut der Ehemann das ganze Geld der Ehefrau an, damit sie die Familieneinkünfte verwaltet. So wächst das gegenseitige Vertrauen und die Chance auf einen langen Bestand der Ehe. Es gibt in Asien weniger Scheidungen als in Deutschland und den USA. Ein Japaner nennt seine Ehefrau sinngemäß „Haus-in", und betrachtet sie als ein weiblicher „General", der für Ordnung in der Familie sorgt. Der Ehemann dagegen übernimmt Aufgaben außerhalb der Familie.

In der westlichen Gesellschaft wird die Gleichberechtigung zwischen Mann und Frau geachtet, was die hier zu verzeichnende Stellung der letzteren in Familie und Beruf verständlich macht. Doch die Frauen sind das schwache Geschlecht und brauchen daher Unterstützung. Die meisten Familienoberhäupter (nicht nur) in Deutschland sind männlich. Wenn allerdings der Ehemann stirbt, übernimmt die Ehefrau zusätzlich zu ihren eigenen auch seine Aufgaben. Es gibt nur wenige Ehen, in denen die Frauen als Oberhäupter fungieren und nicht die Männer.

Obwohl die Gleichberechtigung zwischen Mann und Frau in den USA, in Australien und in Frankreich seit mehr als 200 Jahren und in Deutschland seit mehr als 100 Jahren gesetzlich festgeschrieben ist, übernehmen die Frauen in diesen Ländern eher selten körperlich schwere Arbeiten oder politische Posten. Sie werden vielmehr ihrer biologischen Natur gerecht und übernehmen die Rolle der Mutter. Diese Rolle kann kein Mann seiner Frau abnehmen; deshalb ist es auch logisch, dass den Frauen in Asien die inneren Angelegenheiten der Familien anvertraut wurden.

Ich weiß nicht, wie galant die Franzosen sind, doch mir fällt es in Deutschland oft die Aufmerksamkeit und Höflichkeit von Männern gegenüber Frauen auf, wenn z. B. letzteren aus dem oder in den Mantel geholfen wird, oder diejenige von Gastgebern gegenüber ihren Gästen auf. Dies sind schöne Gesten der Deutschen. Es gibt kaum einen Vietnamesen, der zu einer solchen Geste bereit ist. Wer in Vietnam so agiert, ist mit Sicherheit durch die westliche Kultur beeinflusst. Die Japaner sind noch unhöflicher, denn bei ihnen ist die Ehefrau verpflichtet, dem Ehemann aus dem Mantel und aus den Schuhen zu helfen.

Die Deutschen leben sehr sparsam; sie ernähren sich hauptsächlich von Brot und Kartoffeln. Die Franzosen, die Engländer, die Italiener und die Asiaten sind dagegen richtige

Genießer. Andererseits sind die Wohnungen der Deutschen viel schöner als die der Asiaten oder der Afrikaner. Es gilt die ungeschriebene Regel, dass die Deutschen unter anderem arbeiten, um Geld für Urlaubsreisen zu verdienen. Jedoch nehmen sie oft einen Wohnwagen mit auf ihre Reise, um Hotelkosten zu sparen.

Die deutschen Autofahrer verhalten sich in der Regel höflich im Verkehr; sie hupen nicht wie diejenigen in Vietnam oder in Thailand. Sie halten Abstand und überholen nicht ohne triftigen Grund. Natürlich gibt es auch junge Deutsche, die sehr nachlässig fahren und Unfälle verursachen. In den deutschen Großstädten wie Berlin, Hamburg oder Frankfurt am Main ereignen sich jährlich genauso viele Unfälle wie in den asiatischen Städten.

Eine der besten Regelungen in Deutschland betrifft die Krankenversicherung. Jeder, der in Deutschland lebt, muss krankenversichert sein – sei es durch den Arbeitsgeber oder als privat versichert. Wenn die Person selbst nicht in der Lage ist, dann würde der Staat den Beitrag übernehmen (Sozialsamt). In den USA sieht es diesbezüglich sehr schlecht aus. Wenn ein Patient ins Krankenhaus eingeliefert wird, stellt man zuerst die Frage nach seiner Krankenversicherung. Ohne Versicherung gibt es viele Schwierigkeiten bereits bei der Einlieferung, ungeachtet der Krankheit und Dringlichkeit.

In Vietnam ist die Situation heute - unter der kommunistischen Regierung - noch schlimmer; die größte Macht liegt beim Geld. Daher werden die Armen immer ärmer. Ihr Leben ist stets in Gefahr, weil sie sich keine medizinische Behandlung leisten können. In Deutschland würde so etwas niemals geschehen.

Die Sozialversicherung in Deutschland ist also außerordentlich gut. Auch viele vietnamesische Flüchtlinge, die über 60 Jahre alt sind und keine Arbeitsstelle mehr finden können, werden vom

Sozialamt bis zu ihrem Tode versorgt. In manchen Fällen übernimmt das Sozialamt sogar die Beerdingungskosten. Dies sind wirklich paradiesische Bedingungen, wohingegen die kommunistischen Länder, die sich selbst als Paradies bezeichnen, nichts für ihre Bevölkerung tun. Sie können nicht einmal ein Leichentuch für eine Beerdigung zur Verfügung stellen. Ein so armes Land wie Vietnam brächte, wenn seine Regierung nicht im Jahr 1986 die Strategie geändert hätte, der Bevölkerung nur Leid. Man proklamiert, dass alles der Bevölkerung gehört; lediglich die Bank wird als staatlich bezeichnet! So können die kommunistischen Parteimitglieder wohlhabend sein und auf Kosten der Bevölkerung leben. Deshalb erwachten viele Bürger aus ihrem Traum eines sozialistischen bzw. kommunistischen Paradieses und machten sich auf die Suche nach Freiheit.

In Deutschland sieht man selten Bettler oder Betrunkene auf der Straße. Sie betteln nicht etwa, weil sie arm sind, sondern weil sie ihre Sozialhilfe bereits für Alkohol und Nikotin verbraucht haben. Die Polizei verhaftet manchmal diese Menschen und bringt sie zu den Sozialeinrichtungen der Caritas oder anderer Verbände, damit ihnen dort geholfen wird.

Der Standard des Erziehungssystems in Deutschland ist viel höher als derjenige in den USA und in Japan. In Deutschland muss ein Schüler kein Schulgeld bezahlen. Erst wenn sie studieren, müssen die jungen Leute pro Jahr einen Beitrag in Höhe von weniger als 100 Euro für den Verwaltungsaufwand leisten. In Japan und in den USA gibt es zwar mehr Universitäten; doch viele davon sind privat und daher nicht für alle Studenten zugänglich. Ein Student in Japan oder in den USA muss manchmal bis zu 15.000 $US Studiengebühr zahlen. Natürlich gibt es auch in diesen Ländern staatliche Universitäten, doch die Aufnahmekriterien sind sehr hoch, und die Anzahl der Studienplätze ist sehr begrenzt.

Die älteste Universität in Deutschland ist diejenige der Stadt Heidelberg; sie wurde bereits im Jahr 1386 gegründet. Andere Universitäten folgten dann im 15. Jahrhundert, z.B. die Universität Leipzig im Jahr 1409 und die Universität Rostock im Jahr 1419. Im Jahr 1960 gab es in Deutschland 20 Universitäten. Im Wintersemester 1994/95 waren in Deutschland fast zwei Millionen Studenten immatrikuliert. Doch die Zahl der erfolgreichen Studienabsolventen ist sehr gering, denn es gibt keine zeitliche Begrenzung für ein Studium in Deutschland. Die Bedürftigen unter den Studenten können BAFöG-Mittel als zinslose Kredite beantragen; das Geld sollen sie in der Regel später zurückzahlen, wenn sie arbeiten und gut verdienen. Seit dem Jahr 2000 kann ein Student nur noch 10 Semester lang BAFöG-Unterstützung bekommen. In armen Ländern wie Vietnam erhalten nur sehr begabte Schüler Universitätsstipendien. In Deutschland dagegen hat jeder eine Chance auf seine Ausbildung; doch auf Grund der lockeren Bestimmungen fühlen sich viele Studenten nicht bemüht, ihr Studium so schnell wie möglich abzuschließen.

Ganz anders ist es in Japan. Die Studenten dort schließen ihr Studium prinzipiell nach 8 Semestern ab; für den akademischen Grad Master of Art studieren sie noch weitere 4 Semester; wer einen Doktortitel erlangen möchte, studiert noch weitere 6 bis 8 Semester. In der Regel überschreitet niemand diese Zeitgrenze, da die Studiengebühr so hoch ist und die Chancen auf dem Arbeitsmarkt für die Jüngeren günstiger sind.

Im Jahr 1994 studierten der Statistik zufolge 135.000 ausländische Studenten in Deutschland. Dies ist eine beachtliche Zahl, wenn man die Schwierigkeiten berücksichtigt, welche die deutsche Sprache den meisten Ausländern bereitet. Obwohl manche dieser jungen Leute Furcht vor Terror durch Rassisten in Deutschland haben, wagen sie das Studium für die eigene Zukunft.

Außerdem vertrauen sie den deutschen Gesetzen. Alle Menschen - Deutsche wie Ausländer - möchten ein friedliches Leben. Doch im April 2002 tötete ein 19-jähriger Schüler in einem Gymnasium der Stadt Erfurt insgesamt 16 Menschen (samt Lehrer und Schüler) und dann sich selbst. Dieses Geschehen stellte die deutschen Politiker und die Welt vor die Frage, worunter die Ethik in der Schule so sehr litt, dass ein Mord geschehen konnte. Ebenfalls im Jahr 2002 überprüfte und verglich eine so genannte PISA-Gruppe die Lernpotentiale von Schülern vieler Länder. Leider lagen die deutschen Schüler weit unter dem ermittelten internationalen Durchschnitt. Deshalb wird überlegt, ob die deutschen Schüler nicht prinzipiell auch die nachmittags in der Schule verbringen sollten, wo sie entweder mehr Unterricht haben oder ihre Hausaufgaben erledigen, anstatt zu Hause mit Computerspielen sich beschäftigen.

Der jetzige Bundeskanzler Herr Schröder ist auch ein fleißiger Mensch. Sein Vater starb früh, er musste sein Studium selbst durch Arbeit finanzieren. Nach seiner Doktorarbeit trat er die SPD ein, wurde Ministerpräsident von Niedersachsen, dann wurde er als Kanzler im Jahr 1998 gewählt. Wie das Wahlergebnis zum Deutschen Bundestag 2002 aussehen wird, wissen wir noch nicht. Doch, wenn sie diese Zeilen lesen, steht das Wahlergebnis schon fest. Ich möchte am Beispiel von Herrn Schröder das Vorbild eines starken Willens erwähnen. Doch während Herr Schröder sein Kanzleramt führt, arbeitet sein Bruder als Straßenbauer und seine Schwester in den Geschäften. In den kommunistischen Ländern, wie Vietnam oder China, wären sein Bruder und seine Schwester der schweren Arbeit nicht mehr nötig, sondern würden ein luxuriöses Leben führen.

In Japan gibt es zwar wenig Taschendiebe, doch das Vermögen der Banden beträgt Billionen von US-Dollars. Auch in Deutschland gibt es selten Diebe, doch die Parteien, die Firmen und die Banken hintergehen die Finanzämter des Landes ebenfalls um Billionen Euro. Deshalb sage ich oft, dass es überall in der Samsara-Welt Schlechtigkeiten gibt.

Wenn wir ein Haus bauen wollen, ist zunächst nicht das Geld das Wichtigste, sondern eine Berechnung darüber, wie wir das Haus von der Bank finanziert bekommen können und wie wir das Geld später zurückzahlen können. Hieraus wird ersichtlich, dass nicht das Geld die Triebkraft ist, sondern der Wille. Wir erinnern uns wahrscheinlich alle daran, dass einige Lottogewinner, die nicht richtig mit ihrem gewonnenen Geld haushalten konnten, irgendwann tief verschuldet werden. Unser Wille bestimmt, ob wir Kanzler, König, Bodhisattva oder Buddha werden. Das Geld kann uns keine Menschenwürde verleihen.

Nach der deutschen Wiedervereinigung stellte die damalige Bundesregierung mehr als 2,4 Billionen DM (1,28 Billionen Euro) zur Restaurierung und Modernisierung der ostdeutschen Universitäten bereit, doch die Entwicklung der Erziehung dort verläuft immer noch sehr träge. Vielleicht ist dies eine Nachwirkung der Politik der alten DDR-Regierung. Im Winter 1994/95 waren 285.000 Studenten an ostdeutschen Universitäten immatrikuliert. Auch hier ist die Zahl der erfolgreichen Studienabsolventen sehr gering. Viele ostdeutsche Studenten und Arbeiter möchten gern in den Westen umsiedeln. Doch kleine Unterschiede, die durch ihre Lebensweise unter dem kommunistischen Regime entstanden, machen es für sie schwierig, im Westen einen Studienplatz oder eine Arbeitsstelle zu finden.

Die in Deutschland lebenden Ausländer haben beim Mieten von Wohnungen oder bei der Suche von Arbeitsplätzen oft Probleme. Auch wenn ein Zimmer noch frei ist, wird es dem Ausländer oft als bereits vermietet präsentiert. Nur ein Ausländer kann dieses Gefühl völlig verstehen. Obwohl es vor dem Gesetz keinen Unterschied zwischen Einheimischen und Ausländern gibt, sind die Letzteren immer im Nachteil. Vielleicht liegt das daran, dass die Ausländer die deutsche Sprache nicht so gut beherrschen und deshalb keine Chance gegen einen deutschen Mitbewerber haben.

Und wie steht es um die Ostdeutschen? Die Westdeutschen denken von sich, dass sie eine höhere Bildung genossen haben, reicher sind, und dass ihre Regierung in den 10 Jahren Einheit viele Erfolge erzielt hat. Viele Steuergelder wurden für den Wiederaufbau Ost verwendet; doch es gibt bis heute (2002) in vielen Bereichen noch immer keinen gleich hohen Standard in Ost- und Westdeutschland, um auf diese Weise in jeglicher Hinsicht einheitlich mit allen Nachbarländern Schritt halten zu können.

Am 30. April 1945 wurde das unter Hitler entstandene deutsche Nationalsozialistische Regime aufgelöst. An diesem Tag atmeten sowohl die Deutschen als auch die übrige Welt erleichtert auf. Genau 30 Jahre später, am 30. April 1975, wurde das demokratische Süd-Vietnam vom kommunistischen Nord-Vietnam eingenommen. Ein Vierteljahrhundert ist seither vergangen, doch die Lücke zwischen den Kulturen und Lebenseinstellungen der beiden Teile Vietnams konnte noch nicht geschlossen werden. Obwohl das Land jetzt unter einer einzigen Regierung steht, und obwohl viel in Nord-Vietnam investiert wurde, liegen zwischen Nord-Vietnam und Süd-Vietnam noch Welten. Beide Beispiele - Deutschland und Vietnam - haben uns deutlich gezeigt, dass Geld allein nicht alles überbrücken kann. Der Wille der Menschen ist umso wichtig, um in einem Land Wohlstand zu erreichen.

Ich glaube, dass sehr viele Menschen Deutschland als Urlaubsziel wählen, weil sie denken, dass es in Deutschland viel sicherer als in anderen europäischen Ländern ist. Die Großstädte in Deutschland sind auch nicht so dicht besiedelt wie diejenigen anderen Länder; deshalb gibt es dort vergleichsweise weniger

Probleme. Sogar in Berlin leben nur 3,5 Millionen Menschen. Dagegen leben mehr als 10 Millionen Menschen im Großraum Paris und genauso viele im Großraum London.

Die Kosten für die Lebenshaltung sind in Deutschland nicht niedriger als in England oder Frankreich, doch sicherlich niedriger als in den skandinavischen Ländern. Neuerdings kommen viele Japaner nach Europa, auch um Deutschland zu besuchen. Sie kommen um die alten deutschen Städte wie Heidelberg oder Trier zu besichtigen. Wer schon einmal in Japan war, kennt die hohen Preise dort. Ein guter Apfel kostet in Japan umgerechnet 8 $US. Ein Frühstück im Hotel, das in Deutschland im Preis einer Übernachtung inbegriffen ist, kostet in Japan 20 $US extra. Im Jahr 1972, als ich noch in Japan studierte, konnte man einen US-Dollar in 380 Yen umtauschen. Heute (2002) ist ein US-Dollar nur noch 120 Yen wert. Der heutige Wert des US-Dollars ist in den 30 Jahren um ein Drittel gesunken. Auf Grund der niedrigeren Preise verbringen immer mehr Japaner in anderen westlichen Ländern ihren Urlaub. Dagegen müssen Urlauber aus anderen Ländern in Japan immer gut rechnen können, ansonsten wird das Portmonee sehr schnell leer.

In den Gaststätten und Restaurants Japans findet sich meistens auf den Tischen eine Notiz: „Wir nehmen kein Trinkgeld!" Ich denke, dass ein solcher Hinweis sich bei den dortigen hohen Preisen erübrigt, denn wer hat da noch Trinkgeld übrig?! In Indien, in Vietnam oder in Deutschland ist es dagegen eine Selbstverständigkeit, der Bedienung Trinkgeld als eine Belohnung für den Service zu geben. In Japan gibt es diese Sitte nicht – möglicherweise aus Nationalstolz?! Ich war im Jahr 2002 eine Woche lang in Indien. Dort habe ich für eine ganze Woche nur etwa 100 $US ausgeben. In Japan dagegen habe ich Tausende von US-Dollars in nur vier Tagen ausgegeben. Ich glaube, dass die Preise in

Japan auf der Welt am höchsten sind. Im internationalen Vergleich liegen die Preise in Deutschland etwa im Durchschnitt.

Fast jeder Nicht-Deutsche erkennt an Handelsmarken wie „Mercedes-Benz", „BMW", „Audi" oder „Volkswagen" sofort die Produkte aus Deutschland. Obwohl die deutschen Produkte hinsichtlich der Schönheit nicht mit den japanischen mithalten können, sind sie weit stabiler und von hoher Qualität. Die Deutschen streben danach, die von ihnen erreichte Qualität dauerhaft zu erhalten und damit ihren guten Ruf zu wahren. Die Vietnamesen sind da anders. Nach einem Erfolg geben sie meist ein billiges Produkt für das erfolgreiche aus, oder sie vermindern die Qualität der erzeugten Ware um auf diese Weise Kosten zu sparen.

Manche Ausländer sind stolz auf den Besitz eines deutschen Produkts. Sie stehen zum Beispiel selbstbewusst vor einem Mercedes, dessen Motor immer noch hervorragend funktioniert, obwohl der Wagen inzwischen gut 30 Jahre alt sein könnte. Sie meinen, dass sie klug bei der Wahl des Produkts waren. Eine Hausfrau kann ihrer Freundin gegenüber angeben, dass das immer noch scharfe Messer, das aus Deutschland kam, schon 25 Jahre alt ist. Dies ist ein Erfolg für Deutschland. Wenn ein Produkt in Deutschland fabriziert wird, dann wird es exakt nach der festgelegten Formel oder Methode - immer auf gleich hohem Niveau produziert. Keinem deutschen Produzenten würde es einfallen, minderwertige Materialien oder Rohstoffe zu verwenden, um die Herstellungskosten zu senken und dadurch mehr Gewinn zu erzielen. Ich glaube, dass die emotionale Kälte der Deutschen der Grund hierfür ist. Sie glauben einfach an die Qualität ihrer Ware: Wem es gefällt, der kauft es auch.

Die Deutschen der jüngeren Generation haben es viel leichter als ihre Vorfahren. Sie kennen nicht das vom Krieg verursachte Leid und die Unterdrückung durch die faschistischen Machthaber Hitlers oder durch die Diktatur der Kommunisten in der ehemaligen

DDR. Sie sind viel weicher und verdorbener als die ältere Generation. In dieser modernen Zeit gehören Personen wie Punker oder Hippies und Vorgänge wie freizügiger Geschlechtsverkehr, Scheidung oder Heirat Gleichgeschlechtlicher zur Tagesordnung. Diese Erscheinungen sind nicht nur in Deutschland allein zu finden, sondern auch in anderen Ländern Europas und Amerikas sowie in asiatischen Ländern wie Japan, Korea, China, Vietnam oder Thailand.

In der Vergangenheit hatten die christlichen Kirchen große Macht über die Menschen in den westlichen Ländern. Inzwischen wich diese Macht den Menschenrechten. Deshalb wird die Freiheit jedes Individuum zu sehr geschützt. An Kanzler, Präsident, König oder Abgeordneten gerichtete Beschimpfungen sind eine der Folgen. Wenn es um Konkurrenz geht, wird der jeweilige Gegner rücksichtslos diffamiert und bloßgestellt. Die religiösen Institutionen haben hier kein Einfluss mehr, denn das Gesetz schützt die Freiheit der einzelnen Bürger.

Seit der Einweihung des Tempels „Pagode Vien Giac" empfangen wir hier jährlich mehr als 100.000 Besucher - darunter viele Deutsche -, die an den großen Festen wie Neujahr, Tag des ersten Vollmonds, Vesakfest und Ullambanafest oder aber an Einführungen zur buddhistischen Praxis, an Lehrseminaren und an anderen Veranstaltungen teilnehmen. Wir wurden von den Medien gefilmt und interviewt. Oft kam die Frage der Fremdenfeindlichkeit zur Sprache; doch ich muss sagen, dass ich selbst bisher glücklicherweise keinen solchen Problemen begegnet bin. Wahrscheinlich haben die Deutschen verstanden, dass der Buddhismus eine friedliche Religion ist - eine Religion, die das Glück bringt und das Leiden lindert. Manche Deutsche möchten auch - wenn auch nur aus Neugier - wissen, was der Buddhismus überhaupt lehrt.

Wenn die Menschen nicht mehr mit ihrem Leben zurechtkommen, suchen sie Hilfe bei den Religionen. Die Religion ist eine der besten Therapien, um geistige Probleme zu lösen.

Diesen Abschnitt meines Buches habe ich dem Charakter der Deutschen gewidmet, wie ich ihn nach meinem subjektiven Erleben in den letzten 25 Jahren verstanden habe. Manche Vietnamesen meinen vielleicht, dass ich dabei die Deutschen zu sehr in Schutz nehme und die Vietnamesen entblöße. Vielleicht meinen dagegen manche Deutsche, dass ich die Mentalität der Deutschen nicht zutreffend beschreibe. Ich muss an dieser Stelle noch einmal betonen, dass die in diesem Abschnitt genannten Kennzeichen lediglich meinen persönlichen Standpunkt widerspiegeln, und dass ich für sie keinen Anspruch auf Allgemeingültigkeit erhebe. Bitte bedenken Sie, dass alle Phänomene so existieren, wie sie beschaffen sind!

Kapitel IV

ÜBER 30 JAHRE IM AUSLAND - 25 JAHRE IN DEUTSCHLAND

Der vietnamesischen bzw. buddhistischen Zeitrechnung zufolge bin ich inzwischen 54 Jahre alt, der europäischen bzw. christlichen Zeitrechnung zufolge dagegen nur 52 bzw. 53 Jahre. Wir nennen den Lebensabschnitt, in dem ich mich befinde, die Altersjahre, in welchen man den Gang des Lebens bereits kennen gelernt hat, d.h. über alle Geschehnisse auf dieser Welt Bescheid weiß. Doch so viele Dinge passieren an jedem Tag. Wie kann man über alles Bescheid wissen? Niemand - auch kein Mensch mit exzellentem Gedächtnis - kann so etwas vollbringen. Ich habe schon über 30 Jahre fern meiner Heimat verbracht. Ich verließ Vietnam im Alter von 23 Jahren. Die Zeit der Verwurzelung in der Heimat war also viel kürzer als diejenige, welche ich im Ausland verbrachte, wo ich studierte und an Reife gewann.

Es war mein Glück, dass ich erst nach dem Abitur ins Ausland zwecks Hochschulstudiums ging. Deshalb verfüge ich noch über Kenntnisse u.a. der vietnamesischen Sprache, Literatur, Landeskunde und Kultur. Ich bewundere sehr die vietnamesischen Kinder, die hier in Deutschland geboren, aufgewachsen und zur Schule gegangen sind, um anschließend zu studieren, und die sich Mühe geben, ihre Muttersprache zu erlernen. Einerseits verdanken sie ihre Erfolge der eigenen Anstrengung und Leistung, andererseits liegt das Ergebnis ihrer Bemühungen auch an der Erziehung durch ihre Familien. Normalerweise sagt man, dass die Kinder ihre Muttersprache sprechen, seltener dagegen, dass ein Kind die Sprache des Vaters spricht. Doch wenn diese Sprachkenntnisse fehlen, so sind eine oder zwei Generationen für die Bewahrung der heimatlichen Kultur in der Fremde verloren.

Vor ungefähr 20 Jahren war ich einmal wegen eines Vortrags über den Buddhismus in der Schweiz. Damals verbrachte ich einen Tag in einer Familie, in der eine vietnamesische Frau mit einem Schweizer verheiratet war und zwei Töchter hatte. Die Kinder begrüßten mich in fließendem Vietnamesisch mit Hue-Akzent. Ich war sehr überrascht und fragte die Mutter: „Wie können Ihre Kinder mit einem Schweizer als Vater so gut Vietnamesisch sprechen?" „Ehrwürdiger Meister, die Kinder sollen doch ihre Muttersprache beherrschen.", antwortete sie.

Dies ist ein mustergültiges Beispiel der von einer Mutter übernommenen Verantwortung. Ein Kind kann heutzutage fünf bis sieben Sprachen beherrschen, doch die wichtigste sollte doch seine Muttersprache sein. Wenn die Mutter eine Vietnamesin ist, sollte ihr Kind ebenfalls Vietnamesisch sprechen können. Wenn sie aber Chinesin, Japanerin, Deutsche, Französin, Italienerin o.a. ist, sollte ihr Kind auch ihre jeweilige Sprache sprechen. Die Mutter verbringt einfach mehr Zeit mit dem Kind, deshalb kann es ihre Sprache gut erlernen. Die Verantwortung des Vaters liegt darin, Geld zu verdienen und so für den Lebensunterhalt der Familie zu sorgen. Die Mutter hat die Aufgabe, das Kind zu erziehen und es nach den Idealen der Familie zu formen.

Manche der nun im Westen lebenden Vietnamesen wuchsen in ländlichen Gebieten Vietnams auf; sie kamen daher nicht in den Genuss einer schulischen Erziehung. Ihnen selbst fiel die Eingliederung im Ausland schwer; deshalb wünschten sie ihren Kindern eine bessere Integration in die westliche Gesellschaft und Kenntnisse in der Sprache der Einheimischen. Natürlich haben die Kinder Erfolg in ihrem schulischen Werdegang, denn dank der guten Bedingungen können sie sich gut entwickeln und durchsetzen. Leider jedoch funktioniert meist das Zusammenleben in ihren Familien nicht so gut. Die Kinder beherrschen die jeweilige Landessprache, nicht aber die Eltern. Letztere können ihnen oft nur mit einem Lächeln antworten, wenn ihr Nachwuchs auf der Anwendung der „neuen" Sprache beharrt; dies verhindert aber eine Kommunikation zwischen Eltern und Kindern. So entstanden bisher schon Missverständnisse in vielen Familien und kamen manchmal auch tragische Ereignisse wie z.B. Mutlosigkeit, Depressionen oder gar Selbstmord zustande.

Als ich am 22. Februar 1972 für ein Auslandstudium nach Japan ging, dachte ich bereits am Tag meiner Abreise an den Zeitpunkt meiner Rückkehr in mein Vaterland. Ich hatte damals noch keine Ahnung davon, dass mich ein - inzwischen - mehr als 30 Jahre dauernder Aufenthalt im Ausland erwartete. Wenn ich gefragt werde, wie ich mein Leben im Ausland finde, ob ich Vietnam vermisse oder wie mein Plan für die Zukunft aussieht, verfüge ich über unendlich viele Antworten, um meine Empfindungen - nämlich die eines Auswanderers - auszudrücken. Ich habe den Vorteil, dass ich mich sehr schnell in eine fremde Gesellschaft integrieren und dass ich rasch Fremdsprachen lernen kann. Deshalb empfinde ich genauso wenig Hemmungen, wenn ich mit Fremden spreche, als wenn ich dies mit meinen Landsleuten tue.

Ich habe sieben Jahre lang - in der Unter- und der Oberstufe des Gymnasiums - Französisch gelernt, und zwar wöchentlich sechs Unterrichtsstunden. Ich beherrschte die Grammatik dieser Sprache sehr gut, doch die Aussprache bereitete mir Probleme, als ich noch in Vietnam war. In der Oberstufe wählte ich noch Englisch als zweite Fremdsprache hinzu; diese Sprache musste man als Fach belegen, um überhaupt das Abitur machen zu können. Die sinovietnameische

Sprache hatte ich schon in den Klöstern Phuoc Lam und Vien Giac sowie in speziellen Lerngruppen in Quang Nam und Long Tuyen erlernt. So weit zu meinen Sprachkenntnissen. Mitte 1971 legte ich meine Abiturprüfung ab und beantragte ein Auslandsstudium in Japan. Damals lernte ich ungefähr 3 Monate Japanisch in der Sprachschule Chieu Duong in Saigon. Diese Sprache ist nicht einfach. Die von mir in der Sprachschule verbrachten Monate sind hinsichtlich des Ergebnisses gleichzusetzen mit dem Schütten von Salz in das Meer. In Japan angekommen, konnte ich nämlich kein Wort frei aussprechen - nicht einmal die einfachste Begrüßungsformel.

In Japan wohnte ich zunächst einige Monate lang gemeinsam mit dem Ehrwürdigen Thich Chon Thanh, während ich Japanisch in der Sprachschule Yotsuya in Tokyo lernte. Ich war lernbegierig, doch das Geld war knapp. Was sollte ich also tun? Aus Saigon hatte ich nicht einmal 1000 US-Dollar mitgebracht; das Hinflugticket war ein Geschenk meines Bruders, des Ehrwürdigen Thich Bao Lac, gewesen; und in meinem Gepäck befanden sich nur eine einzige Andachtsrobe - und nicht etwa die vorgeschriebene Anzahl von drei Roben - Bücher und mein Abiturzeugnis - sonst nichts! Ich suchte in meinen Notizen nach Adressen von Bekannten in Japan. So fand ich Herrn Phan Duc Loi. Er war mein Mitschüler in der Grundschule in Xuyen My, Duy Xuyen und Quang Nam von 1958 bis 1961 gewesen. Er war zwei Jahre vor mir zwecks Auslandsstudiums nach Japan gegangen und hatte mit Hilfe einer Nebenbeschäftigung etwas Geld ansparen können. So lieh ich etwas Geld von ihm, um meinen Japanischunterricht bezahlen zu können. Als ich den Aufbaukurs besuchen wollte, ging mir wieder das Geld aus. So schrieb ich meinem Meister in Vietnam und bat um die Übersendung von Geld. Zu meinem Glück war Fräulein Yen, die Tochter von Herrn To Van Tam, die schon lange in Japan lebte, damals gerade auf dem Weg nach Vietnam. Sie hatte etwas Geld, das sie mir geben konnte. Ihr Vater bekam von meinem Meister das Geld in Vietnam zurückgezahlt. Nach dem Ende des ersten Japanischkurses wechselte ich sofort in den dritten Kurs und besuchte anschließend gleich den abschließenden Kurs. Das bedeutet, dass ich meine japanischen Sprachkenntnis statt in einem Jahr in nur sechs Monaten erwarb.

Von den Menschen, die mir während meiner Studienzeit in Japan halfen, ist Herr Phan Duc Loi inzwischen verstorben. Er stand zum Zeitpunkt seines Todes mit nicht einmal 50 Lebensjahren mitten im Leben und machte gerade Karriere. Wir beide - er und ich - hatten verschiedene Ansichten, deshalb hatten wir nicht viel gemeinsam und nach 1975 auch keinen Kontakt mehr zueinander gehabt. Fräulein Yen ist inzwischen verheiratet und lebt heute in Los Angeles, während ihr Vater sich in San Jose niedergelassen hat. An dieser Stelle möchte ich all jenen Menschen danken, die mir in einem meiner Studienjahre oder aber in einem anderen Lebensabschnitt geholfen haben. Zu ihnen gehören auch zwei Familien in Vietnam, die mich sehr in der Zeit vor meinem Auslandsstudium unterstützten, so dass ich in ihrer Schuld stehe, und zwar die Familien von Herrn Pham Manh Cuong und Herrn Pham Nam Hai. Beide Herren waren meine Mitschüler während des 11. und 12. Schuljahres in Saigon gewesen. Bis heute pflege ich Kontakte zu Herrn Pham Nam Son und Frau Do Ngoc Hien, Bruder des ersteren und Schwägerin des letzteren der beiden genannten Herren. Sie leben in Raleigh, North Carolina, USA, und nahmen bei mir 1979 die Zuflucht zu den Drei Juwelen.

Nach der bestandenen Aufnahmeprüfung der Fakultät für Erziehung der Universität Teikyo in Hachigi besaß ich überhaupt kein Geld mehr. Ohne die Zahlung einer Summe von umgerechnet etwa 1000 US-Dollar als Aufnahmegebühr war aber die Immatrikulation und somit ein Beginn des Studiums ausgeschlossen. Also erkundigte ich mich überall nach einer finanziellen Unterstützung, z.B. bei den Ehrwürdigen Thich Minh Tam und Thich Nhu Tang. Man sagte mir, dass in Japan ein Vietnamese lebe, der einigermaßen wohlhabend sei, ein gewisser Herr Quang Phung. Ich bat den Ehrwürdigen Thich Nhu Tang, eine Bürgschaft für mich zu hinterlegen, sodass ich 100.000 Yen (damals umgerechnet etwa 500 US-Dollar) von Herrn Quang Phung leihen konnte. Schließlich hatte ich die erforderlichen 1000 US-Dollar zusammen getragen, um die Immatrikulationsgebühr zu bezahlen. Zu jener Zeit lebten nicht viele vietnamesische Immigranten in Japan. Alle vietnamesischen Studenten in Japan waren arm. Wer sonst konnte mir damals Geld leihen? Aus Vietnam war keine Hilfe zu erwarten, denn die Congregation der Vereinigten Vietnamesisch-Buddhistischen Kirche war ebenfalls arm, und meiner Familie ging es auch nicht besser. Ich hatte die Schule mit einem guten Abitur abgeschlossen; deshalb überließen der Hochehrwürdige Tri Giac und mein Meister mir während der Zeit meines Auslandsstudiums monatlich eine Summe von umgerechnet 30 US-Dollar, während ein Student in Japan allerdings mindestens 150 US-Dollar im Monat benötigte, wenn man einmal die Studiumsgebühr außer Acht ließ. Es gab keinen anderen Ausweg als die oben geschilderte Lösung für diesen Lebensabschnitt.

Der Ehrwürdige Nhu Tang emigrierte 1986 nach Australien, nachdem er einen Doktortitel der Politik an der Universität Meiji in Tokyo erhalten hatte. Nun hat er eine Frau und eine Tochter, welche eine gute Schülerin ist. Er ist ein Freund des Ehrwürdigen Thich Bao Lac und war mir ein wertvoller Helfer während meiner ersten Zeit in Japan.

Der Ehrwürdige Minh Tam, mein großer Wohltäter, der gerade seinen M.A.-Titel an der Universität Risso erlangte, als ich nach

Japan ging, führte mich in dem Tempel Honryuji in Hachiogi ein, damit ich dort wohnen konnte. Ich lebte dort von 1973 bis 1977. Er ist jetzt Hochehrwürdiger Abt des Klosters und der Pagode Khanh Anh in Paris. Seine Tat war sicher seiner Ansicht nach nur eine kleine Hilfestellung, doch für mich eine sehr wichtige Unterstützung während meiner ersten Zeit in Japan. Seine Wohltat habe ich niemals vergessen; deshalb haben die Pagode Vien Giac und ich beim Bau der Pagode Khanh Anh wie bekanntlich einen beachtlichen Beitrag geleistet.

Von den zeitweise in Japan lebenden vietnamesisch-buddhistischen Mönchen ging der Ehrwürdige Minh Tam 1973 nach Frankreich, während die Ehrwürdigen Long Nguyet und Tri Quang 1971 nach Vietnam zurückkehrten. Die anderen Ehrwürdigen wie Bao Lac, Minh Tuan, An Thien, Chon Thanh und Minh Tuyen blieben noch bis 1980 oder länger in Japan, bevor sie nach Australien, in die USA oder in andere Länder gingen.

Herr Quang Phung, mein ehemaliger Helfer, ging 1975 nach Frankreich und später in die USA. In seinen späten Jahren hat er sich ordinieren lassen; sein Mönchsname ist Thich Tri Nguyen. Heute ist er Abt der Pagode Linh Son in Paris. Die Phänomene ändern sich und besitzen keinen festen Charakter. Nur die Herzenwünsche der Menschen, ihr Mitleid und ihre Dankbarkeit begleiten uns bis zu unserem Tod.

Um die Wahrheit beim Namen zu nennen: Die vietnamesischen Studenten von früher hatten nicht genug Informationen bekommen, bevor sie zum Auslandsstudium nach Japan gingen. Sogar von der japanischen Botschaft in Vietnam erhielt man keine ausreichenden Informationen über zu erwartende Lebenshaltungskosten und Studiengebühren, während die vietnamesische Botschaft in Japan nur ihren diplomatischen Aufgaben nachkam und sich dort niemand um Kultur und Erziehungswesen kümmerte. Nur wer direkt fragte, wurde beraten; doch es war keine allgemeine Richtlinie für alle Studenten erhältlich. Die vietnamesischen Studenten fühlten sich verloren in einem fremden Land. Wir jungen Mönche, die wir mit viel Elan an die Pforte der Universität klopften, wussten gar nichts über die Lebensweise und Gewohnheiten der Ordinierten in Japan. Wo sollten wir wohnen, essen, studieren usw.? Wir alle tappten im Dunkeln. In der Regel nur mit einem Pass in der Hand und einem Visum der japanischen Botschaft ausgestattet, machten wir uns ohne jegliche Vorbereitung auf einen hindernisreichen Weg.

Anfang Februar 1973 zog ich offiziell im Honryuji-Tempel in Hachiogi ein. Der Abt des Tempels hieß Oikawa; er war verheiratet und hatte vier Kinder. Er war ein berühmter Professor für die Pali-Sprache an der Universität Risso. Er hatte einige Jahre in Sri Lanka studiert und zeigte vermutlich daher viel Verständnis für ausländische Studenten; darum war das Leben in diesem Kloster für mich um einiges einfacher als an anderen Orten. Doch das Leben in einem japanischen Kloster ist ein familiäres, das mir viel Geduld abverlangte. Mein Ziel war es nämlich, mein Japanisch aufzufrischen und gleichzeitig Mietkosten zu sparen. Die Studiengebühr verdiente ich mit Nebenbeschäftigungen während der Semesterferien. Deshalb musste ich mich in Allem beugen und auch Klosterarbeit verrichten, soweit ich dies kräftemäßig vermochte. Ich musste mir mein Ziel immer wieder vor Augen führen, um nicht aufzugeben.

In meinem ersten Jahr als Student an der Universität Teikyo konnte ich überhaupt nichts von dem verstehen, was die Professoren lehrten, obwohl mein japanischer Wortschatz schon beträchtlich besser wurde. Erst im zweiten Jahr verstand ich etwas mit Hilfe von Sprachpraxis und mit Hilfe meiner Kommilitonen. Von Letzteren haben mir Yamada und Iyoda sehr viel geholfen. Nun musste ich Japanisch wie meine Muttersprache benutzen, Englisch wurde meine erste Fremdsprache und Französisch die zweite - trotz meiner entgegen gesetzten Sprachauswahl in der Schule früher in Vietnam.

Täglich wachte ich früh auf, um als Erstes den Tempel zu putzen und die Sutras zu rezitieren. Danach ging ich in die Universität bis zum späten Abend. Zu Mittag aß ich in der Mensa und ruhte ein wenig in der Bibliothek, bevor ich Vorlesungen am Nachmittag besuchte. Nach jedem Tag an der Universität konnte ich eine Buslinie zum Bahnhof Takahatafudo nehmen und von dort aus in den Zug nach Hachiogi umsteigen, die restliche Strecke bis zum Tempel legte ich in 15 Minuten zu Fuß zurück. Wenn ich abends im Tempel ankam, sagte ich laut „Tadaimasu!" („Ich bin zurück!"). Daraufhin wurde ich von den Tempelbewohnern mit „Okaerinasai!" („Sei gegrüßt!") begrüßt. Wenn ich den Tempel verlassen musste, sagte ich ebenfalls laut „Itteikimasu!" („Ich bitte um Erlaubnis wegzugehen!"), worauf ich dann „Itteirasai!" („Geh' mit Einverständnis!") zur Antwort erhielt. Dies ist eine japanische Sitte - sehr formell und höflich. Solche Formulierungen finden wir in anderen Sprachen wie z. B. Englisch, Französisch oder Deutsch überhaupt nicht.

Eine meiner Arbeiten im Tempel bestand in der Vorbereitung des Badewassers. Dazu musste eine große Badewanne mit zuvor über einem Holzfeuer erhitztem Wasser gefüllt werden. In Japan waren die Häuser damals eher klein, sodass die meisten Menschen in einem Badehaus ihr Bad nehmen mussten. Im Tempel hatten wir mehr Platz, deshalb war hier ein eigenes Bad eingerichtet worden. Dieses Privatbad konnte von jeweils nur einer Person benutzt werden - anders als in einem öffentlichen Bad, wo viele Leute gemeinsam baden konnten. Jede Person im Tempel musste sich einmal am Tag baden. Damals lebten außer der sechsköpfigen Familie des Abtes und mir noch drei weitere Studenten im Tempel. Zusammen waren wir also zehn Personen. Nakatomi, Matsunagara und Shimzu waren junge Mönche, die an der Universität Risso studierten. Heute sind sie Äbte von Tempeln in Tokyo und Sikokku. Matsunagara und Nakatomi besuchten im Sommer 1974 einen Monat lang Vietnam und waren vom Leben dort und der Landschaft sehr begeistert.

Ende 1973 führte ich den Ehrwürdigen Nhu Man - mit bürgerlichem Namen An Thien - im Tempel Honryuji ein. 1975 verließ er den Letzteren, um in der Nähe der Universität Risso zu wohnen. Doch er kehrte oft zu unserem Tempel zurück, um uns bei den buddhistischen Zeremonien bzw. Festen wie Ohigan und Ullambana zu unterstützen. 1991 ging er nach Australien, nachdem er seine Doktorprüfung an der Universität Risso bestanden hatte. Am 24.05.2002 nahm er sich das Leben durch Selbstverbrennung hinter der Pagode Minh Giac in Sydney. Trotz des Wissens, dass das Leben nur ein Traum ist, bewirkte sein Tod ein undefinierbares Gefühl des Verlustes bei allen Menschen, die ihn gekannt hatten.

In der Anfangzeit meines Studiums waren meine japanischen Sprachkenntnisse noch nicht zufrieden stellend. Zwar in erster Linie zur Finanzierung der mir entstehenden Kosten, aber auch wegen der Sprachpraxis trug ich alltags Zeitungen aus und bot außerdem meine Arbeitskraft im Bahnhof Takananobaba an. Dort versammelten sich die Arbeitssuchenden und wurden je nach Bedarf von den Firmen für einen Tageslohn engagiert, welchen sie jeweils abends nach getaner Arbeit ausgezahlt bekamen. Meistens wurden die überwiegend schmächtigen Studenten von Baufirmen engagiert. Die Arbeit dort war oft zu schwer für ihre dürren Körper, doch es ging um ihr Überleben; deshalb hatten sie keine andere Wahl.

Später verbesserte sich mein Japanisch durch die tägliche Kommunikation mit den Menschen im Tempel. Ich konnte gemeinsam mit den Mönchsstudenten und dem Abt an den auf Japanisch abgehaltenen Zeremonien teilnehmen. Der Tempel gehörte der Nichiren-Schule an; deshalb spielte das Lotussutra hier eine wichtige Rolle. Meistens wurde aus dem Letzteren nur das zweite Kapitel über die zur Verfügung stehenden Mittel und über die große Feierlichkeit sowie das sechzehnte Kapitel über die Lebenserwartung des Tathagatha rezitiert. Allmählich konnte ich auch außerhalb des Tempels die Rezitation dieser Texte übernehmen; dadurch schwand meine Besorgnis über die Finanzierung der Studiengebühr.

Viermal jährlich - nämlich jeweils vor Neujahr, Ende März, Mitte Juli und Ende September - gingen wir zu den Gemeindemitgliedern des Klosters, um für sie die entsprechenden Zeremonien zu zelebrieren. Mir wurden etwa 100 Familien zugeteilt. Die Mönche gehen ohne Aufforderung zu den Familien; und wenn sie niemanden zu Hause antreffen, kommen sie später noch einmal wieder. Bei diesen Besuchen handelt es sich um eine in Japan übliche Sitte. Die Tempel halten vermutlich auf diese Weise regelmäßig Kontakt zu den Gläubigen. Nach der Rezitation im Rahmen unserer Hausbesuche wurden wir stets zu einem Tee mit Gebäck eingeladen und schließlich mit einem Briefumschlag, welcher eine Geldspende enthielt, und den Worten „Gokurosama desu!" („Danke für die Mühe des Ehrwürdigen!") verabschiedet. Die Höhe der Geldspenden schwankte je nach den finanziellen Möglichkeiten der Familien; meistens lag sie etwa um 1000 Yen, was damals etwa fünf US-Dollar entsprach, heute jedoch mit zehn US-Dollar gleichzusetzen wäre. Nach einer Woche der Hausbesuche mit Zeremonien bei 100 Familien hatte ich insgesamt umgerechnet etwa 500 bis 1000 US-Dollar erhalten. Viermal jährlich ein solcher Betrag war nicht wenig für mich. Manchmal bekam ich außerdem noch etwas Geld, wenn ich dem Abt zu Beerdigungszeremonien begleitete.

Einmal besuchte ich eine Familie für eine Zeremonie in der schwarzen Kutte mit violettem Gebetsgewand der japanischen Mönche. Ich sah wirklich wie einen Japaner aus. Mein Japanisch war schon recht gut; deshalb ahnte die Hausherrin nichts von meiner tatsächlichen Herkunft. Nach dem Ende der Zeremonie fragte sie mich: „Wo ist Ihre Heimat?" „Ich komme von sehr weit her - etwa sieben bis acht Stunden Flug von hier.", antwortete ich. Sie sah mich mit großen Augen an und meinte dann: „Japan ist doch so klein; von Norden nach Süden braucht man höchstens zwei Stunden mit dem Flugzeug. Außerdem liegt Tokyo in der Mitte des Landes; es gibt doch keinen Ort in Japan, der so weit weg von hier liegt!" Ich ließ sie noch eine Weile lang überlegen, denn ich wusste, dass sie mich für einen echten Japaner hielt. Ich fühlte in mir Freude aufsteigen und wurde immer selbstsicherer wegen meines guten Japanisch. Schließlich antwortete ich: „Ich bin ein vietnamesischer Mönch." „Oh, meine Güte, was für ein grausames Land!" rief sie. „Warum?" fragte ich. „Wenn Brüder sich töten und das nicht grausam sein soll, was dann?!" erklärte sie. Ich lächelte verletzt und senkte den Kopf, um über das Schicksal meines Volkes nachzudenken. „Was für ein Mensch bin ich denn?" und viele andere Gedanken gingen mir durch den Kopf. Ich diskutierte dann mit der Frau über Krieg, Tod, Hass usw. Letztendlich schloss sie unser Gespräch mit den Worten: „Kawaisoo desune!" („Wie Mitleid erregend!"). Während meines ganzen Aufenthaltes in Japan wollte ich kein solches Urteil über mein Land hören; deshalb hatte ich - leider vergeblich - versucht, die Frau über den Krieg in Vietnam aufzuklären.

Einmal stritt ich mich mit meiner Sprachlehrerin, als sie einzelne Menschen als gut bzw. als schlecht einstufte. Auf Japanisch trifft man hierbei die Aussage „Atama ga ii!" („Sein Kopf ist gut!") bzw. „Atama ga warui!" („Sein Kopf ist schlecht/verdorben!"). Ich sagte sinngemäß: „Es gibt weder einen guten noch einen schlechten Kopf, denn schlecht und gut sind letztendlich doch gleich. Zum Beispiel werden zwei Personen, wenn sie ein mathematisches Problem zu lösen versuchen, zum gleichen Ergebnis kommen, auch wenn der eine vielleicht schneller die Lösung findet als der andere. Die Hauptsache ist doch, dass beide zum richtigen Schluss kommen. Die Geschwindigkeit kann nicht über die Qualität ihrer Köpfe entscheiden." Die Lehrerin gab daraufhin die Diskussion mit mir auf.

Japanisch ist meine dritte Fremdsprache, doch ich vermute, dass ich inzwischen Japanisch genauso gut wie meine Muttersprache beherrsche. Auch 30 Jahre nach dem von mir absolvierten Japanisch-Unterricht, als ich im März 2002 nach Japan zurück kehrte, konnte ich in den fünf Tagen, die wir dort verbrachten, für meine Begleitung sehr gut vom Vietnamesischen ins Japanische und umgekehrt übersetzen. Nur einmal geriet ich in Verlegenheit. Der Hochehrwürdige Thich Ho Giac äußerte sich über meine Kenntnisse: „Ich bin sehr verwundert, dass der Ehrwürdige auch nach 25 Jahren das Japanische noch nicht vergessen hat." Ich konnte darauf keine Antwort finden; doch ich vermute, dass die Zeit im japanischen Tempel und die dort ständig erforderliche Sprachpraxis sich sehr gut in meinem Gedächtnis eingeprägt haben. Ich verstehe außerdem die Japaner in jeder ihrer Mimiken und Gesten. Doch zurück zu dem Wort, das ich vergessen hatte: Als ein vietnamesischer Ehrwürdiger, der im Restaurant neben mir am Tisch saß, mich darum bat, ein wenig Ingwer bei der japanischen Bedienung zu bestellen, sagte ich zur Kellnerin: „Chotto Ingwer Kudasai!" „Simasen! Nandeska!" antwortete sie. Ich versuchte es erneut: „Ginger Kudasai!" Doch auch dieser Versuch scheiterte. Ich hatte den deutschen und den englischen Begriff für die Zutat verwendet, darum konnte die Frau gar nicht verstehen, was gemeint war. Zum Glück entdeckte jemand am Tisch eine Scheibe Ingwer in seiner Suppe und zeigte sie ihr. „Aah; Shoga, Shoga!" rief sie aus. Alle lachten. Tja, so sind die Sprachen! Ich verstehe nicht, wie ich so ein einfaches Wort vergessen konnte, obwohl ich es früher täglich im Tempel Honryuji benutzt hatte.

1973 bat ich im Kloster Kongoin darum, dort den Ehrwürdigen Minh Tuan aufzunehmen. Er hatte sich nach seinem Japanisch-Sprachkurs in der Universität der buddhistischen Tantrik-Schule Kosazan angemeldet. Er ging später nach seinem Hochschulabschluss in die USA. Der Abt des Klosters, der Ehrwürdige Yamada, kannte übrigens sehr viele vietnamesische Mönche, die vor und nach 1975 an der genannten Universität studiert hatten bzw. noch studierten.

Ende 1974 oder Anfang 1975 kam der Ehrwürdige Thich Bao Lac nach Japan. Ich vermittelte ihm eine Unterkunft im Tempel Shinshoin. Da er noch nicht an das Klima von Tokyo gewöhnt war, hatte er oft Nasenbluten. In den ersten Monaten seines Japan-Aufenthaltes erhielt er Hunderte von Briefe, die ihm von seinen Schülern, welche er in einer Bodhischule in Vietnam in Literatur unterrichtet hatte, und von seinen früheren Kollegen in der genannten Schule geschickt worden waren. 1980 errang der Ehrwürdige Bao Lac sein Diplom in Sozialwissenschaft an der Universität Komazawa in Tokyo und emigrierte nach Australien. Dort gründete er das Kloster Phap Bao. Dort ist er bis heute Abt und schreibt und übersetzt gern. Er hat bis jetzt ca. 30 Bücher geschrieben bzw. aus dem Sinovietnamesischen übersetzt.

Am 01.04.1977 - im 48. Showa-Jahr - schloss ich mein Studium mit dem Diplom der Literatur der Pädagogik als Zweitbester meines Jahrganges ab. Meine Abschlussarbeit wurde mit „sehr gut" bewertet. Im Folgenden möchte ich meine Studienleistungen in den vier Jahren an der japanischen Universität auflisten:

Ethik:	ausreichend
Dialektik:	befriedigend
Westliche Geschichte:	gut

Juristische Gesetze:	befriedigend
Soziologie:	befriedigend
Mathematik:	gut
Physik:	gut
Statistik:	ausreichend

Es handelte sich hierbei um grundlegende Pflichtfächer, die jeder Pädagogikstudent belegen musste. In Japan gibt es bei den Prüfungen nur die drei genannten Bewertungen. Wer in einer Prüfung „ausreichend" nicht erreicht, muss sie wiederholen. Ich musste keine der insgesamt 62 Einzelprüfungen in den vier Jahren meines Studiums wiederholen.

Meine sprachlichen Leistungen waren wie folgt:

Englisch I:	ausreichend
Englisch II:	ausreichend
Englisch III:	gut
Englisch IV:	befriedigend
Englisch V:	gut
Französisch Anfänger:	gut
Französisch Grammatik:	gut
Französisch Mittelstufe:	ausreichend

In den beiden Fremdsprachen musste ich also insgesamt acht Scheine erwerben. Wie bereits erwähnt, war Englisch in Vietnam meine zweite Fremdsprache gewesen und wurde meine erste in Japan. Französisch hatte ich dagegen in Vietnam insgesamt sieben Jahre lang im Gymnasium belegt und wählte es in Japan als zweite Fremdsprache. Ich musste mir an der Universität nicht viel Mühe mit den Sprachen geben. Meine Aussprache in Englisch gab mir anfangs zu denken, doch mit Hilfe von Übungen im Sprachlabor konnte ich sie verbessern. Es war aber keine einfache Sache.

Eine Besonderheit in Japans Bildungseinrichtungen ist die Pflicht zur Belegung von Sport. Dies gilt sogar für Studenten. Während ich in den Seminaren stets meine Mönchskutte anbehielt, musste ich beim Training Sportkleidung tragen. Die Bewertungen meiner Leistungen in diesem Bereich waren:

Sporttheorie:	ausreichend
Sportpraxis:	gut

Weitere von einem Pädagogikstudenten wie mir zu belegenden Pflichtfächer und meine Leistungen in diesen Bereichen waren:

Philosophische Pädagogik:	ausreichend
Grundtheorie der Pädagogik:	ausreichend
Planungstechnik der Pädagogik:	befriedigend
Grundgeschichte der Pädagogik:	ausreichend
Geschichte der geistigen Pädagogik:	gut
Psychologische Pädagogik:	befriedigend
Jugendspychologie:	ausreichend
Wertende Pädagogik:	ausreichend
Dialektische Pädagogik:	ausreichend
Grundsoziologische Pädagogik:	befriedigend
Soziologische Pädagogik:	befriedigend
Allgemeine Pädagogik:	ausreichend
Finanzielle Pädagogik:	gut
Schulische Pädagogik:	ausreichend
Praktische Pädagogik I:	befriedigend
Praktische Pädagogik II:	befriedigend
Praktische Pädagogik III:	gut
Praktische Pädagogische Psychologie I:	ausreichend
Praktische Pädagogische Psychologie II:	ausreichend

Bereits im dritten Jahr meines Studiums begann ich mit den Literaturrecherchen für meine Abschlussarbeit. 1975 bereitete ich mich also vor, und 1976 schrieb ich an der Arbeit. Nach Beendigung jedes Kapitels bat ich meinen Kommilitonen Yamada, es zu prüfen, bevor ich es dem meine Arbeit betreuenden Professor vorlegte. Es gab kaum etwas zu beanstanden. Ich war überrascht darüber, dass mein Japanisch inzwischen so gut geworden war. Auf den 150 mit der Hand geschriebenen Seiten der Arbeit brauchten insgesamt nicht einmal zehn Fehler korrigiert zu werden. Danach schrieb ich das Ganze sauber für die Abgabe ab. Ich bewahre die original handgeschriebene Arbeit noch immer auf. Die sauber abgeschriebene Kopie gab ich an der Universität ab. Meine Abschlussarbeit wurde mit der Note „sehr gut" bewertet.

Anlässlich eines Besuches in Japan im Jahre 1980 besuchte ich den Tempel und die Universität meiner Vergangenheit. Ein Universitätsmitarbeiter gab mir zufällig eine Ausgabe der Zeitschrift der Universität Iwaki zum Durchblättern, in der meine Studienabschlussarbeit als Referenz für die Studenten angegeben worden war. Auf S. 60 des Magazins war ein Abschnitt aus meiner Arbeit abgedruckt und mit dem Vermerk „Genbun no mama" („Wörtlich zitiert") versehen worden. Dies bedeutet, dass meine Abschlussarbeit die Aufmerksamkeit der Universität in Japan erregt hatte und als Referenz den Studenten nahe gebracht worden war.

Es ist für mich eine besondere Ehre, als einziger ausländischer Studienabsolvent neben den namhaften Professoren der Universität zum genannten Magazin beigetragen zu haben. Ich möchte an dieser Stelle auf die - handgeschriebene - originale Abschlussarbeit verweisen. Vielleicht kann jemand von Ihnen Japanisch und möchte sie im Original lesen. (s. S. -)

いわき論集

———————— 目　　　次 ————————

いわき短期大学商経学会

1978

明治時代における日本の英語教育について

レ・クォン

ベトナムにいた時、私は、世界史の時間が大好きであった。世界史には、世界の事情、状況、政治、経済、教育などが出て来るのであるが、中でも私が一番関心を持ったのは日本の明治維新のことである。フランス革命（１７８９年）、中国の革命（１９１０年）、あるいはロシア革命（１９１７年）等、数ある革命の中でも、特に日本の明治維新（１８６８年）について深く研究したいと思った。これは、日本に行きたいという、私の一つの大きな理由となった。

なぜ明治維新は有名になったのか。日本という国はずっと前から東洋文化の影響を受けてきた国である。特に、中国の文化を中心として吸収し、政治、文化、宗教、経済等を形成、実現して来たのである。明治維新というのは、この長い伝統の中での一大革新であった。ちょうどこの時代から日本は西洋文化のの影響を受け、実践科学主義を習いはじめたと言えるであろう。もちろん、明治維新以前においても、西洋の学問を吸収したが、それはオランダ国との国交しか触れる事ができなかった。それが、ひろくヨーロッパ、アメリカの新しい文化を吸収する時代に切りかわったのであるから、明治維新は、日本にとって一大革新であったのである。

この明治維新の特色の一つは、日本は農業国から工業国へと進んで行ったことである。この意味で、この維新ということは現在の日本の近代化の源泉だったと言えるのである。

ところで維新と革命はどういうふうに違うのか、「維新」というのはすべてがあらたまり、あたらしくなることである。「革命」は王朝が代わること、あるいは政府が代わるのである。維新と革命とはそれぞれ意を異にしているのである。

特に日本の王朝は他の諸国の王朝と違っている。日本は、今まで１２３代も天皇が在位しているが、外国の場合は王朝がよく変わっている。王朝、あるいは政府などが代る時、これは革命と言える。しかし、明治維新は革命と言えない。天皇制が変わらなかったからである。私にとって、維新という言葉には殺す、殺されるという意味がないと思う。というのは、以前が古いから、今から維新する、新しくなおすことと思うからである。しかし、革命という言葉を聞いたら、この言葉の中だけでも、血を見る印象が私の胸に残っているのである。

　前王朝、前政府と戦い、人命を落とさなければ政権交代が成功出来ない時に行なうのが革命ではないかと思えるのである。

　この様な簡単な理由で、私は明治維新について研究したいし、考察しなくてはならないのである。

しかし、何を勉強するにしても、一番大切なことは言語である。西洋の文化で、一番影響が深い言語は英語、フランス語、ドイツ語である。でも、どうしても英国また米国の方が他の国よりも影響が深いのである。

　日本の英語学は、文化5年（１８０８年）からはじまったと言える。これは英艦フェートン号が長崎に侵入した時である。日本人はこの時から英語を勉強する必要が出来たのである。

　もちろん、その時期と現在とを比べれば違う点が沢山出て来るのであるが、過去の事を知らなければ現在の結果も解かないし、現在のことがわかなければ未来の行き方も理解することができなくなってしまうのである。

　私自身、外国人であるので言語という問題は一番大切あると思うから、日本人が初期の英語を受け入れる時、どうであったのか非常に興味を持ち、この「明治時代における英語教育について」を書く理由になったのである。

　特に、日本語は文法が難しいから、他の国の言葉よりも勉強に時間がかかる。でも国と国との文化の伝達の為に、私はこの身体を渡り橋にしたいと思い、なんとかこの明治時代の日本の英学について考察したいと思う。

　日本人が、学問の中心を蘭学から英学に移したのは、文化6年（１８０９年）から始まったと言える。その１年前、長崎港に英艦フェートン号が侵入して以来、日本人あるいは日本文学界の関心等がこの時期から転換した。文化6年から明治維新（１８６８年）にかけて約６０年間日本の英学がどの様な進歩をして来たか、詳しく考察してみたい。

　６０年間をわたっても、日本側の英学者はまだ出て来ない。幕府は日本の学生を留学生として英米に送る。慶應元年（１８６５年）薩藩の森有礼ら１９名はひそかに英国留学へ出発した。もちろん、その前に英語の本、辞書を訳した人もいたが、この時期に、最初における日本の英学の様子が見られる。米国側の宣教師らも渡米する。

　明治初期に入ると外国語の学校がだんだん設置された。留学生も英米に何回も送ったのであった。

　この時期英米から代表的な人物、伝教師などが多く見えた。やはり、これは、日本国内の英学人材がまだ足りないので外国人が必要であったからだと思われる。

　しかし、なぜ蘭学をそのまま続けて行かなったのか、なぜ日本国民は英語を学ばなければならなかったのであろうか？

　事実、英語は世界で一番文明国の国語であったのである。日本が最文明最強国の言葉を学ぼうとするのに何の不思議もなかったかも知れない。その頃の英語は、その栄華の絶頂に達していたから日本は蘭学から英学に変った一つの理由なのであろうか、明治元年は１８６８年であるが、英国の最盛期は凡そ１８７０年と思われる。

　新日本国を建設するに於いて英国の伝統の経験主義、実利主義などを学ぶため英学に転換したと思える。あるいは英国的自由主義を理解するために日本人の目的が変ったのである。

　明治新政府は富国強兵策を実現するため、西洋先進国へ向わなければならないのであるから、留学をしたり、技術を学んだりするのは当然なことである。

　明治４年に中村敬宇の訳した「西国立志篇」の影響が強かったから、英学の影響もだんだん広くなった。

　明治５年日本政府に於ける御雇外国人は、英人１１９人、仏人５０人、米人１６人、その他で計２１４人、３分の２が英米人であった。この統計を見ると、やはり明治初期の日本人に人材がたりないから、外国人教授を雇用したことと思われる。

　しかし文学的に見るとヨーロッパ文明の導入以来の英学書の出版は明治５年を以って最高頂とすると言われているが、それから西南戦争が過ぎると翻訳小説が流行し出した。おびただしい小説が訳出された中で、政治小説が特に歓迎された。それは矢野文雄「経国美談」（明治１７年）、東海散士「佳人の奇遇」（同１８年）、末広鉄腸「雪中梅」（１９年）等である。これらは日本の政治小説を創作に導いた始まりである。坪内逍遙の自由太刀余波鋭鋒」（１７年）はシェックスピアの「ヂュリアス・シーザー」の訳であるが、相共に国会開設に至る日本の道を開いたものであったと言えよう。

　この西南戦争前後１０年が明治英学の初期であるとされる。

　明治時代における日本の英語教育には、いろいろな節目があるが、ここで省略する。例えば明治初期の英語学校の設置、英語教師の採用、英和及び和英辞書の発達などはそれぞれ明治初期に始まる。あるいは明治中期（２０年－３２年）の中期の生徒における英語教育、英語の発音と日本人、明治末期（３３年－４５年）に入ると英語教育に関する著作、英和訳の著作、森有礼の英語国語化論など、たくさんの節目があるが、ここで「森有礼の英語国語化論」について、私は、外国人の目で見て論じてみたいと思う。

　言語というのはその国の言葉である。その国の民衆の生活を表わしている。習慣、礼儀、信仰、あるいは文化、それらはその国のすべてのことを表現する。その国が文化を持つならばもちろんその国の言語がある。もし、文化があっても自分の国の言葉がなければ、それは不連続の存在となる。もしも言葉があっても文化がなければ、それは未開部族である。だから言葉というものは大切である。

　森有礼は英語を国語化するについて沢山の論争を起こした。なぜ森有礼がそういうふうに考えたのであろうか。

　彼は慶應元年（１８６５年）イギリスに渡航してロンドン大学にて化学や数学を学び、慶應３年（1867年）アメリカに渡り、その後明治元年(1868)帰朝した。

　「森有礼の英語国語化論は森が日本公使として米国に滞在中の明治６年に著わした『日本の教育』(Education in Japan : A series of letters addressed by prominent Americans to Arinori Mori, New York, 1873) に出ている。その一部分は「日本教育策」と題して翻訳されている（『明治文化全集』（教育篇）所収）が、その序論に述べられている森有礼の意見をまとめると次のようになる。

　(1)　日常語は数が少なく、くかも大部分が漢語である。漢字を仮名で書くことは不便であり、実行不可能である。

　(2)　漢語の助けを借りなければ伝達手段として役に立たないということは国語の貧弱性を示す。

　(3)　今日の世界は英語国民の商業力の支配下にある。国の独立維持のためには英語を習得することが絶対に必要な条件である。

　(4)　西洋文明が全面的に採り入れられるとき、日本国内に英語が氾濫する運命にある。

　(5)　日本語のような貧弱な伝達手段によっては西洋文明を吸収することはできない。

（日本の英語教育史196項〜197項まで）。

　以上、森有礼が述べた一つ一つの問題をを分折するとどのようになるか。もちろん、この英語国語化について学者たちが論争したが、私は外国人の目から見て少し意見を述べたいと思う。

　日本語というのは日本人の持つ言語である。なぜ英語を取り入れなければならないのであろうか。もし、日本語が英語化されれば日本人という言葉は消えてしまったかも知れない。アメリカかイギリスの属国になったであろう。日本人が存在する限り、日本語がなければ、日本人とは言えない。歴史を見ると、植民地が広まった時、大きな国がが小さな国を支配した。植民地政策は属国の民衆を愚民化し、言語も自国語を被支配国に強制したのである。例えば私の国（ベトナム）では19世紀後半（１８６６年）から２０世紀前半（１９４５年）まで約８０年間フランスの植民地であった。彼等が一番大切にしたのは教育である。教育というよりも言語である。ベトナムのすべての学校はフランス語を教えなければならなかった。フランス語はベトナム語の代わりに使わなければならず、ベトナム語は外国になった。しかし、ベトナムが独立してからは（１９４５年）ベトナム語を国語として使いはじめた。また自分の国の言葉は他の国よりも良くないと思ったら、その人は売国奴であると言う人もいる。ベトナムの問題だけでなくインドあるいは台湾、それからアフリカ諸国等、独立してからは自分の国の言葉を守ってる。

特にフランスの文化は高いと評判があったがフランスの文化とフランス語とは違うのだ。だからベトナム人はフランスの言語より自国語方が良いと選んだ。ただ、日本は島の国であり、幸いに日本人は他の国に支配されなかったから森有礼は自分自身、植民主義がわからなかっので、英語国語化と言ったのであろう。

「日本語は大部分が漢語から借りる」と言ったが、これは当然である。しかし日本は音読がある。訓読なら日本語ではないのか？

日本では平安朝以来漢文が学問の言葉である。しかし、日本文化は中国の文化の影響を受けたが、日本語が中国語になったのではなかったのである。

現在英語は世界語と言えるけれども「商業」と貿易のために英語を国語化して良いものであろうか？

西洋文明はギリシヤ、ローマ以外、イギリスやアメリカなどは日本よりも新しい国家ではないのか？アメリカは健国後２００年経ったばかりだから、アジアの文明に比べれば未開民族であろう。アジアの文明は精神的な文明である。アメリカの文明は物質の文明ばかりを人間に与えるから、精神不安、精神混乱が問題になった。

以上、私は外国人からみて森有礼に不賛成の意見を述べたが、私自身、日本語について意見を述べたい。

日本語は外国語の中で一番か二番目に難しい言語と言えるけれども、なんとか、簡単にして外国人にわかりやすいようにするのが日本人の責任である。その為、日本語を変化改革しなければならないのである。

もし日本語を全部ローマ字に書いて直したらどうなるであらう。ローマ字は明治時代に盛んとなった。

「明治１９年チェンバレンの『ローマ字日本語読本』（ A Romanized Japanese Reader ）が出版された。同年第３版を出したヘボン辞書はローマ字会式を採用したが、これがほぼ現在のヘボン式となっている。それまでのヘボン辞書は仮名遣い主義であったが、ローマ字会の発音主義となった。たとえば shiyatsu （シャツ） hiyaku （百） → (shatsu, hyaku) 。ローマ字会は会員数２万にも達した時もあったが、明治２５年に解散した。 "Rōmaji zasshi" （１９年２月１０日号）を見ると「英国公使ブランケット氏の演説（チェンバレン氏訳述）」が出ているので、その一節を紹介する。

Shikashi , shokun yo ! kono kai no moukuteki wa , nan de arimashō?
Kouo kai no mokuteki wa , gakujutsujō mizou no dai—henkaku de arimas—

uru . Kore made arikitari no Shina—moji wo haishi , kore ni kaeru ni

no nijuu—yo—ji wo motte suru toki ni oitewa , fRoomaji utatsu no ooi

naru rieki uru koto ga arimasu . Hitotsu ni wa , Seiyoo kakkoku to k-

oosai wo hiroku shi ; futatsu ni wa , Shina—moji ni jikan wo tsuiyasu

tema wo habuki ; motte konnichi no bummei — sekai ni hitsuyoo naru

jitsugakujoo ni sono tema wo mochiita naraba , sunawachi 37,000,000

nin no saiwai to iu mono de arimashoo .

（しかし諸君よ、この会の目的は何でありましょう。この会の目的は学術上未曽有の大変革でありまする。これまでありきたりの支那文字を廃し、これに代えるローマ字の２４字をもってするときにおいては、二つの大いなる利益を得ることがあります。一つには西洋各国と交際を広くし、二つには支那文学に時間を費やす手間を省き、もって今日の文明世界に必要なる実学上にその手間を用いたならば、すなわち 37.000.000 人の幸いというものでありましょう。　『日本語の教育史』２０３－２０５項）。

　上の文章をみると、やはりローマ字になってもまだ日本語である。ここでは英語国語化の必要がない。ただ日本語はローマ字ばかりを使うと同じ発音で意味のちがう言葉が沢山あるので、これは問題である。しかし、日本人の名前でも日本人に読めないものが沢山あるので、ローマ字になった方が良いのではないかと思う。外国人は始めて日本語を習う時、ほとんどローマ字で教えられるのである。外国人は日本語が全部ローマ字であればと思う人が多い。私の意見も日本語をローマ字に直した方が良いとする者である。そうすれば外国人も日本語の理解をしやすいし、日本語も国際的になりやすいと思う。このままでは日本語というものは日本人にしかわからないのである。日本人は東西南北の文明に影響を与えるのに、伝達するところがなければそれは不幸だと思う。伝達するためには言葉が一番大切であるから、何とかして日本語をなおさないと話しにくい。例えば私たち留学生は日本に来て日本語を勉強し、日本人から日本語を習っても日本人のように日本語をよくしゃべれない。日本に５年いても10年いても決して日本語が上手になれない。私たちはなまけものではない。ただ日本語が難しいのである。ひらがなもあるし、かたかなもある。漢字もある。ローマ字もあるのだから相互理解がしにくい。例えば馬場辰猪の英語採用反対論を見ると、彼は明治３年９月にロンドンへ行き、明治６年にその反対論を全部英語で書いた。在英３年であったがこのように英語で書けた理由は何であろうか？彼は天才とは言えるかも知れないが、やはり英語が日本語よりも勉強しやすかったからであらう。これは

『日本語文法』　………… An Elementary Grammar of the Japanese Language

　　with Easy Progressive Exercises (1873)……

We have two objects in publishing this book . The first , to give a gen‐
eral idea of the Japanese language as it is spoken , and thesecond , the
protest againt a prevalent opinion entertaied by many of our countrymen ,
as well as foreigners who take some interest in our country , and to sh‐
ow the reasons why we do so . It is affirmed that our language is so im‐
pefect we cannot establish a regular and systematical course of education
by meaus of it ; and that thebest way is to exterminate the Japanese la‐
nguage altogether , and to substitite the English language for it . Those
who maintain this opinion ought to have examined the language and pr‐
oved its imperfection as a medium of intelletcual thought and expression ,
but so far as we are aware they have not done so . 『日本英語の教育史』
195−200項。

　結局、森有礼の英語国語化について、外国人の私から、日本の明治時代の事情を見た上
での問題についての意見は以上である。多少その意見に対し、反論があるかとも思うが、
これは事実だと思われる。

　今まで「明治時代にける日本の英語教育」を述べて来たが、私にとって何か深い意味が
あると思う。ここで、結語の代わりに私の目で見た日本の英語教育（明治時代）について
述べたい。

　私自身外国人であるが、ヨーロッパ人ではなかったので、西洋の英語の使い方、日常の
英語の話し方などの経験がなかった。私はアジア的に私の国と同じく英語を外国語とする
日本の現場の教育的制度を検討していきたいと思う。

　明治初期から末期にかけての４５年間に英学が成長したのを見て分かる様に、日本に於
いては明治時代の急激に英学がもっとも有意味であったと言えるだろう。また、明治初期
から末期にかけて英語学だけでなく、ヨーロッパの文化、技術なども深く影響したと思わ
れる。

　明治初期には日本国内は人材不足のため、外国人教授、技術者、機械などを導入、勧誘
したりした。あるいはヨーロッパに留学させた森有礼、津田梅子、馬場、坪内などがいた。
こういう人々は自分達のためだけでなくて、日本の末来のために勉学した。今日、日本国
がこういうふうに立派になったのは彼らの働らきと言えると思う。

　長い間、日本の文化は中国の影響を受けていたが、明治になってヨーロッパの文化、技
術と東方の文化とが調和した点に日本の世界的な一つの視点が見える。

　私は、外国語を勉強すれば、その国の民族文化、感情、礼儀、教育、社会、宗教などを

理解する事ができると思う。もし、何も研修しなければ、昔の鎖国時代とかわらない。英語は世界語であり、人類の一つの共通性はこの代表的な言語からはじまると思われる。そうすれば、この地球上に於いて人類の未来ではどこに行っても、何を言思でもこまることがなくなるであろう。その日はまだ遠いかも知れないが、以前から比べれば、今日の人類はだんだんそれに近くなって来たと思う。これは、やはり、言語の伝達の方便なのであると思う。

　将来も、日本語が改善すれば、世界の共通性がもっとも広くなりやすいと思う。日本の場合も同じように、国の建設、国際親善のために、世界の国と交流してお互いに助け合うという人類は兄弟の様な活躍ができると思う。もちろん優点の中で欠点もあるが、代表的に検討するならば、日本という国は文学的にも技術的にも立派な国、すばらしい国だと思う。

　これを以って、結語として、以上のことを述べた。　　　　　　　　　（原文のまま）

執筆者紹介（執筆　順）

関　　恵　司　　　　城西歯科大学
高　崎　譲　治　　　いわき短期大学　講　師
山　下　庫　司　　　いわき短期大学　教　授
柳　沢　一　郎　　　いわき短期大学　教　授
李　　丙　洙　　　　いわき短期大学　教　授
菊　池　一　雅　　　いわき短期大学　教　授
レ・クォン　　　　　ベトナム人留学生

編集委員（◎印は編集委員代表）
斎藤五蔵　　山下庫司　　李　丙洙　◎　菊池一雅

―い　わ　き　論　集―

1978年 4月20日　発行
　　　　　　　　　　　　　（非売品）

発行者　　　いわき短期大学商経学会
　　　　　　会長　　　菊池　一雅

〒970　　　　福島いわき市平鎌田山
　　　　　いわき短期大学　　内
　　　　　電　0246（74）9185　　6

印刷　水野印刷

IWAKI   RONSHU

Contents

1 9 7 8

SHOKEI GAKKAI OF IWAKI JUNIOR COLLEGE

Im Folgenden sind die übrigen, ebenfalls von mir im Rahmen des Studiums der Pädagogik in Japan belegten Fächer und die Bewertungen meiner Leistungen aufgeführt:

Soziologische Psychologie:	gut
Soziologische Dialektik der Pädagogik:	befriedigend
Pädagogik der Arbeiterjugend:	befriedigend
Untersuchende ethische Pädagogik:	ausreichend
Psychologie des Besitzes:	befriedigend
Pädagogische Diskussion:	befriedigend
Pädagogische Diagnose:	befriedigend
Pädagogische Praxis:	gut
Japanisch I:	gut
Japanisch II:	gut
Japanisch III:	befriedigend

Bei den Prüfungen wurden für die erreichten Punktzahlen folgende Bewertungen vergeben:

80 bis 100:	gut
70 bis 79:	befriedigend
60 bis 69:	ausreichend

Die Anforderungen an japanischen Universitäten waren sehr hoch. Wer in einer Prüfung weniger als 60 Punkte erreichte, musste sie wiederholen.

Als ausländischer Student der Universität Teikyo musste ich außerdem - wie aus der obigen Aufstellung zu ersehen ist - Japanisch belegen. Mein Japanisch-Lehrer an der Universität war ein Fachmann von einer Sprachschule. Er brachte zu jeder Unterrichtsstunde die Zeitung „Yomiuri" mit und wählte daraus einen Kommentar zu einer Nachricht oder zu einem Thema aus Kultur, Politik oder Religion als jeweiliges Thema für die Klasse aus. Obwohl er so hohe Anforderungen stellte, bin ich - wie oben erwähnt - zweimal mit „gut" und einmal mit „befriedigend" bewertet worden.

Nach Japanisch folgte in meinem Studium Englisch als von mir zu belegendes Fach, denn ich hatte Englisch als Schwerpunkt meines Pädagogikstudiums gewählt; und das Thema meiner Abschlussarbeit lautete: „Erziehung auf Englisch während der Meiji-Dynastie". Die Kulturrevolution von Meiji wurde von mir 1976 untersucht, also erst mehr als 100 Jahre nach ihrem Beginn im Jahre 1868. Trotzdem hatten vor mir schon viele Menschen Interesse an diesem Thema gezeigt. Meine Leistungen in den von mir - neben den bereits erwähnten Sprachkursen - mit der englischen Sprache zusammen hängenden einzelnen Fächern waren wie folgt:

Entstehungsgeschichte der englischen Sprache:	ausreichend
Englische Phonetik:	ausreichend
Englische Geschichte I:	befriedigend
Englische Geschichte II:	befriedigend
Englische Vorlesepraxis I:	ausreichend
Englische Vorlesepraxis II:	ausreichend
Englische Konversation I:	gut
Englische Konversation II:	ausreichend
Praktische Erstellung englischsprachiger Texte:	gut
Westliche Literatur:	gut
Englische Gesetze:	ausreichend
Englische Pädagogikgesetze:	ausreichend

Von den insgesamt 62 Scheinen während des gesamten Studiums sind also 18 mit „gut", 18 mit „befriedigend" und 24 mit „ausreichend" bewertet worden. Überträgt man meine Leistungen auf das deutsche Punktesystem, dann habe ich wegen meiner mit „sehr gut" bewerteten Abschlussarbeit einen zwischen den Zensuren

1 und 2 liegenden abschließenden Notendurchschnitt erlangt. Ein solcher Abschluss eines ausländischen Studenten in Japan nach nur vierjähriger Studiendauer war nicht einfach zu erreichen.

（昭　　証第　　　号）

成　績　証　明　書　　8393

教育学専攻

レ　クオン
LE　CUONG

昭和48. 4. 1 日　文学部教育学科入学
昭和　年　月　日　同上　入学・卒業見込・卒業　退学・除籍
昭和25 年 6 月 25 日生

一般教育科目・外国語科目ほか（左欄）

授業科目	単位	成績
人文科学系列　倫理学	4	可
哲学	4	
論理学	4	良
国文学	4	
中国文学	4	
地理学	4	
日本史	4	
西洋史	4	優
東洋史	4	
民族音楽	4	
社会科学系列　法学（憲法を含む）	4	良
社会学	4	良
政治学	4	良
経済学	4	
自然科学系列　数学	4	優
物理学	4	優
化学	4	
生物学	4	
統計学	4	可
心理学	4	
生理学	4	
地学	4	
第一外国語　英語 I	2	可
英語 II	2	可
英語 III	2	優
英語 IV	2	良
英語 V	2	優
第二外国語　独・仏・中・初級講読	2	優
独・仏・中・初級文法	2	優
独・仏・中・中級	2	可
保健体育科目　体育理論	2	可
体育実技	2	優
専門教育科目必修　教育哲学	4	可
教育原理	4	可
教育課程	4	良
教育史概論	4	可優
教育思想史	4	良

専門教育科目（中欄）

授業科目	単位	成績
専門教育科目必修　教育計画	4	可
教育方法論	4	可
社会教育概論	4	良
教育社会学	4	良
教育工学	4	可
教育行財政学	4	優
学校教育	4	可
教育学演習 I	2	良
教育学演習 II	2	良
教育学演習 III	2	優
教育心理学演習 I	2	可
教育心理学演習 II	2	良
卒業論文	6	優
専門教育科目選択　視聴覚教育	4	
社会心理学	4	優
社会教育方法論	4	良
体育及びレクリエーション指導	4	
職業教育及び職業指導	4	
社会教育行政	4	
勤労少年教育	4	良
成人教育論	4	
教育法規	4	
道徳教育の研究	4	可
産業心理学	4	良
教育相談	4	良
精神衛生	4	
臨床心理学	4	
倫理学概論	4	
産業教育	4	
教育学特講	4	良
教育実習	4	優
日本語 I	1	優
日本語 II	1	良
日本語 III	1	可
教科専門科目　英語学概論	4	
英語音声学	4	可
英文学史 I	4	良
英文学史 II	4	良
英文学講読 I	4	可
英文学講読 II	4	可
英会話 I	2	優

教科専門科目ほか（右欄）

授業科目	単位	成績
米文学史	4	
西洋文学	4	優
英文法	4	可
英語科教育法	4	
日本史概説	4	
外国史概説	4	
地理学概論	4	
倫理学概論	4	
政治学原論	4	
経済学原論	4	
経済政策	4	
日本経済論	4	
地誌学	4	
刑法各論	4	
親族相続法	4	
保険海商法	4	
法哲学	4	
行政法各論	4	
労働法	4	
地方自治論	4	
比較憲法論	4	
社会科教育法	4	
国語学概論	4	
国語音声学	4	
文章表現演習	2	
日本文学史 I	4	
日本文学史 II	4	
日本文学史 III	4	
中国文学 I	4	
書写	4	
上代文学	4	
中古文学	4	
中世文学	4	
近世文学	4	
近代文学	4	
現代文学	4	
国語科教育法	4	

単位累計

区分		
一般教育科目		
外国語科目		
保健体育科目		
専門教育科目（必修／選択）		
教育専門科目		
合計		

単位および成績は上記の通りであることを証明する

昭和　年　月　日

帝京大学長　沖　永　荘　一

合格

Noch bevor ich mein Diplom-Studium abgeschlossen hatte, plante ich bereits ein M.A.-Studium. In Japan wurden die M.A.-Studenten nicht mehr als Lernende angesehen, sondern als sich in ihren Fächern weiterbildende Personen, die gleichzeitig in der Forschung tätig waren.

Ich hatte zu Beginn meines M.A.-Studiums in Japan schon vier Jahre im Tempel verbracht, und mein Japanisch war entsprechend gut. Die Verbindung nach Vietnam war inzwischen abgebrochen. Nach 1975 dauerte die Beförderung eines Briefes von Vietnam nach Japan sechs Monate. Solch ein Brief kam meistens durch die Zensur zerknittert an und hatte in meinem Fall Mittelvietnam zunächst in Richtung Saigon verlassen und war dann nach Hanoi, weiter nach Peking, in die Sowjetunion und schließlich von dort aus nach Japan geschickt worden. Beim Empfang eines Briefes aus Vietnam durch mich war dieser nicht nur total zerknittert, sondern die Schrift auf dem Papier war auch verschmiert, und die Buchstaben waren außerdem oft bis zur Unleserlichkeit verwischt. Ich konnte mir ein kommunistisches Vietnam überhaupt nicht vorstellen. Doch während des Lesens eines solchen Briefes von dort kam in mir stets das Gefühl der Schwermut hoch.

Ich konnte nicht nach Vietnam zurück und wusste nicht, wohin sonst ich gehen sollte. Da ich damals in einem Nichiren-Tempel wohnte, stellte ich einen Antrag auf ein M.A.-Studium an der Fakultät für Buddhismus. Ich entschied mich für die Han-Sprache als Hauptsprache für das Studium, da meiner Erfahrung nach die meisten japanischen Studenten nur die sinojapanische Sprache gut beherrschten, nicht aber die alte, von mir gewählte Han-Sprache. Mit meiner Sprachauswahl wollte ich meine Chance auf ein M.A.-Studium erhöhen.

Thema der Aufnahmeprüfung der Fakultät war die Aufteilung

der Lehre des Buddha in fünf Abschnitte durch Tri Gia von der Tien-Tai-Schule. Die Aufgabe bestand darin, die einzelnen Sätze auseinander zu halten, die Abschnitte voneinander zu trennen und den Text auf Japanisch zu kommentieren. Ich kannte mich mit dem Stoff sehr gut aus, während manche japanische Studenten Schwierigkeiten bei der Bearbeitung des Themas hatten. Für den zweiten Teil der Aufnahmeprüfung hatte ich Französisch als zweite Fremdsprache gewählt. Auch bei diesem Teil hatte ich nicht viele Probleme. Nach dem Ende der Prüfung konnte ich nur im Tempel abwarten. Da ich mir meines Erfolges ziemlich sicher war, machte ich mir auch keine großen Sorgen. Es war wie in der Zeit meines Abiturs; ich war mir immer sicher. Deshalb quälte ich mich auch nicht viel mit der Sorge um mein Prüfungsergebnis.

Nach zehn Tagen bekam ich die Nachricht von meiner Aufnahme an der Fakultät. Ich denke allerdings, dass Professor Oikawa meinen Fall bei den Prüfern angesprochen hatte; denn falls ich durchgefallen wäre, hätte er sich bestimmt Sorgen um mich gemacht, obwohl ich mich während meines Studiums wie auch in meiner Prüfung sehr bemüht hatte. Doch dies ist nur eine Vermutung, und ich habe mich auch nicht bei ihm danach erkundigt.

Damals musste ein Student 250.000 Yen (damals umgerechnet etwa 1000 US-Dollar) Aufnahmegebühr bezahlen. Obwohl es eine buddhistische Universität war, galt diese Regelung sowohl für Mönche als auch für Laien. Die Hälfte des zu zahlenden Geldes hatte ich mir von den Spenden für die Abhaltung von Zeremonien gespart. Die andere Hälfte war ein Geschenk des Abtes Oikawa. Somit brauchte ich mir auch keine Sorgen wegen der Gebühr zu machen.

Viele vietnamesische Ehrwürdige schlossen ihr Studium mit Titeln an der Universität Risso ab, z.B. der Hochehrwürdige Minh

Tam, der Hochehrwürdige Chon Thanh, der Hochehrwürdige Tri Quang und der Hochehrwürdige Thanh Nghiem aus Taiwan. Letzterer ist ein angesehener buddhistischer Wissenschaftler unter Taiwanesen und Chinesen. Ich traf ihn einpaar Male in Japan, und 1985 besuchte ich auch sein Zentrum in New York.

Während meines Studiums an der Universität Risso fühlte ich aus unerklärlichem Grund in mir den Drang, ins Ausland zu gehen. Ich hatte Kontakt zu Herrn Van Cong Tram, einem Medizinstudent in Kiel, aufgenommen. Er sandte mir eine Einladung nach Deutschland sowie eine Aufnahmebestätigung für einen Deutschkurs der Volkshochschule Kiel zu. Die deutsche Botschaft reagierte prompt auf meinen Antrag für ein Visum. Freudig lief ich von der Botschaft in den Tempel und berichtete dem Abt und seiner Frau von meiner Absicht, ein Urlaubssemester in Deutschland zu verbringen. Außerdem beabsichtigte ich, mehr schriftliches Material über den vietnamesischen Buddhismus aus einer fremden Sprache für meine zukünftige M.A.-Abschlussarbeit und Doktorarbeit zu sammeln.

Ich kaufte also ein Hin- und Rückflugticket, das ein Jahr lang gültig war, bei der Lufthansa und hatte auch ein Visum zur Rückkehr nach Japan beantragt. Alles deutete also darauf hin, dass ich von meinem Deutschland-Aufenthalt nach Japan zurückkehren würde.

Ich landete am frühen Morgen des 22. April 1977 auf dem Flughafen Hamburg. Schon am Flughafen Haneda in Tokyo hatte ich ein Telegramm von Herrn Lam Dang Chau erhalten, in dem er angegeben hatte, dass er mich nicht am Flughafen abholen könne, da er verhindert sei. Ich vermutete, dass Tram Herrn Lam um meine Abholung gebeten hatte. Deshalb rief ich gleich, nachdem ich angekommen war, das Krankenhaus an, in dem Tram gerade seine

Probezeit absolvierte. Es war an einem Freitag. Nach etwa einer Stunde holte Tram mich ab und brachte mich zu seiner deutschen Freundin. Das Haus, in dem sie wohnte, lag in einem schönen, sehr ruhigen Dorf, wie es dem Charakter der Deutschen entspricht. Zu der Familie gehören eine alte Dame, eine junge Frau (Trams Freundin) und ein Hund. Damals benutzte ich nur Englisch zur Verständigung, da ich Deutsch noch nicht beherrschte. Umgekehrt sprachen die beiden deutschen Frauen aber kein Englisch; deshalb musste Tram als Übersetzer fungieren. Seine Freundin hieß - wenn ich mich nach inzwischen 25 Jahren recht erinnere - Waltraud. Sie war sehr höflich, fröhlich und ein bisschen älter als Tram. Er war etwas kleiner als sie. Sie passten meiner Ansicht nach nicht so richtig zusammen. Ich dachte aber im Stillen: „Dies ist eine transkontinentale Liebe."

Mein erstes Wochenende in Deutschland verbrachte ich bei diesen Leuten. Die Atmosphäre war sehr angenehm. Nachmittags um vier Uhr gab es Kuchen mit Tee oder Kaffee. Ich hielt dabei die Serviette in der Hand, ohne sie zu benutzen - aus Angst, sie könnte zerknittert werden. Ich dachte: „Wie verschwenderisch!" Ich fragte, ob man sie nur einmal benutzen und dann wegwerfen würde. Tram antwortete lachend, dass sie doch nur aus Papier bestünde.

Ich hatte meine Bhiksu-Ordination 1971 erhalten, also vor meinem Auslandsstudium in Japan. Tram und ich waren bereits Freunde in der Grundschulzeit gewesen und anschließend bis etwa 1978 oder 1979 in Freundschaft miteinander verbunden geblieben. Doch in der Zeit danach änderte er sein Verhalten mir gegenüber und betrachtete mich von nun an als einen Mönch und sich selbst als einen Laien. In Japan hatte ich nie die Muße gehabt, den Nachmittag mit Kuchen und Tee zu verbringen wie nun hier in Deutschland. Mein erstes Wochenende in Gelassenheit genoss ich aus vollem Herzen. Mich erstaunte hier der Hund in seiner

Eigenschaft als Familienmitglied. Die Deutschen lieben Tiere sehr. Tiere dürfen hier zusammen mit Menschen leben und werden wie Babies behandelt. In Japan gibt es so etwas nicht. In Vietnam ist es noch schlimmer; die Menschen dort haben ja selbst nicht genug zu essen, wie sollten sie also ein Tier so halten?

Am Sonntag, dem 24. April 1977, brachte Waltraud Tram und mich am Nachmittag zu seinem Dienst im Krankenhaus, in dessen Nähe er eine Wohnung hatte. Hier war es noch ruhiger als bei Waltraud zu Hause. Jeden Morgen stand ich früh auf, um mit Tram zu frühstücken. Es gab Brötchen und Kaffee. Danach ging Tram zum Krankenhaus, und ich schrieb Briefe über meine Ankunft in Deutschland an meine Freunde, welche nun überall in der Welt verstreut waren. Wenn ich mich richtig erinnere, schrieb ich damals täglich durchschnittlich 10 bis 15 Briefe und Postkarten. Es waren insgesamt etwa 100 Briefe. Ich schickte sie mit viel Genugtuung ab. An jedem Mittag, wenn Tram zurück nach Hause kam, war das Essen schon fertig. Abends allerdings bereiteten Tram und ich die Mahlzeit gemeinsam vor. Solche Erinnerungen bleiben ewig im Gedächtnis - ungeachtet des Alters.

Abends gingen Tram und ich an einem See spazieren. Wir beobachteten die jungen und alten Paare, die sich sehr natürlich verhielten und verliebt miteinander umgingen. Solche Szenen hatte es in Japan nicht gegeben. In Asien allgemein zeigen die Menschen ihre Gefühle nicht so offen wie in den westlichen Ländern. Es geschieht dort sogar selten, dass jemand einer Frau die Hand gibt. Für einen Mönch wie mich waren daher solche Bilder, wie ich sie nun in Deutschland täglich sah, sehr befremdlich. In Trams Freizeit tauschten wir unsere Erfahrungen und Ansichten über die vietnamesischen Studenten in anderen Ländern wie den USA, Japan oder Deutschland aus. Manchmal sprachen wir auch über Politik.

Nach etwa zwei bis drei Wochen besuchten Tram und ich gemeinsam das internationale Studentenwohnheim in der Projendorfstraße in Kiel. Damals wohnten dort ungefähr 20 vietnamesische Medizin- und Zahnmedizinstudenten. Inzwischen praktizieren sie alle; manche haben sogar eine eigene Praxis; andere emigrierten in die USA.

Im Wohnheim konnte ich mich mit Studenten aller Nationen unterhalten. Ich beobachtete ihre Aktivitäten und Wohngewohnheiten. Als erstes fiel mir das sehr gute Heizsystem deutscher Wohnungen auf. Manchmal empfand ich es als eine Verschwendung, die Flure des ganzen Hauses zu heizen, obwohl man sich dort nur selten aufhielt. In Japan war alles anders gewesen. Sogar im Winter sollen dort die Türen geöffnet bleiben. Die Mönche tragen dort während der Zeremonien im Tempel keine Schuhe, Sandalen oder Strümpfe. Die Japaner benutzen die Heizung sehr wenig. Sie wärmen nur während des Essens ihre Füße mit Hilfe eines Ofens, welchen die ganze Familie benutzt. Während des Schlafes werden dicke Wolldecken verwendet. Da es außerdem sehr oft Erdbeben in Japan gibt, bestehen die Häuser meist aus leichtem Material und die Wände aus Papier. Viele von uns Studenten sagten scherzend, dass Japan nur aus Papierhäusern bestünde.

An den Wochenenden trafen sich die vietnamesischen Studenten in Kiel zum Fußball. Ich beteiligte mich auch am Spiel, obwohl ich von den Regeln gar nichts verstand. An manchen Samstagabenden tauschten wir unsere Erfahrungen, die wir als Studenten in Japan und in Deutschland gesammelt hatten, miteinander aus. So erfuhr ich auch, dass nach 1975 alle vietnamesischen Studenten in Deutschland vorläufig gültige Ausländerpässe erhielten, während ihre Anträge auf Asyl bearbeitet wurden. In Japan tat sich in dieser Hinsicht bis 1977 gar nichts; die dortige Regierung hatte keine Maßnahmen bezüglich des Status vietnamesischer Studenten in ihrem Land ergriffen, welche nach 1975 ihre Heimat verloren hatten. Bedürftige Studenten erhielten in Deutschland auf Antrag BAFöG - also finanzielle Unterstützung, die ihnen nach dem Bundesausbildungsförderungsgesetz zustanden. Dies waren die entscheidenden Kriterien bei meinen damaligen Überlegungen, ob ich in Deutschland bleiben und hier mein Studium fortsetzen sollte oder aber nicht.

Tram schrieb mich in den Grundkurs Deutsch an der Volkshochschule ein. Jeden Abend gab er mir außerdem eine Stunde Nachhilfeunterricht in deutscher Grammatik und Aussprache. Deutsch war eine weitere schwierige Sprache, die ich kennen lernte. Wenn man meine Muttersprache mit berücksichtigt, habe ich mit Französisch, Englisch, Sinovietnamesisch, Japanisch und Deutsch also sechs Sprachen gelernt, von denen einige wirklich schwer sind.

Nach dem dreimonatigen Kurs an der Volkshochschule wechselte ich in einen Sprachkurs der Universität Kiel über. Hier gab es Sprachlabor, Sprachtraining und die Möglichkeit, das Erzählen von Geschichten zu üben. Dies alles half mir sehr beim Erlernen der Sprache. Weil Deutsch eine so schwere Sprache ist, würde kaum ein Ausländer wagen zu behaupten, dass er es perfekt beherrscht - außer den Ausländerkindern, die hier geboren und aufgewachsen sind. Doch bei Letzteren gibt es andere Schwierigkeiten, nämlich mangelnde oder gar keine Kenntnisse ihrer Muttersprache. Dies ist ein Problem, über das intensiv diskutiert werden sollte, denn es ist wichtig, einen Weg zu finden, bei dem die Kinder trotz perfekter Integration nicht einfach assimiliert werden.

Mein Deutschkurs an der Universität umfasste montags bis donnerstags täglich vier Unterrichtsstunden. Freitags übte ich oder erledigte Hausaufgaben. Samstags und sonntags arbeitete ich nebenbei - da gerade Sommer war - als Helfer bei der Kirschernte. Als ich Japan in Richtung Deutschland verlassen hatte, hatte ich zwar etwas Geld mitgenommen, doch das war hier bald aufgebraucht. Deshalb begann ich damit, mir mit Nebenjobs etwas hinzu zu verdienen. Zur damaligen Zeit lebten nur sehr wenige vietnamesische Asylanten in Kiel - etwa 10 Familien. Auch sie pflückten gemeinsam mit uns Studenten Kirschen. Für jeden vollen Korb bekamen wir 5 DM. An einem Tag konnte ein guter Pflücker maximal 10 Körbe voll sammeln. Für uns arme Studenten war ein Verdienst von 50 DM am Tag sehr viel; und die Arbeit vermittelte uns ein Gefühl davon, wie schwer das Geld zu verdienen war.

Die Saison der Kirschen, Erdbeeren und anderer Früchte im Freiland dauerte natürlich nicht das ganze Jahr hindurch an. Deshalb konnten wir an nur sechs bis acht Wochenenden auf den Obstplantagen um Kiel arbeiten. Der Verdienst war für die kleinen Nebenausgaben gedacht. Außerdem mussten wir ja auch studieren, sonst würde das Studium vernachlässigt.

Nach drei Monaten in Trams Wohnung zog ich in eine eigene Wohnung in der Holtenauerstraße in Kiel. Täglich fuhr ich nun mit dem Fahrrad zur Universität. Nachmittags fuhr ich zu Tram, um bei ihm Nachhilfeunterricht zu nehmen und mit ihm Abend zu essen. Der Grund meines Umzugs war der Wunsch nach einem eigenen Raum für meine Mönchspraxis. Aus Japan hatte ich einen Gong, eine Holztrommel, einige Buddha-Bilder, einen Teller, ein paar Essstäbchen und meine persönlichen Dokumente mitgebracht. Inzwischen - nach 25 Jahren Aufenthalt in Deutschland - habe ich so viele persönliche Sachen angesammelt, dass wahrscheinlich mehrere Lastwagen zum Transport benötigt würden. Doch wofür und wohin ein Transport? Alles muss seinen Weg nach dem Gesetz des Entstehens, Bestehens, Verfallens und Verschwindens gehen. Am Ende bleibt nur ein riesiges Nichts.

An manchen Regentagen sehnte ich mich nach Vietnam zurück, doch ich dachte dabei an niemanden speziell. Nach Japan sehnte ich mich nicht, da dieses Land nicht meine Heimat ist. Ich war zwar fünf Jahre lang - von 1972 bis 1977 - dort gewesen; doch ich hatte nicht das Gefühl, mich nach etwas dort sehnen zu müssen. Seit meiner Ordination 1964 hatte ich aber nicht mehr bei meiner Familie gelebt, obwohl ich noch bis 1968 in Hoi An gewohnt hatte. 1968 war ich nach Saigon gegangen und hatte bis 1971 im Tempel Hung Long gewohnt. 1972 hatte ich - wie erwähnt - Saigon verlassen, um nach Tokyo zu gehen. Für mich gab es also damals keine wirkliche Heimat. Einmal schrieb ich aus Kiel an den Ehrwürdigen Thich Bao Lac und bat ihm um Rat dahin gehend, ob ich nach Japan zurückkehren oder in Deutschland bleiben solle. Ich schrieb auch einen Brief an den Ehrwürdigen Oikawa, in dem ich mich für alle Hilfen bedankte und ebenfalls um Rat bat, denn inzwischen waren immerhin schon acht Monate - also mehr als ein Urlaubssemester -vergangen.

Nach ein paar Wochen bekam ich Antwort vom Ehrwürdigen Bao Lac. Er schrieb mir, dass das Studium in Deutschland fortgesetzt werden sollte, wenn die Lage dort günstig sei. Nach Tokyo zurückzukommen wäre auch gut, da mir hier alle Studienmöglichkeiten weiterhin offen stünden.

Der Brief an Herrn Oikawa blieb ohne Antwort. Ich verstand seinen Charakter; er war stets leicht zu durchschauen, doch sehr faul im Briefeschreiben. Sein Interesse galt dem Wein. Manchmal musste seine Frau ihn vom Trinken abhalten. Dann sagte er stets: „Reis kommt von Reis, warum muss ich immer Reis essen?" Dies ist einerseits richtig, doch andererseits wiederum auch nicht. Man konnte diesen Satz nur mit einem Lachen quittieren. Ich war im Alter von 15 Jahren in die Hauslosigkeit gegangen; alle Entscheidungen meines Lebens traf und treffe ich seitdem selbst. Meine Kleidung wusch ich selbst. Ich kümmerte mich auch selbst um Bett und Decke. Das Geld für Schul- und Studiengebühren musste ich mir verdienen. In der Schule suchte ich selbst nach guten Schülern, um mich mit ihnen zu befreunden und gemeinsam mit ihnen zu lernen. Ich bemühte mich stets, meinen Pflichten als Schüler, als Student und als Mönch nachzukommen. Nur so viel: Ich klagte nicht, fühlte mich nicht beleidigt, machte niemandem Vorwürfe und verlangte nichts. So schritt ich auf meinem langen Weg.

Ende 1977 bekam ich einen Brief von Herrn Lam Dang Chau, in dem er mir über meine erfolgte Zulassung an der Fakultät für Pädagogik der Universität Hannover berichtete. Ich freute mich sehr darüber und bereitete mich nach insgesamt acht für Sprachkurse in Kiel aufgewendeten Monaten auf den Umzug nach Hannover vor. Letzterer erfolgte - soweit ich mich erinnere - im Winter 1978. Ich wohnte zunächst etwa zehn Tage lang bei Herrn Lam. Dann fand ich über ein Inserat eine Wohnung. Sie lag in der Kestnerstraße 37. Es handelte sich um eine Zweizimmerwohnung mit einer Küche, einem Badezimmer und einem langen Flur. Beim Einzug in die Wohnung in Hannover half mir Herr Ngo Ngoc Diep nach Kräften. Von hier gingen die ersten vietnamesisch-buddhistischen Aktivitäten in Hannover aus. Am 2. April 1978 vollzogen wir die Einweihungszeremonie. Hierzu wurde der Ehrwürdige Thich Minh Tam aus Paris eingeladen.

An der Zeremonie nahmen etwa 30 Personen teil. Einige von ihnen waren mit dem Ehrwürdigen aus Paris gekommen. Die anderen Teilnehmer waren in Hannover lebende vietnamesische Studenten und einige Asylanten aus Hildesheim. Herr Ngo Ngoc Diep musste viele Funktionen übernehmen - vom Koch bis zum Helfer bei der Zeremonie.

Die Aktivitäten in der neuen Gedenkstätte zu Ehren Buddhas waren damals noch sehr beschränkt. Nur wenige Leute nahmen an ihnen teil; gelegentlich kam Tram aus Kiel und beteiligte sich. Manchmal fuhren wir nach Berlin, Dortmund oder Stuttgart, um unsere Landsleute über die Unterdrückung des vietnamesischen Buddhismus in der Heimat zu informieren. An jedem ersten und dritten Sonntag im Monat hielten wir ab 11 Uhr eine Andacht, an welche sich eine Unterweisung in die Lehre des Buddha und eine gemeinsame Mahlzeit anschlossen. Seitdem wurde diese regelmäßige Andacht von uns niemals vernachlässigt. Manchmal nahmen Hunderte daran teil, manchmal dagegen nur zehn Menschen. Wenn ich einmal nicht anwesend sein konnte, übernahm Herr Ngo Ngoc Diep die Leitung der Zeremonie.

Im Zeitraum von Juni 1978 bis Mai 1979 rief die Organisation zur Unterstützung der Drei Juwelen zu einer Spendenaktion auf. Jeder Buddhist sollte nach seinen Möglichkeiten einen monatlichen Beitrag zur Erhaltung der Gedenkstätte zu Ehren Buddhas in Hannover leisten. Jedes Jahr musste diese Aktion wiederholt werden. Manche der 32 Buddhisten der Spenderliste aus der Anfangszeit spenden heute noch regelmäßig. Dies ist eine beträchtliche Leistung. Ich schlage vor, dass im Jahr 2003, wenn wir unser 25-jähriges Jubiläum feiern, diesen Menschen besonders gedankt wird.

Von den erwähnten 32 Buddhisten aus der Zeit des Beginns vietnamesisch-buddhistischer Aktivitäten in Hannover sind einige inzwischen in andere Länder gezogen, verstorben oder aber nicht mehr bereit oder in der Lage, regelmäßig zu spenden. Doch ich möchte sie an dieser Stelle alle namentlich erwähnen, denn sie waren die ersten Pioniere, welche die Etablierung des vietnamesischen Buddhismus in Deutschland ermöglichten:

1. Herr **Van Cong Tram** aus Kiel (30 DM pro Monat): Nach seinem Studienabschluss erhöhte er seine monatliche Spende auf 50 DM und behielt sie bis heute bei. Er war

mein Schulfreund in der Grundschulzeit und ist der Bruder der Hochehrwürdigen Nonne Thich Nu Dieu Tam und von Herrn Nguyen Dao Van Cong Tuan. Er nahm bei mir 1979 die Zuflucht zu den Drei Juwelen; sein Dharma-Name ist Thi Minh.

2. Frau **Nguyen Thi Dep** aus Neumünster (10 DM pro Monat): Sie spendete ein paar Jahre lang regelmäßig. Sie lebt noch immer in Neumünster, ist nach wie vor eine Leserin unserer Zeitschrift „Vien Giac" und spendete in jüngerer Zeit unregelmäßig.

3. Frau **Nguyen Thi Tu** aus Kiel (10 DM pro Monat): Sie spendete ebenfalls nur ein paar Jahre lang regelmäßig, inzwischen jedoch gar nicht mehr. Sie lebt vermutlich noch immer in Kiel und hat eine Familie.

4. Herr **Ho Kim Le** aus Kiel (10 DM pro Monat): Er spendete nur ein oder zwei Jahre lang regelmäßig. Er gehörte zu den ersten vietnamesischen Asylanten in Kiel. Er wohnt auch heute noch in Kiel und ist verheiratet.

5. Frau **Doan Thi My Loc** aus Koblenz (20 DM pro Monat): Sie spendete bis 1980 regelmäßig, seitdem nur noch manchmal per Banküberweisung. Während des Vesak-Festes 2002 traf ich sie in der Pagode Vien Giac wieder. Sie war mit ihrem Mann, Herrn Giao, zu Besuch gekommen. Wahrlich, die Dinge ändern sich mit der Zeit, doch die Beziehung zur Religion intensiviert sich mit zunehmendem Alter.

6. Herr **Le Xuan Binh** aus Koblenz (20 DM pro Monat): Er spendete nur ein Jahr lang regelmäßig; danach hatten wir keinen Kontakt mehr zu ihm.

7. Herr **Le Van Hong** aus Koblenz (20 DM pro Monat): Er stellte seine regelmäßigen Spenden nach etwa drei bis vier Jahren ein, besuchte danach aber oft noch den Tempel.

8. Herr **Hong Hoang Son** aus Koblenz (20 DM pro Monat): Er spendete ebenfalls nach einigen Jahren nicht mehr. Wir verloren den Kontakt zu ihm.

9. Herr **Truong Van Giao** aus Koblenz (20 DM pro Monat): Er spendete mehrere Jahre lang regelmäßig. Er lebt noch immer in Koblenz und besuchte manchmal den Tempel.

10. Herr **Le Thanh Binh** aus Hannover (20 DM pro Monat): Er war vor 1975 Student. Nach dem Ende seines Studiums zog er nach Bremen und besuchte manchmal den Tempel. Seit seinem Umzug spendet er nicht mehr.

11. Herr **Lam Dang Chau** aus Hannover (20 DM pro Monat): Er spendete ebenfalls ein paar Jahre lang regelmäßig. Wie ich schon erwähnte, war Herr Lam einer meiner Helfer in der ersten Zeit in Deutschland.

12. Herr **Ngo Ngoc Diep** aus Hannover (20 DM): Er nahm bei mir während des Ullambana-Festes am 19. August 1978 gemeinsam mit zwei anderen Buddhisten, Doan Thi Thu Hanh und Nguyen Duc Hieu, Zuflucht zu den Drei Juwelen. Diep bekam den Dharma-Namen Thi Chon, Herr Hieu den Dharma-Namen Thi An und Fräulein Hanh den Dharma-Namen Thi Nhan. Diep war - ebenfalls - einer der Helfer unserer ersten Zeit in Hannover. Damals war er noch Student und spendete bis 1992 oder 1993 regelmäßig. Er kam morgens, um gemeinsam mit mir das Suramgama-Sutra zu rezitieren, bevor er zur Arbeit in das Continental-Werk ging. Er ist ein Multitalent und kann vieles erreichen,

ohne erst lange darüber zu reden, und entzieht sich nicht der Übernahme von Verantwortung.

13. Herr **Le Huy Cat** aus Hannover (20 DM pro Monat): Er spendete ein paar Jahre lang regelmäßig bis zu seinem Umzug nach Brisbane in Australien.

14. Herr **Nguyen Tien Hoi** aus Hannover wollte 10 DM pro Monat spenden, doch sein Beitrag kam nie an - vermutlich aus familiären Gründen. Er ist Lehrer an der Selbstverteidigungsschule Vovinam in Hannover.

15. Herr **Dao Huu Long** aus Hildesheim wollte 30 DM pro Monat spenden, doch er spendete für nur einen Monat.

16. Herr **Pham Van Phung** aus Hildesheim (20 DM pro Monat): Er spendete ein paar Jahre lang regelmäßig.

17. Herr **Nguyen Ngoc Tuan** und Frau Nguyen Thi Thu Cuc aus Hannover (20 DM pro Monat): Dieses Ehepaar unterstützte die Gedenkstätte zu Ehren Buddhas sehr und spendete auch viele Jahre lang regelmäßig.

18. Herr **Le Huu Co** aus Neuss (10 DM pro Monat): Er spendete drei Monate lang. Wir haben seitdem keinen Kontakt mehr zu ihm.

19. Herr **Ngo Tai Ba** aus Holland wollte monatlich 20 DM spenden, doch sein Beitrag kam nie bei uns an, und wir haben auch keine Nachricht seitdem von ihm erhalten.

20. Frau **Pham Be** aus Holland verhielt sich ähnlich.

21. Frau **Dinh Thi Hoi** aus Aachen (20 DM pro Monat): Sie spendete viele Jahre lang regelmäßig. Ich glaube, dass sie inzwischen nicht mehr lebt, da sie früher schon sehr betagt war.

22. Herr **Nguyen Duc Quyen** aus Aschaffenburg (20 DM pro Monat): Er spendete ab September 1978 einige Monate lang regelmäßig. Seine Familie lebt noch immer in Aschaffenburg.

23. Herr **Vu Van Ha** aus Frankreich spendete 600 FF jährlich bis zu seinem Tod vor zehn Jahren. Er war ein ordinierter Schüler des Ehrwürdigen Thich Minh Tam und hatte mehr als 50 Jahre lang in Frankreich gelebt.

24. Herr **La Thanh** aus Herford (20 DM pro Monat): Er spendete einige Jahre lang regelmäßig. Dann verloren wir den Kontakt zu ihm.

25. Herr **Nguyen Thanh Tuy** aus Recklinghausen (20 DM pro Monat): Er spendete seit Oktober 1978 regelmäßig bis zu seinem Tod.

26. Herr **Phan Van Truong** aus Hannover (10 DM pro Monat): Er war vor 1975 Student und spendete etwa ein Jahr lang regelmäßig. Dann emigrierte er in die USA.

27. Frau **Nguyen Thi Hanh** aus Braunschweig (20 DM pro Monat): Sie spendete viele Jahre lang regelmäßig. Sie war ebenfalls vor 1975 Studentin gewesen. Seit 20 Jahren kommt sie zweimal jährlich nach Hannover, um bei den großen buddhistischen Festen in der Küche der Pagode zu helfen. Ihr Verdienst ist wirklich nicht gering.

28. Herr **Bui Huu Tuong** aus Münster (10 DM pro Monat): Er war vor 1975 Student und ist nun praktizierender Arzt. Er spendete ebenfalls viele Jahre lang regelmäßig.

29. Herr **Vuong Dac Man** aus Kiel ist heute praktizierender Arzt in den USA. Er spendete nur unregelmäßig, obwohl er seinen Namen in die Liste regelmäßiger Spender eingetragen hatte.

30. Frau **Doan Thi Thu Hanh** aus Hannover (20 DM pro Monat). Sie spendete viele Jahre lang regelmäßig. Ich habe sie übrigens im vorangegangenen Kapitel bereits erwähnt.

31. Herr **Pham Cong Hoang** aus Bremen (50 DM pro Monat): Auch er war vor 1975 Student. Er ist heute Flugzeugbauingenieur und arbeitet in Hamburg. Er spendete seit 1978 regelmäßig

32. Herr **Tran Van Truong** aus Schweringhausen kam sehr früh als Asylant nach Deutschland. Später ging er mit seiner Familie in die USA. Wir haben inzwischen keinen Kontakt mehr zu ihm.

Von 1979 bis Ende 1980 spendeten auch einige andere Buddhisten wie Frau Nguyen Thi Soan aus Kiel, welche uns monatlich 10 DM zukommen ließ. Andere wiederum trugen sich in die Liste der Spender ein, zahlten jedoch wahrscheinlich aus familiären Gründen nicht. Oben sind 32 Inkarnationen des Avalokiteshvara-Bodhisattva genannt. Dank der jeweiligen Hilfen konnte die Pagode Vien Giac bis heute bestehen und sich auf diese Weise 25 Jahre lang weiter entwickeln. Sie stellt nun eine geistige Zuflucht für Hunderttausende vietnamesische Flüchtlinge auf der Suche nach der Freiheit dar.

Durchschnittlich bekam die Pagode Vien Giac anfangs pro Monat insgesamt 600 DM von den meisten der 32 genannten eingetragenen Spender. Davon wurden 180 DM für die Miete und etwa 120 DM für Nebenkosten wie Strom, Gas, Wasser und Telefon ausgegeben. 300 DM wurden für sonstige regelmäßig entstandene Kosten verwendet. Wenn wir manchmal Besuch von Mönchen bekamen, gaben wir auch Opfer an sie weiter. Das Geld wurde auch für Fahrt- und Reisekosten verwendet. Die Spendenkiste war fast ständig leer, denn damals waren alle aktiven Mitstreiter Studenten und konnten die Pagode nur sehr bedingt mit Geld unterstützen.

Am 05.02.1979 verschickte ich ein Einladungsschreiben anlässlich des damals bevor stehenden Vesak-Festes. Die Buddhisten aus Berlin übernahmen die musikalische Untermalung der Feierlichkeiten. Das Fest wurde im Beethoven-Saal der Stadthalle Hannover veranstaltet. Etwa 400 Vietnamesen nahmen daran teil. Das Land Niedersachsen unterstützte dieses Kulturprogramm durch die Übernahme der Saalmiete und organisierte An- und Abreise der damals in Friedland untergebrachten Flüchtlinge. Die Flüchtlinge wurden während der mehrtägigen Feierlichkeiten vom Deutschen Roten Kreuz in verschiedenen deutschen Familien untergebracht, um so einen Kulturaustausch zu ermöglichen.

Während des 2523. Vesak-Festes im Jahre 1979 stellte sich auch der Verein der vietnamesisch-buddhistischen Studenten und Immigranten in Deutschland - 6 Monate nach seiner Gründung im November 1978 - einer breiteren Öffentlichkeit vor. Alles war neu und ungewohnt für die Menschen. Eine Spende für dieses Fest in Höhe von 195 DM kam von 19 Buddhisten überwiegend aus Berlin. Obwohl es sich um nur eine kleine Summe handelte, besaß diese Spende doch einen hohen ideellen Wert. Anlässlich des Festes stellten wir uns erstmals öffentlich vor. Die Deutschen waren den Vietnamesen sehr wohl gesonnen. Die ältere deutsche Generation verstand uns sehr gut, da sie auch viel unter dem Hitler-Regime und während des Zweiten Weltkrieges gelitten hatte. Deshalb hatte die damalige niedersächsische Landesregierung auch mit Leichtigkeit erstmals am 10. Dezember 1978 Tausende vietnamesischer Flüchtlinge aufnehmen können, welche sich auf dem Schiff „Hai Hong" befunden hatten und in Hongkong festgehalten worden waren. Viele von diesen Menschen hatten unter Hunger, Durst und Entkräftung gelitten.

Als der damalige niedersächsische Ministerpräsident Ernst Albrecht 1978 zur Aufnahme vietnamesischer Flüchtlinge aufrief, erfuhr er sofort Zustimmung aus der Bevölkerung. Ich falte meine Hände als eine Geste des Dankes an den damaligen Ministerpräsidenten von Niedersachsen für seine Mühe und für seine Sorge um die vietnamesischen Flüchtlinge. Wir wurden später sogar bevorzugt, als unser Bauantrag bearbeitet wurde. Ich glaube, dass wir ohne Herrn Albrechts Fürsprache sehr lange auf die Baugenehmigung hätten warten müssen.

Anlässlich eines Ullambana-Festes lud ich später den ehemaligen Ministerpräsidenten und seine Gattin in die Pagode ein, um ihnen persönlich im Namen aller vietnamesischen Flüchtlinge in Niedersachsen und in ganz Deutschland zu danken. Sie waren sehr gerührt und blieben länger als ursprünglich vorgesehen, um den Stupa, die Räumlichkeit des Tempels, zu besichtigen. Unser Architekt, Herr Tran Phong Luu, führte unsere beiden Gäste durch das Kloster. Die uns von ihnen zugekommene Hilfe und Zuneigung werde ich niemals vergessen; ich werde mich immer an sie erinnern - egal, ob ich auf dieser Welt oder in einem anderen Dasein existieren werde. Im August 2002 verstarb Frau Albrecht, doch ihre Leben rettende Hilfe haben die Vietnamesen niemals vergessen.

Zu Neujahr 1981 zogen wir in die Eichelkampstraße 35A um. Von nun an bekam das Kloster monatlich 3000 DM als Zuschuss vom Bundesinnenministerium zur Begleichung von Miete und Nebenkosten. Die Zahl der in der Spenderliste eingetragenen Buddhisten stieg auf 60. Davon spendeten allerdings nur 42 Personen regelmäßig. Einige ehemalige Spender beendeten ihre Zahlungen, neue Spender sprangen für sie ein. Die Gesamtsumme monatlicher Spenden lag nun bei durchschnittlich etwa 900 DM. Dieses Geld wurde für Heizung, Strom, Gas sowie Organisation und Durchführung buddhistischer Feste ausgegeben.

Von den Spendern aus der Zeit um 1981 blieben uns nur noch Frau Doan Thi Thanh Tu aus Paris, Herr To Van Phuoc aus

München und Herr Lam Thanh aus Lingen erhalten. Sie zeigen ihre Zuneigung und Bindung zum Tempel durch diese dauerhafte Unterstützung. Viele neue Spender haben sich später in unsere Liste eingetragen; sie sind im Magazin „Vien Giac", Ausgabe Nr. 126 vom Dezember 2001, genannt. Die Summe der Beiträge stieg an, die Ausgaben andererseits aber auch.

Alle wichtigen Dokumente habe ich bis heute noch aufbewahrt, für den Fall, dass sie später noch gebraucht werden. In den Dokumenten bewahre ich auch meinen Dank an alle Menschen auf, die uns unterstützten und unterstützen, denn ich bin der direkte Empfänger dieser Hilfeleistungen. Jede dieser Münzen, Stimmen, Gesänge und Rezitationen trug dazu bei, dass die Pagode Vien Giac heute unter dem hannoverschen Himmel existieren kann. Ohne sie gäbe es auch keine Präsentation auf einer Website im Internet des 21. Jahrhunderts. Sie brauchen also nicht einmal vor Ort zu sein, um sich die Pagode anzuschauen.

Für den heute sichtbaren Erfolg war nicht ein Tag, sondern waren 30 Jahre Aufbauarbeit erforderlich. Deshalb ist dieses Kapitel auch umfangreicher als die anderen.

Das Jahr 1978 war mein erstes in Hannover; deshalb gab es damals viele Arbeiten zu erledigen wie z.B. die Einweihungszeremonie, das Ullambana-Fest und der Empfang neuer vietnamesischer Flüchtlinge. Deshalb verliefen die Vorbereitungen für das bereits erwähnte Vesak-Fest 1979 im Beethoven-Saal der Stadthalle Hannover sehr hektisch. Ich hatte ein Theaterstück mit dem Titel „Das Leben Buddhas" zur musikalisch untermalten Aufführung geschrieben. Das Stück wurde von Studenten gespielt. Mitwirkende waren u.a. Fräulein Giang und Phan sowie die Herren Tuan, Giang und Danh. Ich selbst musste die Regie des Stückes übernehmen. Ich glaube, dass auch Fräulein Kim Them mitspielte. Es war mein erstes Stück. Später folgten noch andere Theaterstücke wie z.B. eines mit dem Titel „Blumen fallen vor Buddhas Tor". Dieses Theaterstück wurde von Buddhisten aus Berlin besetzt und im Theater am Aegi aufgeführt. Alles war Eigenarbeit; deshalb glich der kleine Erfolg nicht die viele Mühe aus. Für jede Aufführung mussten wir nämlich fast alles an Dekoration, Requisiten und Zubehör von der Gedenkstätte zu Ehren Buddhas in das Jugendzentrum bringen, wo die Vorstellungen stattfanden. Nach der Aufführung mussten die Sachen wieder zurück transportiert. Wir waren danach stets sehr müde, doch alle hatten ihre Aufgaben korrekt erfüllt.

Im Wintersemester 1978/79 musste ich ein Urlaubssemester an der Universität einlegen, um in Göttingen und Friedland den vietnamesischen Neuankömmlingen zu helfen. Meine Aufgabe dort war die Übersetzung bei der allgemeinen ärztlichen Untersuchung. Auf Grund des langen, engen Zusammenlebens auf dem Schiff „Hai Hong" waren alle Männer und Frauen von Kopfläusen befallen. Sie mussten eine Reinigungsprozedur über sich ergehen lassen und anschließend eine weiße Haube auf dem Kopf tragen. Damals war mein Deutsch noch sehr begrenzt; ich kannte z.B. nicht einmal das Wort „Kopfläuse" und musste es - wie auch viele andere Begriffe - im Wörterbuch nachschlagen. Viele komische Dinge ereigneten sich damals; doch es würde den Rahmen dieses Buches sprengen, wenn ich hier alles aufzuzählen würde.

Meine damalige Übersetzungsarbeit in den Flüchtlingslagern hatte zwei tief greifende Veränderungen unserer eigenen Situation zur Folge:

- Die deutsche Regierung wurde auf das Bedürfnis der Vietnamesen nach Glaubenspraxis und nach der Gesellschaft von Landsleuten aufmerksam. Die Vietnamesen waren bereit und in der Lage, Selbsthilfe zu leisten; deshalb wurden wir in das Innenministerium gebeten, wo uns Unterstützung angeboten wurde. Um ehrlich zu sein: Wir wussten zuvor gar nichts von derartigen Förderungsmöglichkeiten in Deutschland.

- Die Vietnamesen vergessen selten eine Hilfe, die ihnen zuteil wurde. Deshalb kamen viele, denen von mir damals in den Flüchtlingslagern geholfen worden war, zur Pagode, nachdem sie sich eingelebt hatten, um auf verschiedene Art und Weise ihren Beitrag zum Aufbau zu leisten. An meine frühere Arbeit für sie hatte ich allerdings nicht die Erwartung geknüpft, dass sie mir zu Dank verpflichtet sein sollten.

Im Wintersemester 1979/80 machte ich im Studium mit Hilfe eines Referates und einer Hausarbeit im Fach Empirie genau den Schein, welcher mir noch zum Abschluss in Japan gefehlt hatte, um Letzteren von einer deutschen Universität anerkannt zu bekommen. Doch ab Ende 1980 ging ich nicht mehr zur Universität, denn wir waren in größere Räumlichkeiten umgezogen, was viel Arbeitsaufwand und Wartung mit sich brachte. Manchmal, während ich im Kloster gearbeitet hatte, war ich in Gedanken in den Seminaren gewesen, welche gerade von den Kommilitonen besucht worden waren. Andere Male hatte ich in der Universität gesessen und mich z.B. besorgt gefragt, ob nicht gerade jemand das Kloster besuchen oder eine Andacht zelebriert haben würde. Aus diesem Grund gab ich meinen Wunsch nach Erlangung eines Doktortitels auf.

Damals bat ich auch den Hochehrwürdigen Thich Minh Tam telefonisch um Rat dahingehend, ob ich nach Japan zurückkehren und meine Doktorarbeit dort anfertigen und beenden sollte. Der Hochehrwürdige meinte, dass auch Doktoranden sich nicht immer verwirklichen könnten. Diese Aussage tröstete mich über meinen Studienwunsch hinweg. Manchmal - wenn ich an meine vorhandene Lernfähigkeit dachte - trauerte ich ihm später allerdings ein wenig nach.

Der M.A.-Studienabschluss in Deutschland unterscheidet sich von demjenigen in den USA und in Japan. Ein Student in Deutschland absolviert fünf Jahre an der Universität und immatrikuliert sich anschließend für die Doktorarbeit. Außerdem muss ein Schüler bis zur Hochschulreife 13 Schuljahre lang lernen, während in anderen Ländern ein nur 12 Schuljahre umfassendes Schulsystem vor dem Erreichen der Hochschulreife üblich ist. Im Grunde aber gleicht sich die Anzahl der absolvierten Jahre beider Systeme bis zum Studienabschluss. Das Lernen endet eigentlich nie: In der Regel schließt man das Studium mit einem Diplom ab, doch dann beginnt die Phase des Forschens.

Zu jener Zeit entwarf ich noch einen weiten Zukunftsplan für mich. Ich höre nicht gern auf halbem Wege auf. Eine meiner beiden Möglichkeiten war der Weg des Studiums, doch sehr viele Menschen beschritten ebenfalls diesen Weg. Auf dem Weg der Praxis des vietnamesischen Buddhismus dagegen gab es damals in Deutschland niemanden außer mir. Ich verbrachte viele Nächte mit Gedanken zu diesem Thema und kam zu dem Schluss, dass ich mit den Recherchen für eine Doktorarbeit nicht fortfahren sollte.

In den Jahren von 1978 bis 1982 pflegte ich einen sehr intensiven Kontakt zur Pagode Khanh Anh in Paris; ich bekam damals von dort so manche Hilfestellung von sehr gläubigen Buddhisten beim von mir gewählten Weg; und diese Unterstützung von dieser Seite dauert bis heute an. Damals war der dortige Hochehrwürdige auch allein; daher rief er mich jedes Mal nach Paris, wenn eine Versammlung stattfand oder wenn er weit weg verreisen musste. Obwohl damals Herr Ha bereits im Tempel wohnte, war er noch nicht ordiniert; dies sollte sich erst viel später ändern. Ich übernahm die Lehrunterweisungen und zeigte den interessierten Laien, wie man die rituellen Instrumente bedient. Einige der Zuhörer von damals ließen sich später ordinieren, so wie Quang Dao und Dieu Tram, die noch heute der Pagode Khanh Anh angehören.

Der Hochehrwürdige Abt der Pagode Khanh Anh war und ist wie ein älterer Bruder für mich. Obwohl ich keinen einzigen Tag lang von ihm unterrichtet worden war, achtete und achte ich ihn wie einen Lehrer, denn er behandelt die Ordinierten - ob nun Schüler, Freunde oder Dharma-Brüder - sehr gefühlvoll. Er hatte der Pagode Vien Giac in vielerlei Hinsicht geholfen und wurde nun seinerseits von uns unterstützt.

Als wir die vorhin erwähnte finanzielle Förderung von der damaligen niedersächsischen Regierung zugesprochen bekamen, begannen wir mit der Suche nach einer geeigneten Halle für die Errichtung einer größeren Gedenkstätte zu Ehren Buddhas. Unser Vorhaben erwies sich als schwieriger, als wir gedacht hatten, denn unser Ziel war es, eine Halle mit angeschlossener Wohnung zu finden. Viele mögliche Standorte erfüllten aber nur eine dieser beiden Bedingungen. Es war ein Glück, dass Herr Lam Dang Chau in der Zeitung von einem Mietangebot des Herrn Steinmann erfuhr. Es stand eine alte Firma mit Büro und Wohngebäude zur Vermietung frei. Wir gingen sofort dorthin und verhandelten über die Mietbedingungen. Der Mietvertrag wurde zügig unterschrieben. Ende 1980 bis Anfang 1981 zogen wir von der Kestnerstraße in die Eichelkampstraße um.

Ich blieb auch nach dem Einzug in den neuen Räumlichkeiten zunächst allein, bis Ende 1982 die Buddhisten Thi Chanh Truong Tan Loc und Frau Dieu Nien zu mir zogen. Später gesellte sich der Ehrwürdige Minh Phu hinzu. Wir waren damals also nur vier dort wohnhafte Personen; und an jedem Morgen kam Thi Chon Ngo Ngoc Diep in die Pagode, um mit uns die Morgenandacht zu halten. Das Neujahr im Jahr des Hahnes fiel auf Donnerstag, den 5. Februar 1981. An diesem Tag kam niemand, um mit uns zu feiern. Als einzige Feierlichkeit anlässlich dieses Tages hielten wir die Neujahrsandacht. Zum Vergleich: Inzwischen (2002) kommen etwa

5.000 bis 7.000 Buddhisten zum Neujahrfest in die Pagode. Damals aber fehlte manchmal sogar das Geld für Blumenopfergaben an den Buddha; ich verwendete daher Wildblumen für diese Gaben. Der Buddha musste wahrscheinlich über unsere Armut lächeln.

Zum Jahreswechsel 1985/1986 kam der Buddhist Thien Phuoc aus Finnland in die Pagode, um von mir ordiniert zu werden. Ich glaube, dass er sehr viel hinnehmen musste, denn ich war sehr streng - und bin es bis heute wahrscheinlich immer noch. Er wurde oft von mir gescholten, doch er trug mir nichts nach. Er war sehr langsam beim Lernen. Seine Fähigkeiten entsprachen nicht meinen Erwartungen; daher kehrte er bereits nach der Ordination zum Novizen 1987 wieder nach Finnland zurück.

Danach kamen Thien Thanh und Thien Nam, ein Vietnamese und ein Deutscher, in die Pagode, doch beide blieben nicht lange und kehrten bald zum weltlichen Leben zurück.

Mit Hilfe der Familienzusammenführung kam im Jahr 1983 die Familie von Thi Chon Ngo Ngoc Diep nach Deutschland. Eines der Familienmitglieder war sein Vater, Herr Thi Tam Ngo Van Phat, ein ehemaliger Militärgeneral der Republik Vietnam. Er kannte sich sehr gut mit der Bürokratie allgemein aus, daher übernahm er ab 1984 den Vorsitz des Vereins der vietnamesischen Buddhisten. In der ersten Amtperiode (1978-1980) war Herr Thi Minh Van Cong Tram Vorsitzender des Vereins gewesen, in der zweiten und dritten (1980-1984) hingegen Herr Thi Chon Ngo Ngoc Diep. Herr Ngo senior sprach auch verschiedene Sprachen wie Englisch, Französisch und Deutsch und konnte so die Pagode nach außen vertreten.

Die damals bei uns tätigen Bürokräfte waren die Ehrwürdige Nonne Dieu An, Frau Nga und Herr Phat. Lam kümmerte sich um die Druckarbeiten. Hung und Loc konzentrierten sich auf die getippten Texte. Thi Chon übernahm die Layoutarbeiten für die

Zeitschrift und die Bücher. Meine Aufgabe lag auf dem Gebiet der Religion, der Kontaktpflege zu anderen Ordenshäusern und auswärtigen Buddhisten und den geistlichen Pflichten wie z.B. Hochzeits- und Beerdigungszeremonien

Ich dachte damals, dass die von uns gefundene Stätte in der Eichelkampstraße lange unser Zuhause bleiben würde. Doch wir lebten dort nur 10 Jahre lang, und zwar von 1981 bis 1991. Seit 1991 befinden wir uns im neuen Gebäude in der Karlsruher Straße. In meinem Leben hatte ich zuvor an folgenden Orten gelebt:

1949-1964   mit meiner Familie - im Dorf My   H   a   t (Gemeinde Xuyen My, Provinz Duy Xuyen)   nahe der Stadt Quang Nam,

- 1964-1966   nach meiner Ordination – im Kloster Phuoc Lam in Quang Nam,

- 1966-1968   im Kloster Vien Giac in Hoi An,

- 1968-1972   im Kloster Hung Long in Saigon,

- 1972-1973   gemeinsam mit anderen Sprachstudenten - beim Ehrwürdigen   Thich Chon Thanh in Tokyo,

- 1973-1977   im Tempel Honryuji in Hachiogi,

- 1977-1978   in Kiel,

- 1978-1980   in der Kestnerstraße in Hannover,

- 1981 - 1991   in der Eichelkampstraße in Hannover und

- seit 1991   in der Karlsruher Straße in Hannover

Wenn ich auf diese 54 Jahre zurückblicke, fällt mir auf, dass ich an drei Orten sehr lange lebte, nämlich an meinem Geburtsort 15 Jahre, in der Eichelkampstraße in Hannover 10 Jahre und am jetzigen Ort in Hannover schon seit mehr als 11 Jahren. Ich weiß nicht, wie lange ich in der Karlsruher Straße in Hannover noch wohnen werde; in diesem Abschnitt meines Lebens werde ich wahrscheinlich auch keine weiten Flüge mehr machen.

Im Jahr 1986 kam Thien Tin in die Pagode, und erhielt um 1988 die Ordination zum Novizen sowie 1993 die Ordination zum Bhiksu. Nun trägt er den Dharma-Namen Hanh Tan. Er ist einer meiner Schüler, die ernsthaft studierten und praktizierten. Er machte in Deutschland sein Abitur, studierte dann an der Universität Hannover, erwarb seinen Magister-Artium-Studienabschluss im Fach Religionswissenschaft und ging anschließend bis 2000 nach Indien. Heute ist er Prior des Klosters Vien Giac, und im Jahr 2003 soll er zum Abt desselben ernannt werden. Ich fungiere ab dann nur noch als Gründungsvorstand und widme meine Zeit u.a. der Praxis und der Übersetzung von Texten.

Nach Thien Tin kamen die Nonnen Hanh Tinh, Hanh An und Hanh Chau ins Kloster. Im Jahr 1989 folgte ihnen Hanh Bao; er wurde 1994 zum Bhiksu ordiniert.

Die Fundraising-Aktion zu Gunsten des Neubaus der Pagode Vien Giac wurde bereits 1984 gestartet. 1987 erfolgte die Zeremonie der Grundsteinlegung anlässlich des damaligen Vesak-Festes. Der Bau begann erst 1989. Im Juli 1991 fand die Einweihung und im August 1993 die Zeremonie zur Feier des Bauabschlusses statt. Es gab nur wenige Personen, die sich um die Finanzierung des Projektes verdient machten. An dieser Stelle möchte ich unserem Architekten, Herrn Tran Phong Luu, danken. Er wohnte eigentlich im Saarland, doch während der Bauperiode von 1989 bis 1991 lebte er bei uns im Tempel, um die Arbeiten vor Ort verfolgen zu können. Er nahm nicht etwa den normalen Preis, den ein Architekt gewöhnlich verlangen würde, sondern war mit einem niedrigeren Lohn zufrieden.

Im April 1991 fand eine Versammlung des Exekutiv-Komitees des Welt-Sangha mit Teilnehmern aus 16 Nationen in der Pagode statt, was für uns noch mehr Arbeit als gewöhnlich bedeutete. Viele Ereignisse prägten jenes Jahr. Die Einweihung des Neubaus, die genannte Versammlung, die weiteren Bauarbeiten usw. erforderten von uns allen sehr viel Kraft. Manchmal hatten wir nicht einmal 8 DM übrig, um einen benötigten Sack Zement zu kaufen. An anderen Tagen hingegen trafen plötzlich große Spenden wie die 300.000 US-Dollar Von der Nonne Thi Nguyen Thanh Hai aus Taiwan ein.

Im Dezember 1991 zog ich in das neue Gebäude ein. Zu jenem Zeitpunkt gab es dort noch kein Wasser und keine Heizung. Die Räume mussten mit einer provisorischen Gasheizung warm gehalten werden; für das Bad musste extra heißes Wasser gekocht werden. An dieser Stelle möchte ich mich bei denjenigen Buddhisten bedanken, die uns damals so sehr halfen: diese Missstände zu beseitigen, z.B. bei Tuan, Son, Phong und Dong, die die Elektroarbeiten kostenlos übernahmen, und bei Phuc und Long, die sich für die Heizungs- und Wasserleitungsarbeiten bereit stellten. Herr Kiem, Herr Chu und Herr Dung kümmerten sich um die erforderlichen Schreinerarbeiten. Besonders die Vietnamesen aus der ehemaligen DDR beteiligten sich nach der Stürz der Berliner Mauer viel an den Bauarbeiten. Bis heute profitieren wir von dieser Hilfe, ohne jemals eine Rechnung dafür von ihnen erhalten zu haben. Diese Leute erledigten für uns viele Arbeiten wie z.B. das Verlegen von Fliesen oder das Streichen und Umräumen. Von diesen Helfern haben inzwischen einige den Wunsch zur Ordination geäußert.

In den neuen Räumlichkeiten können wir nun den Ordinierten viel Platz bieten. Bis heute habe ich 34 Ordinationen vorgenommen. Drei der von mir Ordinierten sind inzwischen verstorben, nämlich die Nonnen Hanh Niem, Hanh Tinh und Hanh Nhu. Fünf der Ordinierten kehrten in der Zwischenzeit zum weltlichen Leben zurück: Thien Thanh, Thien Nam sowie die Novizen Thien Phuoc, Hanh Man und Hanh Tri. Die Anderen leben jetzt entweder in der

Pagode Vien Giac, in Indien oder in China. Von ihnen haben Hanh Gioi die Doktorarbeit gemacht sowie Hanh Tan den M. Phil., Hanh Hao den Magisterabschluss und Hanh Gia das Diplom erlangt. Viele Ordinierte und hohe Abschlüsse werden noch folgen.

1995 fand die Versammlung der vietnamesischen Ordinierten im Ausland in der Pagode Vien Giac statt. Ich habe mir fest vorgenommen, diese Stätte zu einem Ort der Ausbildung für Mönche zu machen, welche der Congregation der Vereinigten Vietnamesischen Buddhistischen Kirche viel Nutzen bringen sollen. Anlässlich der Einweihung des Neubaus 1991 habe ich aus verschiedenen Gründen diese Institution der Congregation vermacht. Das bedeutet, dass nach meinem Tod die Aufsicht über die Aktivitäten dieser Pagode auf die Congregation übergeht. Letztere kann sogar Entscheidungen eines Abtes widerrufen, wenn mein Nachfolger nicht in der Lage sein sollte, die Pagode weiter zu führen. Ich hatte nämlich einige Male registrieren müssen, dass einzelne buddhistische Klöster nach dem Tod ihrer Äbte - in der Regel Hochehrwürdige - von unfähigen Nachfolgern verwaltet wurden, ohne dass die Congregation irgendwie in das Geschehen hätte eingreifen können.

Ferner räumte ich der buddhistischen Tradition Lin Tsi ein Mitspracherecht im Bereich der - auch zukünftigen - Erhaltung und Unterstützung der Pagode Vien Giac ein, denn dies ist der erste Tempel des vietnamesischen Buddhismus in Deutschland, der zugleich eine Fortsetzung der Lin-Tsi-Tradion darstellt, welche in Quang Nam bereits über eine 400-jährige Geschichte verfügt.

Dieses Mitspracherecht besteht aus drei Entscheidungsrechten bezüglich des Schicksals des Klosters. Ich hoffe, dass die genannte Tradition hier auch weiterhin - also auch nach meinem Tod - praktiziert wird. Auf Grund meiner Erfahrungen mit der menschlichen Natur und mit der Gesellschaft lernte ich eine grundlegende Lektion für die buddhistische Arbeit hier in Deutschland, welche fortgesetzt werden soll.

Der Sangha der Pagode Vien Giac veranstaltet dreimal jährlich Zeremonien, die mich persönlich betreffen. Dies geschieht manchmal im großen, manchmal aber auch nur im kleinen Rahmen - je nach gegebenem Anlass:

- an meinem Geburtstag am 28. Juli,

- am Todestag meiner Mutter am 27. März nach dem Mondkalender. Diese Zeremonie wurde nur bis zu ihrem 25. Todestag zelebriert. Der buddhistischen Lehre zufolge muss ein Geist 49 Tage nach dem Tode wiedergeboren werden. Deshalb waren die Gedenktage zu Ehren der verstorbenen Mutter Tage der Erinnerung, die zum Dank gegenüber der Mutter anregen sollten. Meine Mutter starb 1966; darum wurde ihres Todestages 1991 zum letzten Mal offiziell gedacht. Doch auch danach kaufte ich jährlich an ihrem Todestag einen Blumenstrauß als Opfergabe an sie, um ihrer Mühe bei meiner Erziehung zu gedenken und an ihren tragischen Tod durch einen Bombenangriff zu erinnern

- am Todestag meines Vaters am 8. Juli nach dem Mondkalender, jeweils einige Tage vor dem Ullambana-Fest. Er starb 1986, also erst 20 Jahre nach meiner Mutter. Er wurde am Ende des 19. Jahrhunderts (1898) geboren und somit - wiederum nach dem Mondkalender - 89 Jahre alt. Heute befinden wir uns schon im 21. Jahrhundert. Ich werde seinen Todestag zu seinem Gedenken wahrscheinlich nur bis 2011 zelebrieren. Sollte ich so lange leben, werde ich auch noch seinen 50. Todestag würdig begehen. Doch bis dahin ist es noch eine sehr lange Zeit, und die Vergänglichkeit macht vor nichts Halt. Die Kinder meiner Geschwister mögen sich zu gegebener Zeit an diesen Todestag erinnern, oder jemand von meinen Schülern könnte dies tun. Wenn dies nicht geschieht, dann macht es auch nichts; denn wenn man im Leben nichts Gutes füreinander tut, dann helfen auch die vielen Tränen und Lobgesänge nach dem Tod nicht viel

Jedes Jahr halte ich mir den 1. Mai frei, um mit der Jugendgruppe der Buddhistischen Familie Tam Minh einen Ausflug zu machen. Mit dem Sangha der Pagode Vien Giac besuchte ich früher regelmäßig vom 01. bis zum 10. Juli verschiedene Orte. Doch solche Fahrten finden heute nicht mehr statt, da wir im Kloster nun jeweils in der Zeit vom 01. bis 14. Juli intensive Praxisübungen für die Laienbuddhisten organisieren. Bis 2002 haben wir letztere Veranstaltungen bereits viermal organisiert und durchgeführt.

Bei den frühren Fahrten mit dem Sangha des Klosters fuhren wir mit einem 9-Sitz-Kleinbus, manchmal sogar mit insgesamt zwei oder drei PKW, zu verschiedenen Orten in Europa. Wir unternahmen Touren nach Südfrankreich, Spanien, Italien sowie nach Polen und Tschechien. Ich wollte mit diesen Reisen den Bewohnern des Klosters meinen Dank zum Ausdruck bringen. Ich erhoffte auch, dass durch diese Reisen eine engere Beziehung zwischen den Ordinierten einerseits und den Laien andererseits geknüpft würde.

Am 02. April 1988 feierten wir das 10-jährige Jubiläum der Pagode Vien Giac. Damals veröffentlichte ich das Buch „Bilder der 10-jährigen Aktivitäten des vietnamesischen Buddhismus in Deutschland" auf Deutsch und Vietnamesisch. In jenem Jahr feierten wir dieses Fest zweimal, und zwar je einmal für die Deutschen und für die Vietnamesen. Im gleichen Jahr fertigte ich auch einen Bericht über die zehn Jahre in Form von zehn Punkten an. Im Jahr 2003 sollte eigentlich das 25. Jubiläum der Pagode Vien Giac am 02. April gefeiert werden. Doch diese Feierlichkeiten werden auf Ende Juni verschoben, wenn auch das 25. Jubiläum der Pagode Vien Giac ansteht. Außerdem werden dann auch die Preise für im Rahmen des Wettbewerbes „Schreiben über Europa" (zum Dank gegenüber den europäischen Ländern, welche früher die vietnamesischen Flüchtlinge aufnahmen) eingereichten Texte vergeben. Außerdem erfolgt am 28. Juni 2003 (einem Samstag) die Zeremonie zur Ernennung des neuen Abtes. Deshalb wird das 25. Jubiläum des Klosters auf diesen Tag verlegt. Bei den Feierlichkeiten wird auch mein 54. Geburtstag gedacht.

Anlässlich des 10-jährigen Jubiläums schrieb und sprach ich über die 10 Punkte (s.u.). Nach 25 Jahren habe ich über mehr als 25 Punkte zu berichten, doch solch ein Bericht würde Sie nur ermüden und langweilen. Deshalb habe ich nur einige wichtige dieser Punkte in diesem Buch angesprochen. Außerdem führe ich an dieser Stelle die Dokumente des letzten Jubiläums noch einmal an, damit man sich an das Ereignis vor 15 Jahren erinnern kann. Im Jahr 2003 werde ich ein oder zwei Bücher herausgeben, die meine gesamten Schriften der letzten 25 Jahre sowie die von mir als Herausgeber verfassten Editorialbriefe der Zeitschrift Vien Giac umfassen. Ich denke auch daran, die wichtigen Dokumente der Geschichte der Pagode Vien Giac in einem Buch zusammen zu fassen, so dass mögliche spätere Nachforschungsarbeiten erleichtert werden.

Congregation der Vereinigten Vietnamesischen Buddhistischen Kirche

Abteilung in der Bundesrepublik Deutschland

Pagode Vien Giac, Eichelkampstr. 35A, 3000 Hannover 81, Tel. 0511/864638

Buddhistischer Kalender 2531- Hannover, 02. März 1988

An: die Ehrwürdigen Mönche und Nonnen der Congregation

Betr.: Einladung zur Feier des 10-jährigen Jubiläums der

Gründung der Pagode Vien Giac am 02. April 1988 in Hannover.

Namo Amitabha Buddha

Sehr geehrte Ehrwürdige,

die letzten 10 Jahre vergingen so schnell. Sie waren die Jahre der Einführung des vietnamesischen Buddhismus in Deutschland wie auch der Anfänge und Fortentwicklung vietnamesisch-buddhistischer Aktivitäten in Deutschland in jeder Hinsicht.

Um mit uns das 10-jährige Jubiläum der Gründung der Pagode Vien Giac in Hannover zu feiern, bitte ich um die Anwesenheit der Ehrwürdigen. Bitte opfern Sie ein wenig Ihrer kostbaren Zeit, um zum oben genannten Anlass bei uns zu sein.

Ihre Anwesenheit würde dem Fest den letzten Glanz verleihen.

Mögen Sie immer gute Gesundheit genießen sowie Erfolge bei der Erfüllung Ihrer geistlichen Aufgaben!

Namo Amitabha Buddha

Thich Nhu Dien

Abt der Pagode Vien Giac in Hannover.

Programm der Feier

AM 02.04.1988 (SAMSTAG)

IN DER PAGODE VIEN GIAC IN HANNOVER

15:00   Bekanntgabe des Anlasses der Feierlichkeit und Eröffnung des Festes

15:20   Bericht über die Aktivitäten der letzten 10 Jahre

16:30   Ausstrahlung eines Films über die Einweihungszeremonie vor 10 Jahren sowie anderer Bilder von Aktivitäten in der Pagode

19:00   Gemeinsames Abendessen

20:00   Gedankenaustausch; anschließend Programmende Anmerkung: Am 03.04.1988 wird die regelmäßige Andacht der Pagode vom Zweiten Deutschen Fernsehen (ZDF) aufgezeichnet.

Congregation der Vereinigten Vietnamesischen Buddhistischen Kirche

Abteilung in der Bundesrepublik Deutschland

Pagode Vien Giac, Eichelkampstr. 35A, 3000 Hannover 81, Tel. 0511/864638

Buddhistischer Kalender 2531- Hannover, 02. März 1988

An:

- den Vorstand des Vereins der vietnamesischen buddhistischen Flüchtlinge in Deutschland

- die Vorstände der Ortsvereine in deutschen Städten

- das Komitee zur Unterstützung der drei Juwelen aller

Tempel, aller Gedenkstätten zu Ehren Buddhas und aller Viharas in Deutschland

- die Jugendorganisation der Buddhistischen Familien

- die Redaktionsmitglieder der Zeitschrift Vien Giac und

- alle Buddhisten nah und fern

Betr.: Einladung zur Feier des 10-jährigen Jubiläums der Gründung der Pagode Vien Giac am 02. April 1988 in Hannover.

Namo Amitabha Buddha

Sehr geehrte Damen und Herren,

die letzten 10 Jahre vergingen so schnell. Sie waren die Jahre der Einführung des vietnamesischen Buddhismus in Deutschland wie auch der Anfänge und Fortentwicklung vietnamesisch-buddhistischer Aktivitäten in Deutschland in jeder Hinsicht.

Um mit uns das 10-jährige Jubiläum der Gründung der Pagode Vien Giac in Hannover zu feiern, lade ich Sie alle ein. Ihre Anwesenheit würde dem Fest den letzten Glanz verleihen.

Mögen Sie immer gute Gesundheit genießen und alle Ihre Wünsche in Erfüllung gehen!

Namo Amitabha Buddha

Thich Nhu Dien
Abt der Pagode Vien Giac in Hannover.

DAS PROGRAMM DER FEIER
AM 02.04.1988 (SAMSTAG)
IN DER PAGODE VIEN GIAC IN HANNOVER

15:00   Bekanntgabe des Anlasses der Feierlichkeit und Eröffnung des Festes

15:20   Bericht über die Aktivitäten der letzten 10 Jahre

16:30   Ausstrahlung eines Films über die

Einweihungszeremonie vor 10 Jahren sowie

anderer Bilder von Aktivitäten in der Pagode

19:00   Gemeinsames Abendessen

20:00   Gedankenaustausch; anschließend Programmende Anmerkung: Am 03.04.1988 wird die regelmäßige Andacht der Pagode vom Zweiten Deutschen Fernsehen (ZDF) aufgezeichnet.

Congregation der Vereinigten Vietnamesischen
Buddhistischen Kirche

Abteilung in der Bundesrepublik Deutschland

Pagode Vien Giac, Eichelkampstr. 35A, 3000 Hannover 81, Tel. 0511/864638

Buddhistischer Kalender 2531- Hannover, 02. März 1988

An:

- alle Äbte und Äbtissinnen der Tempel, der Gedenkstätten zu Ehren Buddhas und der Viharas in Deutschland.

- alle Vorstandsmitglieder des Vereins und der Ortvereine der Vietnamesisch- buddhistischen Flüchtlinge in Deutschland

Namo Shakya Muni Buddha

Sehr geehrte Ehrwürdige,

sehr geehrte Damen und Herren,

Um die vietnamesisch-buddhistischen Aktivitäten in Deutschland während der letzten 10 Jahre zu beschreiben, würde ich gern ein Buch in Vietnamesisch und Deutsch unter dem Titel „Bilder der 10-jährigen Aktivitäten des vietnamesischen Buddhismus in Deutschland" herausgeben. Ich erhoffe Ihre Mitarbeit in folgenden Punkten:

1. Ich bitte um Übersendung einer Vorstellung Ihrer Institution und eines Berichtes über alle Aktivitäten von religiösen Feiern wie Vesak- und Ullambana-Fest über Hochzeiten und Beerdigungen bis zu säkularen Tätigkeiten wie sozialer Unterstützung in Krisenfällen, kulturellen Leistungen usw. (Der eingereichte Text soll die Länge von 10 mit einer Schreibmaschine abgefassten DIN-A-5-Seiten nicht überschreiten.)

2. Bei Einrichtungen, deren Aktivitäten nicht von einer Ordensperson geleitet werden, bitte ich die jeweiligen Ortsvereine um Informationen zu den unter 1. genannten Einzelpunkten.

3. Zu jeder beschriebenen Aktivität jedes Jahres von der Gründung bis heute (1988) hätte ich gern ein Foto mit Vermerk und Nummer - gleich, ob farbig oder schwarz-weiß. Die Fotos sollten 9 x 13 cm groß sein. (Nicht mehr als 30 Bilder werden benötigt.)

4. Die Texte zu den Punkten 1., 2. und 3. bitte ich in beiden Sprachen - Vietnamesisch und Deutsch - mit einer Schreibmaschine abzufassen, so dass wir sie hier nicht erst

abtippen müssen. Alle Texte sollten mit dem Namen des Autors bzw. Übersetzers versehen sein.

5. Die Druckarbeiten für das Buch sollen Ende Dezember 1988 beginnen; daher würde ich Sie alle bitten, die Materialien spätestens bis zum 30.09.1988 einzusenden.

Es soll eine illustrierte Dokumentation über die vietnamesisch-buddhistischen Aktivitäten in Deutschland während der letzten 10 Jahre entstehen, die den Deutschen und Vietnamesen sowie allen anderen Interessierten präsentiert werden kann. Deshalb bitte ich noch einmal innig um die herzliche Mitarbeit von Ihnen allen - Ordinierten und Laien -, so dass wir das zu veröffentlichende Material so früh wie möglich hier vorliegen haben. Es handelt sich nämlich um eine erforderliche Arbeit im Sinne des Buddhismus in Deutschland und im Ausland.

Abschließend wünsche ich allen Ordinierten gute Gesundheit und erfolgreiche Aktivitäten sowie allen Laien die Erfüllung ihrer Wünsche.

Namo Amitabha Buddha.

Im Namen der Congregation in Deutschland
Abteilungsleiter

Thich Nhu Dien
Abt der Pagode Vien Giac

Congregation der Vereinigten Vietnamesischen
Buddhistischen Kirche

Abteilung in der Bundesrepublik Deutschland
- gemeinnütziger Verein e.V

C/O PAGODE VIEN GIAC, EICHELKAMPSTR.35A, 3000 HANNOVER 81 - TEL. 0511-864638

Hannover, den 28 März 1988

EINLADUNG ZUR JUBILÄUMSFEIER

Sehr geehrte Damen und Herren!

Wir freuen uns, Ihnen heute mitteilen zu dürfen, daß die VIEN GIAC Pagode am 23. April 1988, anläßlich des 10-Jährigen Bestehens des vietnamesischen Buddhismus in der Bundesrepublik Deutschland, eine Jubiläumsfeier veranstaltet. Zudiesem feierlichen Anlaß möchten wir Sie herzlich einladen. Die Veranstaltung findet statt:

Um 15 Uhr, am Sonnabend, den 23. April 1988
In der VIEN GIAC Pagode,
Eichelkampstr. 35a, 3000 Hannover 81
Ende gegen 18 Uhr

Es wird außerdem ein kulturelles Beiprogramm mit musikalichen Darbietungen einiger Jungbuddhisten -Familien in Niedersachsen, zudem wir Sie ebenfalls herzlich einladen.

Bitte teilen Sie uns mit, ob Sie an unserer Jubiläumsfeier teilnehmen können. Für Ihre Kenntnissnahme und Bemühung bedanken wir uns bei Ihnen sehr herzlich.

Mit freundlichen Grüßen
Abt der VIEN GIAC Pagode

PROGRAM

DER 10-JÄHRIGEN JUBILÄUMSFEIER
AM 23. APRIL 1988
IN DER VIEN GIAC PAGODE

Beginn der Jubiläumsfeier gegen 15 Uhr

Drachentanz zur Begrüßung

- Begrüßungsrede von Rev. Thich Nhu Dien (Abteilungsleiter der C.V.B.D: in der Bundesrepublik Deutschland & Abt der VIEN GIAC Pagode)
- Dias-Vorführung über die Geschichte des 10-Jährigen Vietnam-Buddhismus in Deutschland
- Glückwünschreden der Vertrettung der Landesregierung, der kommunalen Politiker, der caritativen Verbände, der Kirche, der Schulen, der öffenlichen Institutionen ...
- Beisamensein beim Tee und traditionellen Süßigkeiten samt musik. Einlagen Ende der Jubiläumsfeier gegen 18 Uhr !

Bitte hier abtrennen

Nam und Vorname: ....

Adresse: ....

☐ Ich nehme teil.

☐ Ich nehme nicht teil.

DETAILLIERTES PROGRAMM DER FEIER ANLÄSSLICH DES JUBILÄUMS DER GRÜNDUNG DER PAGODE VIEN GIAC AM 02. APRIL 1988 IN HANNOVER

14:50 - Einlass der Gäste in die Andachtshalle durch Thi Chon

14:55 - Begrüßung der Ehrwürdigen Mönche und Nonnen in der Andachtshalle

15:00 - Vorstellung des Festprogramms durch Thi Chon Grußwort des Ehrwürdigen Abtes anlässlich der Feier

15:30 - Ansprachen seitens der Gäste

16:00 - Filmvorschau

17:00 - Pause mit Kuchen und Tee

17:45 - Drachentanz, Volktanz

18:45 - Ende der eigentlichen Feier

19:00 - Gemeinsames Abendessen

20:00 - Gemeinsamer Kulturabend

21:30 - Ende des Programms

Allgemeine Technik während der Jubiläumsfeier:

Tontechnik: Thi Chon (Nachmittag und Abend)

Programmleiter: Thi Chon (Nachmittag und Abend)

Videoaufnahmen: Hung und Triet

Fotograf: Viet und Nhu Than

Filmvorschau: Thi Chon und Thi Hien aus Berlin

Leitung der Tanzvorführungen: Frau Dieu Hien, Th. Nguyen, Th. Chon und die Leiter der Jugendorganisation der Buddhistischen Familie Tam Minh

Organisationsarbeiten (z.B. Auf- u. Abbau): Novize Thien Tin, Herr Quang Ngo, Herr Th. Chanh und die Leiter der Jugendorganisation der Buddhistischen Familie Tam Minh

Musik (Gitarre): Duc Thu.

10 JAHRE VIETNAMESISCHER BUDDHISMUS IN DEUTSCHLAND
- GRUSSWORT ANLÄSSLICH DER JUBILÄUMSFEIER
VON THICH NHU DIEN

Wir feiern in diesem Jahr das zehnjährige Jubiläum der Gründung der Pagode Vien Giac am 02. April 1988 in Hannover. Deshalb beschreibe ich die uns betreffenden Geschehnisse während dieser Zeit in Hannover speziell und in Deutschland allgemein in 10 Punkten.

1. Die Zeit

Das erste Kriterium, das ich hier ansprechen möchte, ist die Zeit. In Asien wie auch in Europa wurde die Zeit u. a. wie folgt definiert: „Zeit ist Gold.", „Vergangene Zeit kehrt nicht zurück.", „Zeit und Erbe warten auf niemanden.". An derartigen Definitionen erkennen wir die Kostbarkeit der Zeit. Ein Geschehnis wiederholt sich nicht, denn in jeder Hundertstelsekunde, jeder Sekunde, jeder Minute und jeder Stunde steckt die Veränderung der so komischen Bewegung.

Zehn Jahre sind wie der Vergleich eines Jahrhunderts mit einem Jahr und dessen 365 Tagen angesichts des Alters der Erde oder gar desjenigen des Universums ohne jede Bedeutung. Doch im direkten Vergleich mit einem Jahr oder einer kürzeren Zeitspanne sind sie schon beträchtlich lang. Daher stellen die Begriffe „lang" und „kurz" nur eine sehr relative Empfindung des Einzelnen je nach persönlicher Situation dar. Ein himmlisches Wesen lebt 10.000 Jahre lang, während wir Menschen in der Regel nicht länger als 100 Jahre lang leben. So gesehen leben wir nur sehr kurz. Ähnlich verhält es sich mit der über 2500-jährigen Geschichte des Weltbuddhismus, der gegenüber die 10 Jahre des vietnamesischen Buddhismus in Deutschland eine nur sehr kurze Zeitspanne darstellen.

Doch eine Zukunft ohne Gegenwart und Vergangenheit gibt es nicht. Obwohl von ihr in der Gegenwart nur ein kleiner Kern steckt, stellt dieser eine wichtige Voraussetzung für zukünftiges Wachstum dar.

Die 10 Jahre vergingen viel schneller, als ich erwartet hatte. Wenn wir auf etwas warten, empfinden wir die Bewegung der Zeit als sehr langsam. Wenn wir die Zeit jedoch aufschieben möchten, dann vergeht sie unserer Meinung nach viel zu schnell.

Im Rückblick auf die Entwicklung des vietnamesischen Buddhismus in Deutschland während der letzten 10 Jahre scheint nicht viel passiert zu sein. Doch ich werde jeden der anderen hierbei wichtigen Punkte vertiefend darlegen.

2. Die Situation

Ohne das Geschehen vom 30. April 1975, als die Kommunisten auch in Südvietnam die Macht übernahmen, wären die vielen geflüchteten Vietnamesen und unter ihnen die Buddhisten nicht in Deutschland oder in anderen Ländern der Erde angekommen und geblieben. Wenn so etwas überhaupt ohne das erwähnte Ereignis vorgekommen wäre, hätte es sich um Studenten oder Reisende gehandelt, die nach Erfüllung des Zweckes ihres Aufenthaltes oder ihrer Reise in ihre Heimat zurückgekehrt wären.

Die Juden konnten erst nach mehr als 2000 Jahren in ihre Heimat zurückkehren. Als sie zuvor noch in anderen Ländern gelebt hatten, hatten sie sich untereinander „ein Wiedersehen in Jerusalem" gewünscht. Dieser Wunsch ging in Erfüllung. Wir Vietnamesen wünschen einander Ähnliches: „Wir werden gemeinsam nach Vietnam zurückkehren."

Wie ein Vogel sein Nest hat, so hat jeder Mensch seine Heimat.

Wir wissen nicht, ob wir uns darüber freuen oder ob wir trauern sollen, dass die Vietnamesen heute überall auf der Welt verstreut leben. Der buddhistischen Sicht zufolge ist dies ein gemeinsames Karma, welches die vietnamesischen Menschen zu tragen haben.

Wie alle Vietnamesen, die nach dem 30. April 1975 vor dem kommunistischen Regime ins Ausland flüchten mussten oder die bereits vor 1975 freiwillig ins Ausland gegangen waren, um dort ihr Studium zu absolvieren, bin ich jemand, der sein Dasein einem fremden Land anvertraut hat.

Als buddhistischer Mönch und vietnamesischer Flüchtling muss ich mich um zwei Dinge kümmern, nämlich um den Glauben und um mein Volk. Im Bereich des Glaubens habe ich das Pflicht, die Lehre weiter zu geben. Dies ist die beste Möglichkeit, den Dank für die Mühe der eigenen Lehrer zu zeigen. Ich bin mir darüber bewusst, dass das Schicksal der Religion eng mit dem des Volkes verbunden ist. Deshalb bilden diese beiden im Grunde einen einzigen Komplex.

Sehr viel früher, als es in China unruhig war, flüchteten chinesische Mönche nach Vietnam. Sie waren die Vermittler der wertvollen buddhistischen Kultur und Kunst sowie des mitleidigen Geistes des Buddha. War dies kein freudiges Ereignis?

Heute sind wir Flüchtlinge in Deutschland; dank dieser Tatsache können wir den Buddhismus hier etablieren. Wir kamen als Flüchtlinge, doch wir vernachlässigen nicht unsere Pflicht, etwas für dieses Land zu tun, das uns aufnahm. Wir bringen die Blüte der buddhistischen und vietnamesischen Kultur in den Garten der deutschen Kultur. Wir hoffen, dass unsere deutschen Freunde über diese seltene Blume mehr Freude als Trauer zeigen werden. Ich gebe zu, dass die Deutschen ein wenig von ihrer Freiheit und ein wenig von ihren Gütern an uns abgeben. Dafür aber geben wir das schönste Kulturgut, das wir besitzen, an die Deutschen weiter - als Dank für die Zuneigung, die sie uns entgegen brachten.

3. Die geographische Lage

Wir sagen oft: „Die Vögel kommen zu den friedlichen Orten". Das bedeutet, dass es diejenigen Menschen, die Freiheit und Frieden lieben, immer an die Plätze zieht, welche diese Kriterien erfüllen. Sie verlassen die unruhigen Orte zu Recht.

Die Zugvögel ziehen vor jedem Winter in die wärmeren Regionen der Erde und kehren in ihre Heimat zurück, wenn die kalte Jahreszeit vorüber ist. Wenn solch ein Bedürfnis in der Natur der Tiere liegt, so ist es nur natürlich, dass die Menschen sich ähnlich verhalten, da sie ja eine höhere Intelligenz besitzen und ihren Aufenthaltsort viel klüger als die Vögel wählen können.

Manche Deutsche fragten mich: „Wie finden Sie das Leben in Deutschland?". Es gibt so viele mögliche Antworten auf diese Frage. Im Allgemeinen erwiderte ich: „Ich bin sehr zufrieden hier, doch die deutsche Sprache ist mir zu schwierig und das Wetter zu kalt." Wer in den wärmeren Ländern geboren wurde, muss in Deutschland wahrscheinlich in jedem Winter gegen die Kälte ankämpfen. Umgekehrt würde ein Deutscher in Afrika oder Asien die Hitze als sehr unangenehm empfinden.

Und die Sprache? Jeder von uns würde zugeben, dass Deutsch eine schwierige Sprache zweiten oder dritten Grades ist - schwierig nicht nur hinsichtlich der Aussprache, sondern auch wegen der Grammatik und der Wortwahl. Die vietnamesischen Kinder, die in Deutschland geboren wurden oder hier zur Schule gingen, haben meist keine Probleme mit der deutschen Sprache, dafür aber sehr viele mit ihrer Muttersprache Vietnamesisch.

Wetter, geographische Lage, Kultur, Sitte usw. sind Gewohnheitssache - und nicht mehr! Jeder von uns hat die Lage, in der er geboren wurde, zu akzeptieren und sie weniger einem Vergleich mit anderen Lagen zu unterziehen. Nur diejenigen Menschen, die aus der gewohnten Situation herausgerissen und in eine neue Lage versetzt wurden, empfinden Druck. Doch in der Regel neigen die Menschen dazu, gegebene Tatsachen zu akzeptieren.

Ich sagte oft zu meinen Landsleuten, dass in diesem kalten Land der Bodhibaum nur schwerlich Wurzeln fassen könnte - anders als in Asien. Der Bodhibaum ist der Baum der Erleuchtung. Der Buddhismus brachte ihn von Indien nach China, Vietnam, Japan und neuerdings auch in westliche Länder. Wenn wir ihn hier nicht draußen anpflanzen können, müssen wir ihn im Haus halten. Dies ist nun einmal so. Auch die Menschen brauchen hier im Winter die Wärme der Heizung. So benötigen alle Phänomene Wärme. Vielleicht macht die Pflege des Bodhibaumes im Zimmer sehr viel mehr Mühe als im Freien; doch ich hoffe, dass er schnell gedeiht und seine Äste mit grünen Blättern sich weit nach allen Seiten strecken.

4. Die zwischenmenschliche Beziehung

Die Tiere kalter Gebiete wissen, wie sie sich im Winter gegenseitig wärmen können. Sie versammeln sich und benutzen die Wärme des Atems als Heizung. Die Menschen verhalten sich natürlich ähnlich. Daher äußerte ich manchmal, dass „ - obwohl Deutschland sehr kalt ist - die zwischenmenschliche Beziehung hier sehr warm ist". Dies ist wahr. Wir müssen doch zugeben, dass die Deutschen uns Vietnamesen - Menschen mit anderer Sprache, Hautfarbe, Kultur - in ihre Arme nahmen und ihre beste Fürsorge zukommen ließen. Wir haben uns hier nicht zu beklagen. Ich sagte manchmal auch: „Wenn es unserer Heimat eines Tages besser geht und wir dorthin zurückkehren können, während sich in Deutschland die Situation zum Negativen hin ändert, so dass die Deutschen bei uns Zuflucht suchen, ist es nicht so sicher, dass wir sie so warmherzig wie empfangen werden, wie sie es jetzt mit uns tun! Vielleicht werden wir dann unser Herz vor dem Leid der Anderen verschließen und nur unseren Egoismus pflegen!" Die meisten Zuhörer lächelten nur über diese Aussage, denn sie wissen nicht von den Möglichkeiten einer ungewissen Zukunft. Auf Grund der Lehre des Buddha werde ich die Hilfe der Deutschen niemals vergessen. Der Buddha lehrte: „Wenn er in der Wüste unter einem Baum Schatten sucht, muss ein Buddhist dem Baum dankbar sein und ihn mit Wasser versorgen." Wenn sich ein Buddhist sogar gegenüber einer Pflanze so verhalten soll, dann ist es selbstverständlich, dass wir uns gegenüber den Menschen der freien Länder, die uns Asyl boten, erst recht dementsprechend dankbar verhalten müssen.

5. Die Kultur

Thanh Nghi definiert die Kultur (Vietnamesisch: Van Hoa) in seinem vietnamesischen Wörterbuch wie folgt: Van steht für Van Minh und bedeutet Fortschritt; Hoa steht für Giao Hoa und bedeutet Erziehung. Also ergibt der Begriff der Kultur den Sinn der Erziehung zum Fortschritt.

In Asien bestehen die buddhistische, die konfuzianische und die taoistische Kultur schon seit mehr als 25 Jahrhunderten.

In Europa haben hauptsächlich die Kulturen der Ägypter, der Römer und des Christentums Einfluss auf alles Mögliche genommen. Ich finde, dass die Menschen der westlichen Länder besonders stark von der christlichen Kultur beeinflusst wurden. Ob wir es zugeben oder abstreiten: Das Christentum trug sehr viel zur Entwicklung der westlichen Länder bei.

Heutzutage gibt es in vielen Ländern nur technischen Fortschritt ohne Kultur. Der technische Fortschritt ermöglicht ein bequemes Leben - ein Dasein, das dem Leben der wilden Zeiten entwachsen ist. Fortschritt betrifft die Theorie, die Gedanken, die Gewohnheit und die Kommunikation der menschlichen Gesellschaft. Ein Fortschritt ohne ethische Grundlage ist allerdings sehr gefährlich. In Europa - besonders in Deutschland - finden wir eine Mischkultur, welche die Prüfung der Zeit sehr gut bestanden hat. Ich hoffe, dass mit Hilfe der asiatischen Beiträge, unter denen die buddhistische Kultur eine wichtige Rolle spielt, in dieser Kultur eine neue Stärke entstehen wird, welche den Herausforderungen der Zukunft trotzen wird. Die buddhistische Kultur ist eine Kultur der Liebe, der Gewaltlosigkeit und der Gleichheit in allen Lebensbereichen.

Der Buddhismus kam eigentlich schon in der zweiten Hälfte des 19. Jahrhunderts (christlicher Zeitrechnung) nach Deutschland. Doch es war damals eine Periode des Kennenlernens und der Anpassung. Vielleicht wird es noch Jahrhunderte dauern, bis der Buddhismus wirklich das Leben der Deutschen beeinflussen kann. Wie erwähnt, kann ohne eine solche Basis der Buddhismus in Deutschland nicht einfach Fuß fassen. Der Buddhismus kam im ersten nachchristlichen Jahrhundert nach China, blühte dort aber erst im sechsten Jahrhundert richtig auf. In Vietnam war es ähnlich: der Buddhismus kam schon im ersten Jahrhundert dorthin, doch erst im neunten bis zehnten Jahrhundert - während der Zeit der Ly- und Tran-Dynastien - gewann er richtig an Popularität.

In Europa bilden die drei oben genannten Kulturen des Mittelmeerraumes eine Basis. Wenn der Buddhismus ebenfalls seinen Beitrag leisten kann, dann haben die Europäer wirklich Glück.

6. Die Religion

Wie schon erwähnt, wären Kultur und Fortschritt in Europa ohne das Christentum nur sehr ungenügend entwickelt.

Die heutigen Politiker sagen oft: „Die Religion soll sich aus der Politik heraus halten." Vielleicht hat die Religion sich in der Vergangenheit zu viel in die Politik eingemischt. Wollen die Politiker deshalb von ihr unabhängig sein? Doch wir sollten nicht vergessen, dass in Zeiten, als die Technik noch nicht den heutigen Stand erreicht hatte, die Religion eine wichtige Rolle im Leben der Menschen spielte. Wenn eine Religion aber nicht Schritt mit dem Fortschritt der Technik hält, dann soll sich diese Religion selbst prüfen, sonst wird sie durch die Kraft der Auslese vernichtet. Wenn wir trotz der fortschreitenden Technik die Weisheit der Religion noch erkennen, dann können wir aus ihr wirklichen Nutzen ziehen und noch mehr in unserer Entwicklung gestärkt werden.

Als die Vietnamesen nach Deutschland kamen, brachten sie den Buddhismus mit. Viele Europäer empfinden aus Unkenntnis noch immer Scheu vor dem Buddhismus. Dies ist nur natürlich, denn dieser Glaube ist hierzulande noch recht unbekannt. Zum Glück lehrten alle Religionsstifter ihren Anhängern die Liebe zu sich selbst und zu den Mitmenschen. Darum können wir trotz religiöser Unterschiede miteinander leben und das Land gemeinsam weiter entwickeln.

Seien Sie sicher, dass diese Religion keine Bürde, sondern ein große Hilfe für das Land bedeutet, denn sie kann den Menschen das Verständnis für das Gesetz von Ursache und Wirkung nahe bringen und sie vor karmisch negativen Taten bewahren! Diese Religion verwandelt schlechte Menschen in gute und bringt mehr Sicherheit in die Gesellschaft. Ist das nicht schätzenswert?

Der Buddhismus vertritt immer den Frieden und verneint Gewalt. Deshalb stellt er eine ertragreiche Existenz für diejenigen Menschen dar, die der höheren Ethik der Nächstenliebe folgen. Man sollte auch keine Angst davor haben, dass die Anwesenheit einer anderen Religion der eigenen Religion schaden oder die Anzahl der Gläubigen der letzteren mindern könnte. Wenn dies tatsächlich einmal der Fall sein sollte, dann sollte man der Sache wirklich auf den Grund gehen.

Ich betone noch einmal, dass der Buddhismus niemandem etwas aufzwingt. Er bereichert mit seinem Glaubensinhalt die Kultur und das Leben der Menschen des jeweiligen Landes, in welchem er existiert. Dies ist eine Charaktereigenschaft des Buddhismus.

Ich bedanke mich bei der Caritas und den anderen christlichen Organisationen in Deutschland für ihre Unterstützung in vielerlei Hinsicht trotz aller religiösen Unterschiede. Nur auf Grund dieser Zusammenarbeit können wir heute mit ihnen Hand in Hand gehen.

7. Die Politik

Die Japaner sagen oft: „Wer sich keine Gemeinheit zutraut, soll keine Politik betreiben." Wenn Politik tatsächlich nur aus Betrügereien und Grausamkeiten besteht, dann sollte ein gläubiger Mensch wirklich keine Politik betreiben, denn die Religion ist gegen solche Schlechtigkeiten. Im Chinesischen heißt das Wort Politik „Chinh Tri"; dies ist ein zusammen gesetzter Begriff, wobei „Chinh" die Methode, die Rechte und die nötige Arbeit sowie „Tri" das Bewahren der Ruhe bedeutet. Zusammen ergeben diese Worte den Sinn: „eine gerechte Sache aufrechthalten" - so soll Politik sein. Doch die Menschen heutzutage denken anders über die Politik und verbinden letztere mit Betrug und List im Kampf um das Recht auf Macht.

Wegen des ungerechten und auch grausamen Vorgehens der

Kommunisten, die die Freiheit in der Religionsausübung und im Leben der Menschen dort sowie die Gerechtigkeit missachteten, mussten wir das Land verlassen. Wenn die Kommunisten ihr antipolitisches Vorgehen beenden, dann wird das Land nicht mehr unter ihnen leiden wie bisher. Unser Schicksal ist mit einem Fußball zu vergleichen: Wenn wir in Ruhe gelassen werden, bleiben wir ruhig; wenn wir gestoßen werden, bewegen wir uns. Betrachten wir doch unsere Landsleute, die in anderen Ländern Südostasiens Asyl suchten, oder unsere eigene Situation hier in Deutschland! Wir sind dort wie hier Ausländer und werden es bleiben; und als Ausländer sind wir stets auf die Zuwendung der Bevölkerung anderer Länder angewiesen. Doch ungeachtet der Art der Behandlung durch die Bürger der Staaten, welche uns Asyl gewährten, bieten wir unseren kostbarsten Besitz, nämlich den Glaubensinhalt des Buddhismus, diesen Menschen an - als Dank an das jeweilige Land, welches uns Zuflucht und Freiheit bietet.

Wer seine Heimat noch nicht verloren hat, kann das Gefühl der Heimatlosigkeit nicht nachvollziehen. Wir können nicht zurück, obwohl unser Land noch immer existiert. Es ist so wie im Falle eines Menschen, der erst dann, wenn er Durst hat, den Wert des Wassers erkennt. Wer sich in Sicherheit befindet, kann die Angst und Furcht von Menschen in einem Boot - so klein wie eine Nuss-Schale - auf dem offenen Meer nicht nachempfinden. Deshalb ist jede Erfahrung eine wertvolle Erkenntnis im Leben.

8. Die Mitarbeiter

In jeder Organisation spielen die Mitarbeiter eine Schlüsselrolle.

Am 22. April 1977 war ich allein nach Deutschland gekommen. Ich musste mich hier mit vielem für mich Neuem und Fremden wie Sprache, Wetter, Kultur und Gewohnheiten in diesem Land ebenso befassen wie mit der Frage nach Essen und Wohnraum. Manchmal wollte ich nach Japan zurückkehren, um dort mein unterbrochenes Studium wieder aufzunehmen. Doch die Zeit ließ viele Überlegungen in der Vergangenheit verschwinden. Am Ende bin ich doch geblieben.

Als ich in Deutschland ankam, ging ich die Vereine der vietnamesischen Studenten in großen Städten wie Kiel, Hannover, München, Stuttgart, Berlin, Aachen, Köln und Dortmund besuchen, um ihre Situation zu ergründen. Nach meiner Rundreise war ich in mein Zimmer im Studentenwohnheim in der Projendorfstraße in Kiel zurückgekehrt, um meinen Sprachkurs zu beenden, damit ich ein neues Studium an der Universität beantragen konnte.

Die Fakultät für Pädagogik der Universität Hannover nahm mich dann auf. Dies war der Grund, warum ich nach Hannover und nirgendwohin sonst zog.

Als ich im Februar 1978 nach Hannover ging, geschah dies also wegen des Studiums. Ich dachte damals nicht daran, hier eine Gedenkstätte zu Ehren Buddhas oder einen Tempel zu errichten. Einige Studenten schlugen jedoch vor, dass wir einen Ort der Religion für die Buddhisten schaffen sollten. Sie gaben jeweils 10 oder 20 DM, um die Wohnung in der Kestnerstraße 37 als einen Ort der Andacht für die vietnamesischen Buddhisten zu mieten.

Eine etwa 30 cm große Buddha-Statue brachte ich aus der Pagode Khanh Anh in Paris mit, und ein kleiner, dreistufiger Altar als Symbol der drei Juwelen Buddha, Dharma, Sangha wurde vorbereitet, bevor Einladungsschreiben für die Einweihungszeremonie verschickt wurden. Letztere war für den 02. April 1978 vorgesehen. Das ist heute, am 02.04.1988, genau 10 Jahre her. Bei diesem Ereignis fungierte der Ehrwürdige Thich Minh Tam, Abt der Pagode Khanh Anh, aus Paris als Zeuge. Es nahmen an der Zeremonie - wie bereits an anderer Stelle erwähnt - insgesamt etwa 30 Buddhisten teil.

Der Andachtsraum war nur etwa 20 m² groß; ein Nebenzimmer wurde als Gästezimmer, Schlafstätte o.ä. genutzt. Diese Räume mit einer kleinen Küche und einem kleinen, niedlichen Bad kosteten monatlich 180 DM Miete. Im Sommer war es in der Wohnung kühler als im Garten, und im Winter kam die Heizung nicht gegen die Kälte an, denn das Haus war sehr alt. Jedoch hatten wir Glück, weil die Nachbarn sehr nett waren. Sie beschwerten sich nie, obwohl wir sie sicherlich bei unseren Andachten manchmal in ihrer Ruhe störten.

1978 war die Zahl unserer Helfer noch sehr begrenzt, doch innerhalb von 10 Jahren hat sie sich verhundertfacht. Ich kann daher nicht alle aufzählen und bitte alle Helfer um Verständnis, dass ich sie nicht namentlich erwähne.

Ob sich die buddhistischen Aktivitäten richtig entwickeln können oder nicht, hängt auch viel von den oben genannten Punkten ab. Ohne die Zusammenarbeit sowie die Innigkeit und Entschlossenheit aller Beteiligten hätte ich meine Arbeit bis heute nicht so weit voran bringen können.

Ein Motor, wie stark er auch sein mag, nutzt nichts, wenn der Wagen verrostet und veraltet ist. Deshalb kann ich sagen, dass der Erfolg des vietnamesischen Buddhismus in Deutschland ein Werk der Ordinierten und der Laienbuddhisten ist.

9. Die Finanzen

Wenn ein Wagen auch perfekt ist, kann er doch ohne Benzin nicht gefahren werden. Der Brennstoff ist sehr wichtig für den Transport. Wenn wir den Mahayana-Buddhismus als einen großen Wagen betrachten, der die Lebewesen zum Ufer der Glückseligkeit und Erlösung bringt, dann stellt die Pagode Vien Giac einen ähnlichen - wenn auch viel kleineren - Wagen dar.

Es wurde oft behauptet, dass „Geld die Blutbahn ist". Geld ist wie das Blut im Körper. Wenn es nicht zum Herzen fließt, dann naht der Tod. In der Pagode verhält es sich ähnlich: Wenn man sich nur der religiösen Praxis widmet, ohne auf die anderen Basisfaktoren beim Betrieb einer solchen Einrichtung zu achten, während man die Religion mit Leben zu erfüllen versucht, dann ist es so, als ob das Blut nicht mehr zum Herzen fließt.

Der Buddha lehrte oft seinen Schülern: „Geld ist eine giftige Schlange." Dies ist wahr. Wenn wir aber Geld richtig einsetzen, ist es ein gutes Mittel, um uns zum Erfolg im Leben zu verhelfen. Wenn allerdings Geld der Sinn unseres Lebens wird und wir es mehr als Menschlichkeit schätzen, dann hat es uns wirklich geschadet; in diesem Fall können wir sagen, dass es giftiger als eine Giftschlange ist.

Der Buddhismus finanziert sich auf der Basis von Spenden. Daher hängt die Existenz eines buddhistischen Tempels wie auch die einer buddhistischen Congregation von der Anziehungskraft auf Buddhisten ab. Wenn ein Tempel keine Nutzen bringende Aktivitäten aufweist, die das Bedürfnis der Buddhisten befriedigen, kann er nur schwerlich auf Spenden hoffen und dauerhaft bestehen bleiben, und zwar ungeachtet seines Standortes.

Vor zehn Jahren war die Gedenkstätte zu Ehren Buddhas Vien Giac nur eine kleine Wohnung ohne Tische oder Stühle. Gäste mussten auf dem Fußboden Platz nehmen, wo auch das Essen serviert wurde. Die Andachten wurden auf engem Raum gehalten. Nach 10 Jahren haben wir nun eine Institution - in der Eichelkampstraße 35A, 3000 Hannover 81 - die Platz für 300 buddhistische Teilnehmer bei Zeremonien bietet. Doch es wird auch hier ungewöhnlich eng, wenn das Vesak- oder das Ullambana-Fest gefeiert wird.

Zum Besitz des Tempels gehören eine Bibliothek mit mehr als 2000 Büchern aller Art, eine chinesische Tripitaka-Sammlung mit 100 Bänden, eine Druckmaschine, welche mit Unterstützung des deutschen Innenministerium gekauft werden konnte, Buddha-Statuen, Glocken und Trommeln sowie diverse weitere Bücher und Instrumente - allesamt Dinge von unschätzbarem ideellen Wert.

Die Zeitschrift Vien Giac wird alle zwei Monate herausgegeben. Vor 10 Jahren lag die Auflage bei 300 Exemplaren, heute bei 2700 Exemplaren pro Ausgabe. Die Zahl der Leser hat sich also verneunfacht. Dieser Erfolg ist der Unterstützung des deutschen Innenministeriums, der engen Zusammenarbeit der Redaktionsmitglieder der Zeitschrift Vien Giac sowie den vielen finanziellen Beiträgen von Buddhisten zu verdanken.

Das Materielle ist zwar wertvoll, doch nicht so sehr wie das Geistige. In den vergangenen 10 Jahren haben immer mehr Buddhisten viel von der Lehre des Buddha erfahren und verstanden, und zwar durch Bücher und Zeitschriften, die von der Pagode herausgegeben wurden, sowie durch die Teilnahme an Athangasila-Tagen oder Lehrveranstaltungen. Wenn das Vertrauen durch den Verstand gestärkt wird, kann es richtig stabilisiert werden.

Ein Verein der vietnamesisch-buddhistischen Flüchtlinge mit vielen Ortvereinen z. B. in Aachen, Berlin, Hamburg, Hannover, Münster, Freiburg, Stuttgart, München, Frankfurt, Wiesbaden und Fürth-Erlangen-Nürnberg wurde gegründet. Dies ist von unschätzbarem Wert.

Ein Kulturzentrum mit deutschlandweiter Bedeutung wurde organisiert, um unseren vietnamesischen Landsleuten bei ihren Fragen zum deutschen Asylrecht zu helfen. Dieses Zentrum ist auch verantwortlich für die Herausgabe buddhistischer Bücher und stellt außerdem eine Stätte für Begegnungen mit anderen vietnamesischen und deutschen Vereinen dar.

Die Jugendorganisation der Buddhistischen Familien wurde

gegründet. Jugendliche Buddhisten können nun mit ihrer Hilfe im Tempel ihre Muttersprache lernen und werden ferner in die Rituale und religiöse Praxis eingeführt. Diese Gruppenarbeit stellt die beste Methode zur Bewahrung und Entwicklung der vietnamesischen und buddhistischen Kultur im Ausland dar.

Wir Vietnamesen sind Flüchtlinge in diesem Land. Wir müssen uns in das Leben hier integrieren und die hiesige Kultur kennen lernen. Gleichzeitig dürfen wir aber unsere Muttersprache, Religion und Kultur auch nicht vergessen. Ein Volk ohne eigene Sprache und Kultur ist ein assimiliertes Volk; es hat die Bedeutung von Integration missverstanden.

Der geistige Wert muss immer über dem materiellen stehen. Ein Leben mit hohem materiellem und gleichzeitig niedrigem geistigem Standard besitzt keine Ethik und Menschenwürde. Andererseits kann eine Organisation mit hohem geistigem und niedrigem materiellem Wert sich auch nicht weiter entwickeln. Deshalb können wir sagen, dass Materielles und Geist sich wie Wasser und Milch oder wie Körper und Bewusstsein miteinander verbinden müssen. Wenn eine der beiden Komponenten fehlt, dann gibt es keine Weiterentwicklung.

10. Die Zukunft

Die Betrachtung der Gegenwart gibt Aufschluss über die Vergangenheit. Die Betrachtung der Gegenwart gibt Gewissheit über die Zukunft. Dies ist das Gesetz von Ursache und Wirkung.

Zehn Jahre vietnamesisch-buddhistischer Aktivitäten in Deutschland sind vergangen. Wir haben alles erreicht, was möglich war. In den nächsten zehn Jahren werden wir noch vieles andere mehr erreichen. Wir können sagen, dass die ersten zehn Jahre die Zeit des Kennenlernens und der Einführung waren. Die nächsten zehn Jahre werden die Zeit der Weiterentwicklung des Buddhismus in diesem Land sein.

In der nächsten Zeit soll eine Einrichtung gebaut werden, die genügend Platz für die Andacht vieler Buddhisten und für die Ausbildung von Ordinierten und Helfern bietet.

Viele Vietnamesen haben sich für die Ordination entschieden; sicherlich werden noch viele weitere hinzukommen. Viele Deutsche sind den Vietnamesen zugeneigt; sie wollen mehr über den Buddhismus erfahren. Viele Schüler und Studenten kamen bereits in den Tempel, um die Meditation und die Lehre des Buddha kennen zu lernen. Dies ist sehr erfreulich.

Wie ich schon sagte, geht der Buddhismus den Weg der Freiwilligkeit. Deshalb waren viele Menschen in Deutschland bereit, uns zu unterstützen und mit uns zusammen zu arbeiten, um unser Ideal einer buddhistischen Einrichtung zu verwirklichen, in welcher das Vertrauen in Buddha, in die Selbsterlösung aus der Kette des Samsara und in die unendliche Liebe eines gütigen Vaters zählt, welcher uns auf dem Weg des ganzen Lebens begleitet.

Den Weg, den wir wählten und gingen, werden wir nicht vorzeitig verlassen. Wir sollten uns noch mehr Mühe geben, um dem folgenden Satz gerecht zu werden:

„Ein Baum macht noch keinen Hügel, drei Bäume zusammen bilden einen hohen Berg."

Die Zukunft stimmt optimistisch. Daher sollten wir freudig weiter unseren Weg beschreiten. Hoffentlich werden wir auf dem Berggipfel die kostbarste Perle unseres Lebens entdecken.

Schluss

Mit Hilfe der von mir genannten zehn Punkte, die für den vietnamesischen Buddhismus in Deutschland von Bedeutung sind, sollte ein kleiner Überblick über die Gesamtheit der uns betreffenden Ereignisse der letzten zehn Jahre gegeben werden. Wenn Sie noch Fragen oder Anmerkungen haben, um die obigen Punkte zu ergänzen, dann weiß ich diese sehr zu schätzen.

Hoffentlich glauben alle an die Gegenwart und an die Zukunft. Wir werden uns bemühen, alle geplanten Werke auf dem Weg der Barmherzigkeit zu verwirklichen.

Als Letztes bete ich für den ewigen Frieden auf der Welt, um sie in ein reines Land zu verwandeln, um das Blutvergießen und Töten zu beenden und um die Menschen sich nahe wie Geschwister kommen zu lassen.

Möge Vietnam bald seinen Frieden bekommen, und zwar ohne Gewalt! Möge die Liebe den Hass besiegen, denn nur Barmherzigkeit kann wirklich Hass neutralisieren! Die Bekämpfung von Hass mit Hass erzeugt doppelten Hass.

Mögen alle Anwesenden „harten Fuß und weichen Stein" erfahren und sich dies gegenseitig wünschen wie die Juden etwa 2000 Jahre vor ihnen. Eines Tages werden wir in unser Heimatland zurückkehren können.

Ich bedanke mich bei allen Buddhisten von nah und fern für ihre Beiträge finanzieller wie körperlicher Art zum Aufbau der Pagode Vien Giac heute und in der Zukunft.

Namo Amitabha Buddha.

25. Jubiläum

Vor langer Zeit waren Herr Kim Trong und Fräulein Thuy Kieu miteinander bekannt. Doch sie waren später 15 Jahre lang voneinander getrennt. Als sie sich wieder sahen, war Thuy Kieu so befremdet, dass sie sagte:

„Damals war der Lotus des ersten Keimes erblüht; nichts blieb zurück nach fünfzehn Jahren."

In den fünfzehn Jahren seit dem 10-jährigen Jubiläum gab es so viele Enttäuschungen, so viele Abschiede, so viel Bitterkeit. Nun bin ich mit der Pagode Vien Giac, mit dem Vien-Giac-Magazin und mit den Vietnamesen und Deutschen im Rahmen einer warmen zwischenmenschlichen Beziehung bereits seit 25 Jahren verbunden. Ich weiß nicht, was ich hier sagen soll, um Ihren Erwartungen zu entsprechen. Kennzeichnend für diese Zeit waren das Glück, der Frieden und die mir von Allen auf verschiedene Weisen entgegen gebrachte Großherzigkeit sowie gute oder schlechte, erstaunliche oder natürliche Ereignisse. Ich zitiere an dieser Stelle eine Geschichte aus der Zeitschrift Nguon Dao, Ausgabe Nr. 56, herausgegeben anlässlich des Vesak-Festes 2546 bzw. 2002 in Washington DC.

„Es war einmal eine Familie, die hatte einen dickköpfigen Sohn. Er war sehr aufbrausend und begann oft Streit mit den anderen Familienmitgliedern und mit den Nachbarn. Niemand konnte ihn ändern. Der Vater, der ihn eines Besseren belehren wollte, rief ihn eines Tages in sein Zimmer und sagte:

Höre, mein Sohn! Bring' mir bitte die Tüte mit Nägeln, die ich dort in der Ecke aufbewahre, und schlage jeden Tag Nägel in den Holzzaun hinter dem Haus ein.

Wozu denn, Vater?

Wie Du weißt, ärgerst du dich häufig über andere Menschen - meistens grundlos. Jedes Mal, wenn du dich ärgerst, schlägst du nun einen Nagel in den Zaun.

Und dann?

Das wirst du noch erfahren.

Am ersten Tag schlug der Sohn 37 Nägel in den Zaun. Er schämte sich sehr darüber. Am nächsten Tag zügelte er sein Temperament und musste nur noch 30 Nägel in den Zaun einschlagen. Er machte zusehends Fortschritte und übte sich fleißig in Geduld. Am zehnten Tag musste er nur noch wenige Nägel einschlagen. Am fünfzehnten Tag prahlte er vor seinem Vater:

Vater! Von heute an brauche ich keinen Nagel mehr in den Zaun einzuschlagen.

Guter Sohn! Du hast wirklich Großes geleistet. Dennoch, mein Sohn; ich möchte dich gern noch um einen Gefallen bitten.

Was denn, Vater?

Für jeden Tag, an dem du dich nicht ärgerst, zieh' nun einen Nagel aus dem Zaun!

Das ist einfach!

Eines Tages ging der Sohn fröhlich zum Vater und verkündete:

Ich habe alle Nägel entfernt, Vater!

Sehr gut, mein braver Sohn!

Dann ging der Vater mit dem Sohn zum Zaun und zeigte auf den letzteren. Er sagte dann zu seinem Sohn:

Siehst Du? Obwohl du dir Mühe gabst, die eingeschlagenen Nägel heraus zu ziehen, weil dein Ärger nicht mehr vorhanden ist, bleiben immer noch die Löcher, die Narben. Diese können nicht beseitigt werden.

Was soll ich nun machen?

Du brauchst nun nichts zu machen! Doch nun siehst du, dass Ärgernis, Leid, Schuld und Hass auch nach ihrer Beseitigung immer noch eine Spur zurück lassen werden. Deshalb solltest Du von nun an nur noch gute Eigenschaften entwickeln und den Anderen Freude bringen. Hoffentlich werden so die Narben im Geist der Anderen verschwinden."

Die Geschichte endet hier mit dem Einverständnis des Sohnes und seinem Versprechen, die Lektion des Vaters zu beherzigen und zu praktizieren.

Dies war keine von Buddha erzählte Lehrgeschichte. Doch Buddha würde etwas Ähnliches als Gleichnis wählen. Dies ist ein wirkliches Bild aus dem Leben. Dieses Bild könnte unser Leben verbessern, wenn wir uns häufig seiner erinnern.

Nun, anlässlich der Herausgabe des Buches zum 25. Jubiläum der Pagode Vien Giac, schenke ich diese Geschichte als Dank allen Vietnamesen und Deutschen, denn ich bin mir bewusst, dass ich in den vergangenen 25 Jahren während der Arbeiten an der Zeitschrift Vien Giac, in den Unterrichtsstunden und in anderen Situationen wahrscheinlich viele Male verletzende Worte benutzt habe. Hierfür möchte ich mich hiermit entschuldigen, denn für einen Leiter waren dies Fehler. Von heute an möchte ich mein Bewusstsein öffnen und nach Möglichkeit nur noch schöne Erinnerungen im Geist aller Menschen zurück lassen. Ich möchte, dass die Menschen um mich herum glücklich und beruhigt sein können.

Im Eheleben wird die Silberhochzeit meist sehr groß gefeiert, denn sie markiert einen bedeutenden Zeitpunkt im Zusammenleben zweier Menschen mit ihren vielen Kontakten untereinander. Doch dahinter verbergen sich auch 25 Jahre der Duldsamkeit der beiden Ehepartner, um den Frieden in der Familie zu erhalten. In Vietnam symbolisieren die Eheringe die Geduld. Sie werden so lange getragen, bis der Tod die Ehepartner voneinander trennt.

In meinem Fall ist das anders, denn ich musste keine Ehefrau dulden. Ich erfüllte nur meine Pflicht, mich den vier Objekten meiner Dankbarkeit gegenüber korrekt zu verhalten:

Der erste ist der Dank gegenüber dem Land, das mich beherbergt und mir eine Ausbildung in Frieden anbot. Ich bin Vietnam als Land meiner Geburt und Jugendjahre sowie Deutschland als Land, das mir Freiheit und Nahrung bot, zu Dank verpflichtet.

Der zweite ist der Dank gegenüber den Eltern, die mich auf die Welt brachten und erzogen. Ohne sie würde ich heute nicht existieren.

Der dritte ist der Dank gegenüber den Lehrern, die mich lehrten und ausbildeten.

Der vierte ist der Dank gegenüber den Spendern, die mir meine Erfolge ermöglichten.

Gleichzeitig vergesse ich auch nicht die Menschen in Vietnam sowie z.B. in Indien und Afrika, die ärmer sind als ich, und auch nicht die Wesen in der Hölle, die hungernden Geister und die Tiere.

Der Aufbau dieses Tempels dient keinen anderen Zwecken außer den im folgenden, an die Ordinierten gerichteten Auftrag beschriebenen:

„Überall einen Tempel errichten, die verwirrten Geister vernichten, alle Arten von Hindernissen überwinden, die drei Juwelen bereichern.“

Eine der Pflichten und Aufgaben der buddhistischen Ordinierten überall auf dieser Welt zu allen Zeiten ist die Errichtung von Tempeln, um die Ordinierten auszubilden und die Laien in ihrer

Glaubenspraxis anzuleiten und dadurch die Blüte der reinen Weisheit jeden Tag stärker leuchten zu lassen. Der Tempel ist eine nötige Einrichtung zur Schaffung äußerer Bedingungen für den Kampf gegen unheilsame Einflüsse.

In Zukunft könnte sich die Pagode Vien Giac unter der Leitung des Ehrwürdigen Hanh Tan - mit meiner Unterstützung als Ratgeber - noch erfolgreicher weiter entwickeln als bisher. Doch wir müssen akzeptieren, dass nichts für immer unverändert bleibt. Sogar die Lehre des Buddha wandelte sich in den vier Phasen Entstehen, Verweilen, Verfallen und Verschwinden sowie in den drei Perioden der Wahrheit, Ähnlichkeit und Inhaltslosigkeit.

Unser Leben ist wie ein Hohlspiegel mit zwei Enden. Eine Pistolenkugel und eine Rakete verhalten sich ähnlich; sie werden bis zu einer bestimmten Höhe fliegen, waagerecht weiter fliegen oder zurückfallen. Sie werden nicht vernichtet, sondern nur umgewandelt - wie der Strom in der Glühbirne. Darum muss der Mensch das Gesetz der Vergänglichkeit und der Leere akzeptieren. Als Buddhisten werden wir dieses Gesetz gern annehmen.

In den vergangenen 25 Jahren habe ich mein Gefühl für die Menschheit, für die Heimat und für die Religion stets beibehalten. Ich hoffe nämlich, dass auf diese Weise eine innige Beziehung zwischen den Ordinierten und den Laien entsteht bzw. verstärkt wird. Ordinierte und Laien in Deutschland helfen einander, so dass der Buddhismus hier zu Gunsten der Vietnamesen und den Deutschen in ihrem täglichen Leben weiter entwickelt wird. Wenn dies gelingt, ist es eine unendliche Kostbarkeit.

Kapitel V

WAS MAN TUN MUSS, UM ZUM ERFOLG ZU KOMMEN

Es gibt bereits viele Bücher und Lehrer, die Ihnen Erfahrungen mitgeteilt bzw. vermittelt haben. Doch jedes Buch hat seine eigene Absicht und jeder Lehrer seine eigene Lehrmethode. Alles ist verschieden und nicht etwa identisch. Sie sollten dieses Buch daher nicht als eine Norm und die darin zu erkennende Vorgehensweise nicht als eine vorgeschriebene Arbeitsmethode betrachten und beides in Ihrem täglichen Leben anwenden, sondern vielmehr als eine Lehrerfahrung bzw. eine Auswahl unter vielen.

Wenn Sie es auf sich anwenden können, dann tun Sie es; wenn nicht, dann sollten Sie es zu den Akten legen und vergessen. Warum? Die Nahrung dient der Ernährung der Lebewesen, Menschen als auch Tieren. Doch nicht jeder mag die gleiche Nahrung; sondern es ist normal, dass die Auswahl der Nahrung unterschiedlich ausfällt. Man sollte nie eine Methode falsch anwenden und dann die Schuld auf andere schieben. Ich ging im Alter von sechs Jahren in die Schule. Nun bin ich schon 54 Jahre alt und lerne immer noch dazu. Und ich fühle, dass es immer noch nicht genug ist. Vom Kindergarten bis zum Ende der Grundschule im Jahr 1961 wies ich keine besonders guten schulischen Leistungen auf und lag weit hinter denen meiner Freunde zurück, denn ich hatte nicht viele Erfahrung und niemand gab mir Nachhilfe. Doch seit 1964, als ich ins Kloster eintrat, habe ich für mich einen klaren Weg definiert. Ich praktizierte die Lehre des Buddha und ging weiterhin zur Schule. Ich konnte sehr gute Leistungen erzielen und durfte 1972 im Ausland studieren. Bis heute (2002) verfolge ich diesen Weg.

Ich möchte Ihnen nun eine sehr einfache Erfolgsmethode verraten, die Sie anwenden können, wenn Sie wollen. Ich würde sagen, dass jeder erfolgreich sein kann, wenn er sich nur bemüht, sich selbst zu ändern. Über meine Kindheit und Jugendzeit werde ich in der nächsten Zeit eine Teilautobiographie verfassen, die Sie dann lesen können. Über meine Zeit im Ausland von 1972 bis heute habe ich bereits verschiedentlich in vielen Büchern berichtet. Deshalb werde ich an dieser Stelle auf eine detaillierte Beschreibung dieses Lebensabschnitts verzichten.

Im Folgenden einige Beispiele mit Methoden, welche zum Erfolg führen:

Jemand lädt Sie zu einer Tasse Tee ein. Er schenkt den Tee absichtlich so voll ein, bis er fast überläuft, und bittet Sie dann, ihn zu trinken. Was müssen Sie tun, damit der Tee nicht verschüttet wird und Sie dennoch zeigen können, dass Sie nicht unhöflich sind? Würden Sie sagen, dass Sie den Tee auf zwei Tassen verteilen? Sie werden auch so nicht verhindern können, dass der Tee ausläuft. Was machen Sie nun? Vielleicht den Tee gar nicht trinken? So geht es auch nicht. Wenn Sie höflich sind, werden Sie das Teestäbchen benutzen und damit leicht über den Tassenrand gehen. Der Tee wird dabei zwar überlaufen, aber das bedeutet nicht, dass Sie ihn verschüttet haben. Im Gegenteil ist dies sogar eine schöne Geste. Anschließend können Sie die Tasse heben und den Tee trinken. Der Gastgeber wird Ihnen bestimmt zulächeln und außerdem annehmen, dass Sie ein richtiger Teegenießer sind. Wenn Sie außerdem eine Frau sind, ist die geschilderte Geste umso schöner anzuschauen. Wenn Sie ein Mann sind, könnten Sie auch den Kopf senken, mit dem Mund an den Tassenrand gehen und etwas Tee schlürfen.

Anschließend könnte man die Tasse heben. Diese Geste erscheint allerdings etwas unhöflich. Obwohl Sie auf diese Weise den Tee nicht ausgeschüttet hätten, wäre diese Geste dennoch überhaupt nicht elegant.

Ein weiteres Beispiel: Sie werden von einem neuen Freund zu einer Hausparty eingeladen. Dort angekommen, werden Sie vom Gastgeber gebeten, auf einem sehr eleganten Stuhl Platz zu nehmen. Dies bedeutet, dass der Gastgeber - also der neue Freund - Sie sehr schätzt. Direkt nach der Begrüßung könnten Sie aus Höflichkeit ablehnen, sich auf den eleganten Stuhl zu setzen. Doch was tun Sie, wenn Sie erfahren, dass der Stuhl für Sie bestimmt ist? Es gibt nun mehrere Möglichkeiten: Wenn Sie höflich und rücksichtsvoll sind, brauchen Sie den Stuhl nur ein wenig von seinem bisherigen Platz weg zu rücken, wenn er leicht zu bewegen ist. Erst dann sollten Sie auf ihm Platz nehmen. In dem Augenblick, in dem Sie dies tun, sollten Sie zum Gastgeber schauen, und Sie werden auf seinem Gesicht einen Ausdruck der Freude bemerken. Was aber würden Sie tun, wenn der Stuhl schwer ist und Sie ihn nicht anheben können? In diesem Falle bitten Sie zuerst die anderen Gäste, ihrerseits Platz zu nehmen, und setzen sich selbst als letzter - auch wenn Sie als ein hoch geschätzter Gast eingeladen wurden. Mit dieser Vorgehensweise haben Sie bereits einen Erfolg erzielt. Natürlich werden Sie von Anderen im weiteren Verlauf der Feierlichkeit noch genau beobachtet, z.B. beim Essen und Trinken sowie in Gesprächen und bei anderen sozialen Kontakten. Doch schon die erste schöne Geste von Ihnen hinterlässt bei den anderen Anwesenden einen guten Eindruck von Ihnen. Darauf aufbauend können Sie dann weitere Erfolge erzielen.

Nun kommen wir zu einer ganz anderen Frage: Wie gehen Sie vor, um eine Tätigkeit erfolgreich zu bewältigen bzw. abzuschließen? Diese Tätigkeit kann z.B. weltlichen, religiösen oder familiären Charakter haben, sich auf den Tempel beziehen oder die Kindererziehung, die Belehrung von Schülern, eine zwischenmenschliche Beziehung oder die Glaubenspraxis betreffen. Jede Tätigkeit hat ihre zu bewältigende Schwierigkeit. Macht man sich vorher Gedanken, handelt man mit Verstand, plant man also gründlich im Voraus, so erkennt man diejenigen Tätigkeiten, die man nicht ausführen kann. Wenn man verwirrt ist oder gedanklich durcheinander kommt, ist das Problem umso schwieriger zu lösen. Für mich selbst habe ich ein eigenes Motto gewählt: Jedes Problem muss gelöst werden; man darf nicht vor ihm weg laufen. Doch wie nun geht man mit dem Problem um?

An dieser Stelle kann man die Menschen in vier Gruppen unterteilen, von welchen jede das gleiche Hindernis vor sich hat, das überwunden werden soll. Jede Gruppe hat so ihre eigene Methode, welche zum Erfolg führt.

a) Wenn Sie eine Person mit starkem Willen sind und über viel Kraft verfügen, werden Sie alles versuchen, ohne lange zu überlegen oder zu planen, und das Hindernis einfach überspringen. Und Sie werden so das Ziel - den Erfolg - erreichen.

b) Wenn Sie sich Ihrer Kraft nicht sicher, sondern vorsichtig sind, werden Sie überlegen: „Wenn ich nicht dieses Hindernis überspringen kann, wäre es doch viel besser, wenn ich einen Bogen nach rechts oder nach links um es herum mache, um vorwärts zu kommen. Dieser Umweg nimmt etwas mehr Zeit in Anspruch, doch letztendlich erreiche ich auch so das Ziel."

c) Wenn Sie alles für zu schwer halten, weil Sie nicht genug Kraft haben, und unmöglich das Hindernis weder durch einen Sprung noch mit Hilfe eines Umweges überwinden können, so bleiben Sie auf der Stelle und warten, bis der Baumstamm verweht und der Stein abgenutzt sein wird und Sie dann das Ziel vor Augen sehen werden. Diese Methode ist allerdings sehr zeitraubend.

d) Es kann auch sein, dass das Hindernis sehr groß und daher Ihrer Meinung zufolge unüberwindbar ist. Aus diesem Grund entschließen Sie sich, dem Hindernis den Rücken zu kehren. Sie haben die Absicht, zurück zu kehren, und verlieren so die eigene Souveränität, weil Sie sich angesichts von Problemen geschlagen geben.

Das sind die vier verschiedenen Gruppen von Personen, zu denen jeder angehört. Verwenden Sie die Ihnen geeignet erscheinende Methode, um zu erfahren, ob sie Ihnen zum Erfolg verhilft!

Wir wissen, dass das Leben wie eine verworrene Fadenrolle ist. Man sollte diese ja auch in Ruhe wieder in Ordnung bringen und sie nicht mit unüberlegten Handlungen noch verworrener machen. Denn sonst könnte es sein, dass das Leben schließlich gar keinen Sinn mehr macht. Aber das Leben kann sehr wohl sinnvoll sein. Es gibt z.B. viele Wissenschaftler, die in diesem Leben durch ihre Forschungen unser Wissen in verschiedenen Bereichen durch wertvolle Erkenntnisse ergänzt haben. Was ist aber mit uns? Was ist unser Beitrag? Sind wir denn so anders als die Wissenschaftler und Gelehrten? Oder fehlt es an Willen unsererseits, etwas Ähnliches wie sie zu schaffen? Wo ist unser Selbstvertrauen? Oder ist es etwa das Schicksal der Wissenschaftler, dass sie so anders - so produktiv - geworden sind?

Jemand, der sich mit Organisation auskennt, sieht die Sache nicht als schwierig an. Dagegen ist für denjenigen, der keine Ahnung hat, alles schwer und problematisch. Letzterer gibt sich mit seinem eingeschränkten Wissen und seinen wenigen Fähigkeiten zufrieden und strengt sich gar nicht erst an, etwas Neues zu lernen und zu erfahren. Der Erstgenannte dagegen, der seinen Lebensweg plant und Freude am Leben hat, betrachtet alles positiv, und das Leben ist für ihn sinnvoll.

Ich kann sagen, dass ich mein Leben bis heute zu 90 bis 95 Prozent gut gemeistert und dabei Erfolg gehabt habe - ob nun beim Studium und der Praxis der Lehre des Buddha, hinsichtlich meiner Arbeitsmethode und meines Umgangs mit den Mitmenschen oder bei der Unterweisung in und Belehrung über die Lehre des Buddha. Nur bei 5 bis 10 Prozent meiner Handlungen erlitt ich Niederlagen. Ein vietnamesisches Sprichwort besagt: „Die Tiefe des Meeres kann man messen, doch niemals die Gefühle des Menschen." In einem anderen heißt es: „Was du dir selbst nicht antun willst, tue auch dem anderen nicht an!" Wenn man dies wirklich im eigenen Leben anwenden kann, wird man bestimmt zum Erfolg kommen. Man soll in sich schauen und erkennen, was man will und was nicht. Will man als Vorgesetzter zeigen, dass man die Arbeit des Angestellten anerkennt, dann kann man dies z.B. auf folgende Weise tun:

Wenn Sie als Vorgesetzter einen Angestellten sehen, der gerade den Fußboden reinigt, könnten Sie ihn nach seinem Wohlbefinden oder seiner Arbeit fragen. Noch besser ist es, wenn Sie selbst die Ärmel hochkrempeln, den Besen nehmen und kurz den Boden fegen. Der Angestellte wird Ihnen verständnisvoll zulächeln und seine Arbeit zielstrebig und pflichtbewusst ausführen und womöglich dabei sogar die Zeit vergessen. Wenn Sie versuchen, sich in die Rolle des Angestellten zu versetzen, werden Sie verständnisvoller mit Ihren Mitarbeitern umgehen.

Wie können Sie Anerkennung zeigen, wenn Sie Ihrem Angestellten eine Arbeit zuteilen?

Sie müssen ihm vertrauen. Sie brauchen ihn nicht ständig zu kontrollieren. Sie selbst würden dies bestimmt auch nicht wollen. Stellen Sie sich vor, dass Sie selbst von einem Vorgesetzten eine Aufgabe bekommen haben, und dass er Sie ständig kontrolliert! Sie würden sich dabei bestimmt nicht wohl fühlen, und das Vertrauen wäre gestört. Deshalb sollten Sie als Vorgesetzter versuchen. ständige Kontrollen zu vermeiden.

Sie müssen Ihrem Angestellten die zu verrichtende Arbeit genau erklären und einen festen Zeitrahmen und ein festes Pensum bestimmen. Schreiten Sie erst dann ein, wenn das Pensum nicht in der vorgegebenen Zeit erledigt sein sollte! Sollte die Arbeit hingegen bereits vorher geschafft sein, dann könnten Sie als Vorgesetzter den Angestellten für seine besondere Leistung loben oder gar belohnen. Tritt allerdings das Gegenteil ein und entsteht dadurch großer Schaden für den Betrieb (oder auch für eine religiöse Institution), dann können Sie durchaus Ihre Unzufriedenheit zeigen. Nur in diesem Fall ist Ihre Kritik berechtigt. Wenn Sie aber ständig schlecht gelaunt, streng oder kritisch sind, dann werden Sie schnell als strenger Vorgesetzter abgestempelt, und niemand will in Ihre Nähe kommen.

Sie sind als Vorgesetzter manchmal verärgert? Warum sind Sie so? Um zu beweisen, dass Sie Autorität besitzen! Das Letztere trifft zwar zu, doch es muss den Untergebenen nicht auf diese Weise demonstriert werden. Vorgesetzten gegenüber ist ein solches Verhalten erst recht nicht anzuraten, denn es zeigt, dass man unhöflich ist und ein schlechtes Benehmen hat.

Ein verärgerter Vorgesetzter ist wütend, weil er bemerkt hat, dass seine Mitarbeiter ihre Arbeit nicht richtig erledigen, und er sie darauf aufmerksam machen will. Doch der Zorn hilft niemandem wirklich weiter. Die Untergebenen fühlen sich unwohl und leiden sehr unter der mit Macht gezeigten Autorität. Am besten ist es, wenn man als Vorgesetzter mit den Untergebenen ruhig spricht. Sie werden Ihnen als Vorgesetzten dann sicherlich zuhören; und Sie brauchen nicht verärgert zu sein und Ihre Autorität auf diese Weise zu beweisen. Immerhin bleiben Sie in Ihrer Eigenschaft als Vorgesetzter ohnehin die Autoritätsperson. Dass Sie der Leiter einer Firma sind, ist dem hartem Studium oder dem Geld zu verdanken, welches Sie investiert haben.

Wenn Sie Geld oder Arbeit an Ihre Untergebenen vergeben, sollten Sie auch hier alles locker nehmen. Sie brauchen sie nicht ständig zu kontrollieren, denn so etwas weckt Unbehagen. Ein Nachhaken vielleicht einmal in der Woche oder im Monat würde ausreichen, wenn Sie dabei nachschauen, ob alles in Ordnung ist. Sie dürfen nicht übertreiben und ständig kontrollieren, denn sonst entsteht kein Vertrauen zwischen Ihnen und Ihren Untergebenen. Wenn Sie jemandem von Anfang an nicht vertrauen, dann sollten Sie ihm auch kein Geld überlassen. Doch wenn Sie die Entscheidung getroffen haben, jemandem zu vertrauen, dann sollten Sie auch dabei bleiben. Nur wenn sich tatsächlich herausstellen sollte, dass derjenige, dem Sie vertraut haben, die ihm übertragene Arbeit nicht richtig ausführt oder das Geld unkorrekt verwaltet, können Sie einschreiten. Nehmen wir zur besseren Verdeutlichung ein anderes Beispiel: Wenn Sie jemandem Ihr Kind anvertrauen, dann müssen Sie schon vorher gut überlegt haben, ob die ausgesuchte Person die Tätigkeit als Babysitter wirklich übernehmen kann. Wie wäre es, wenn Sie plötzlich in das Zimmer kämen und Ihr Kind der Hand des Babysitters entreißen würden? Wären Sie dann nicht im Unrecht? Es kann aber auch vorkommen, dass Sie keine Erfahrung haben und daher Ihr Kind einem unfähigen Babysitter anvertrauen. In so einem Fall ist es immer noch nicht zu spät, die Fehlentscheidung rückgängig zu machen. Seien Sie beruhigt, denn das Kind wird auch selbst bemerken, ob ein Babysitter gut oder schlecht ist, und entsprechend reagieren, denn es hat ja auch seine Wahrnehmung! Wenn der Babysitter es nicht liebt, sondern schlecht behandelt, dann wird das Kind weinen und nach Ihnen verlangen.

Sie sollten Ihren Mitarbeitern vertrauen. Dies führt zum Erfolg des Betriebes bzw. einer religiösen Institution. Noch wichtiger ist es, wenn ihre Mitarbeiter Ihnen vertrauen, denn das macht den Erfolg eines Vorgesetzten aus.

Sie müssen, um erfolgreich zu sein, auch immer pünktlich sein. Sie sollten nicht zu früh, aber auch nicht zu spät zu einer Versammlung, einer Andacht, einer Meditationssitzung, einer Dharma-Unterweisung o.ä. erscheinen. Bei solchen Veranstaltungen sind Sie als Vorgesetzter eine wichtige Person. Wenn Sie die anderen Leute zu lange warten lassen, haben Sie somit deren Vertrauen in Ihre Verlässlichkeit verloren. Es könnte in diesem Fall passieren, dass die Anderen beim nächsten Mal ebenfalls spät kommen, und Sie könnten dann Ihre Sitzung nicht rechtzeitig beginnen und beenden. Wenn Sie etwas versprochen oder abgekündigt haben, z.B. eine Lohnerhöhung, Prämie oder aber Sanktion, müssen Sie sich an Ihre Ankündigung oder Ihr Versprechen halten; denn sonst gelten Sie in diesem Punkt als nicht glaubwürdig.

Ein Versprechen kann in Einzelfällen nicht eingehalten werden. Ein Beispiel: Sie planen und versprechen z.B. den Mitgliedern der buddhistischen Jugendgruppe, mit ihnen zelten zu gehen, doch es regnet plötzlich stark und der Regen soll auch in den darauf folgenden Tagen anhalten. Solch ein schlechtes Wetter ist ein triftiger Grund, um das versprochene Zelten abzusagen, ohne als jemand da zu stehen, der ein gegebenes Versprechen nicht einhält. Jedoch sollte man meiner Ansicht nach in diesem Fall trotz des Regens eine Möglichkeit suchen, doch zu zelten. Das hat zum Ergebnis, dass man auf Sie hört, wenn Sie in der Zukunft Vorschläge machen.

Kinder erinnern sich sehr lange an Versprechen von Erwachsenen. Mitarbeiter vertrauen ihren Vorgesetzten wie auch Schüler ihren Lehrern und Meistern. Deshalb sollte man ein gegebenes Versprechen nicht vergessen einzulösen. Es gibt allerdings einige Leute, die aus Spaß viel versprechen. Letztendlich wird aber von ihnen kein einziges eingehalten, und das Vertrauen in solche Menschen geht verloren.

Einer der Faktoren, die Sie zum Erfolg führen können, ist die Überzeugungskunst. Man muss andere Leute überzeugen können. Das ist gar nicht so einfach. Was müssen Sie dabei tun?

Ein Beispiel: Ein gut aussehender junger Mann möchte ein Mädchen kennen lernen. Wegen seines gutes Aussehens und seiner Sprachgewandtheit wird er eine gute Chance haben, das Mädchen zu überzeugen. Doch viel wichtiger noch ist das Vertrauen, denn wenn das Mädchen später herausfinden sollte, dass nichts Substantielles hinter dem Äußeren und den Äußerungen des Mannes steckt, würde es ihn verlassen. Der junge Mann wäre also gescheitert.

Sie müssen sich gut benehmen und nicht zu grob mit den Leuten - Männern und besonders Frauen - umgehen. Ob vor ihnen oder hinter ihrem Rücken - stets sollten Sie gutes Benehmen zeigen und sich nicht als hinterhältig abstempeln lassen, weil Sie in Abwesenheit schlecht über Ihre Mitarbeiter und Untergebenen geredet haben. Auch mit bestimmten Privilegien und Geld andere Leute zu bestechen oder jemandem mit Kündigung zu drohen, sind keine Methoden eines Vorgesetzten, welcher sich gut zu benehmen weiß. Derjenige, dem gekündigt wurde, kann z. B. nach einer anderen Arbeit suchen und muss ja nicht unbedingt in Ihrem Betrieb arbeiten.

Wenn Sie wollen, dass Andere Ihnen als Vorgesetztem gegenüber gehorsam sind, müssen Sie nachweisen, dass Sie viele

Fähigkeiten besitzen, dürfen jedoch nicht mit diesen angeben. Sie dürfen sich nicht bestechen lassen und müssen stets Geschick bei Entscheidungen zeigen. Auch wenn Sie kleine Fehler machen oder ihren Untergebenen keinen Gefallen tun, werden sie Ihnen trotzdem folgen und Ihnen die kleinen Fehler verzeihen, so dass das Verhältnis und das Betriebsklima nicht gestört werden und so die Arbeit fortgesetzt werden kann.

Wie ist es mit Respekt? Wenn Sie Respekt von anderen erwarten, dann müssen Sie beweisen, dass Sie Niveau haben. Reden und Handeln sollen immer zusammen passen. Man kann nicht heute das Eine sagen und morgen etwas Entgegengesetztes. Jemand, der zu Ihnen kommt, sagt: „Ich respektiere Sie sehr und bin deshalb gekommen." Respekt bedeutet in diesem Fall, dass der Andere Sie schätzt. Es kann sein, dass er Ihnen seinen Dank zeigen will oder aber dass er Ihnen untergeben ist und aus Respekt kommt.

Und Achtung bzw. Ehrerbietung? Das ist das wichtigste Kennzeichen des Verhaltens von Untergebenen einem Leiter gegenüber. Wer verdient Achtung oder Ehrerbietung von seinen Untergebenen oder Schülern? Selbstverständlich handelt es sich bei dieser Person um keinen einfachen und normalen Menschen. Sie muss außergewöhnlich tugendhaft sein, um Ehrerbietung von Anderen erwarten zu können. Es kann nur eine religiöse Persönlichkeit sein, die von vielen Menschen auf diese Weise geehrt werden. Vorgesetzte in Betrieben können in der Regel „nur" geachtet werden.

Ich sage oft zu meinen Ordensschülern in der Vien-Giac-Pagode: „Wenn ihr alle drei wichtigen Charakterzüge - Studium, Praxis und Tugend - besitzt, ist das das Beste. Ansonsten sollte man mindestens einen oder zwei dieser Charakterzüge aufweisen. Wenn man überhaupt keinen von den dreien hat, kann man die Menschen nicht leiten. Die Menschen werden euch nicht folgen, sondern verführen euch sogar. Kann man da noch von Erfolg sprechen?"

In einer Unterrichtssitzung in der Vien-Giac-Pagode führte ich den Mönchen und Nonnen ein Beispiel an und fragte nach der Meinung der Teilnehmer. Im besagten Beispiel ging es um eine Pagode, in welcher der Sangha in vier Gruppen aufgegliedert war. Jede Gruppe bestand aus etwa zehn Ordensleuten und wollte die Gunst des Abtes für sich gewinnen. Die Frage war, was der Abt in einem solchen Fall tun sollte? Für welche Gruppe sollte er sich entscheiden?

Einer meiner Schüler antwortete: „An der Stelle des Abtes würde ich keiner bestimmten Gruppe den Vorzug geben, sondern über alle stehen und sie leiten."

„Sehr gut!" sagte ich. „Doch es ist nicht leicht, über allen Gruppen zu stehen und sie alle zu vereinen. Dazu muss ein Mönch alle drei von mir genannten Charakterzüge besitzen. Wenn man sie nicht alle drei aufweist, kann man nicht einmal eine der Gruppen leiten. Wie soll man es dann erst bei allen vieren schaffen? Wenn man alle Gruppen gleichzeitig und gemeinsam leiten kann, dann erübrigt sich doch eine Aufteilung in einzelne Gruppe. In diesem Fall muss man so tun, als ob man nichts von Gruppenbildungen gewusst hätte, und alle Gruppen gleich behandeln. Man bevorzugt keine von ihnen." Wenn Sie das schaffen, dann haben Sie schon einen kleinen Erfolg erzielt. Denn Sie sind nicht der Gegner einer einzelnen Gruppe. Sie können Erfahrungen sammeln. Auf dieser Erde gibt es Menschen, die so tun, als ob Sie nicht viel wüssten und ahnungslos wären. Doch Sie tun nur so, um in Ruhe leben und gelassen zu werden. Sie sind der Ansicht, dass Sie - wenn Sie die Menschen nicht leiten können - in Ruhe abwarten sollten, um gleichzeitig mehr zu lernen und Erfahrungen zu sammeln. Das ist wahrscheinlich die Taktik vieler Politiker. Ordensleute dagegen sollten sich verstärkt anstrengen, die Lehre des Buddha noch intensiver studieren und praktizieren sowie die Gebote einhalten, um eines Tages ebenfalls Menschen leiten zu können.

Einen Leiter kann man mit jemandem vergleichen, der ein weißes Hemd trägt. Macht er einen Fehler - und mag dieser auch noch so klein sein -, wird der Fehler wie ein schwarzer Fleck auf dem weißen Hemd wirken. Dieser Fleck wird von allen Leuten gesehen. Die allgemeine Bevölkerung bzw. die Mehrheit der Laien ist dagegen mit einem braunen Stofflaken vergleichbar. Kommt ein Fleck darauf, ist er nicht so deutlich erkennbar, als wenn er auf eine weiße Fläche gelangt wäre. Aus diesem Grund müssen Sie erst lernen, sich als ein guter Mensch zu erweisen. Dann werden Sie auch Erfolge erzielen, wann immer Sie mit anderen Menschen in Kontakt treten.

Als das Grundstück der jetzigen Vien-Giac-Pagode erworben wurde, wurden einige Baufirmen um Kostenvoranschläge gebeten. Nach der Einsichtnahme in den Bauplan veranschlagten alle Firmen sehr hohe Baukosten, und zwar stets nicht unter zwei Millionen Deutsche Mark. Und das waren nur die Kosten für den Rohbau. Alle Baufirmen ließen mich wissen, dass zwei Drittel der Baukosten auf ihr Konto überwiesen werden sollten, bevor sie mit dem Bau beginnen könnten. Daraufhin habe ich die von uns ausgewählte Baufirma Mehmel wie folgt zu einer Abmachung überreden können: „Wenn Sie warten, bis zwei Drittel der Baukosten vorab auf Ihr Konto überwiesen werden, dann werden Sie lange warten müssen, denn dies wird nicht geschehen. Wir sind eine religiöse Institution, die sich aus Spenden finanziert. Die Gläubigen werden nur dann großzügig für den Bau spenden, wenn sie sehen, dass die Bauarbeiten bereits angelaufen sind. Bislang aber sehen sie nur eine leerer Grundstück. Wie können wir denn so die Menschen zu Spenden aufrufen?" Herr Mehmel zeigte sich daraufhin einsichtig und unterzeichnete den Vertrag - und tatsächlich: Als der Bau begonnen wurde, spendeten auch die Buddhisten. Als die Bauarbeiten zu zwei Dritteln abgeschlossen waren, wurde das Geld knapp. Und nochmals musste ich Herrn Mehmel überreden. Ich sagte zu ihm: „Führen Sie die Bauarbeiten zu Ende, denn das hat zwei Vorteile: Der gute Ruf Ihrer Firma wird gewahrt, und unser Projekt wird vollendet - und wir werden Ihnen die restlichen Baukosten per Raten nachträglich zahlen." Und auch dies traf ein, denn die Baufirma Mehmel beendete den Neubau der Vien-Giac-Pagode. Die Zahlung der Restschuld in kleinen Raten erfolgt seit 1994 bis heute ununterbrochen, und es dauert nur noch wenige Jahre, bis sie beglichen ist.

Von der Bank lieh ich 700.000 Deutsche Mark. Als der Bankvertreter damals auf das Baugelände kam, sagte er: „Wenn Sie das Geld für den Bau einer protestantischen oder katholischen Kirche benötigen würden, könnten wir problemlos einen Vertrag mit Ihnen schließen. Doch ein Vertragsabschluss für den Bau einer buddhistischen Gebetsstätte ist nicht einfach." „Warum?", fragte ich. Der Bankvertreter antwortete: „Wenn die protestantische Kirche ihre Schulden nicht zurückzahlen kann, verkauft sie die neu gebaute Kirche an die katholische Kirche. Im Falle eines buddhistischen Tempels ist so eine Lösung sehr schwer. Wer soll ihn denn kaufen?" Als ich die Antwort des Bankvertreters hörte, schmerzte sie mich sehr, und ich erwiderte: „In Wirklichkeit möchte ich gar nicht, dass man unsere Gebetsstätte verkauft. Doch habe ich eine Frage: Welche Kriterien muss ein normaler Bürger erfüllen, der Geld von Ihrer Bank leihen will?" „Er muss eine feste Arbeit und ein regelmäßiges Einkommen nachweisen.", antwortete der Bankvertreter. „Das stimmt.", sagte ich. „Wir haben zwar kein regelmäßiges Einkommen, sondern finanzieren uns nur aus

Spenden. Doch wie Sie sehen, haben wir es geschafft, aus dem Nichts ein zwei Millionen DM teures Bauprojekt errichten zu lassen. Ich frage Sie: Was ist, wenn der private Leiher plötzlich arbeitslos wird?" Auf dieser Frage antwortete er nicht. Eine Woche später kam er wieder und sagte: „Sie haben recht. Ich werde den Vertrag unterschreiben und Ihnen 700.000 DM leihen." Seit Juli 1992 hat die Pagode insgesamt 700.000 DM Zinsen an die Bank gezahlt. Ab diesem Jahr sollen fünf Jahre lang die Basisschulden beglichen werden. Das bedeutet, dass die Pagode zwar ein regelmäßiges Einkommen hat, aber nur mit Hilfe der kontinuierlichen Spenden der Buddhisten die Schulden tilgen kann. Es ist insofern sehr wichtig, dass man ein gegebenes Versprechen einhält und Vertrauen aufbaut. Als Leiter einer Organisation oder einer religiösen Institution darf es an Vertrauen und Überredungskunst nicht fehlen, um zum Erfolg zu kommen. Und dabei habe ich noch gar nicht erwähnt, wie viel Arbeit für den Leiter in der Erledigung der bürokratischen Briefwechsel steckt, die so ein großes Projekt mit sich bringt.

Wenn Sie über keine ausreichenden Sprachkenntnisse verfügen, müssen Sie leider auf den Besuch Ihrer Schüler warten, damit eingetroffene bürokratische Briefe von ihnen bearbeitet werden können. Ich habe bereits angedeutet, dass die Arbeit dadurch in Verzug kommt; denn es kann passieren, dass der Schüler in der betreffenden Woche keine Zeit hat und erst in der darauf folgenden Woche zu Ihnen kommen kann. Somit sind Sie komplett von jemandem anders abhängig. Um dies zu verhindern, führt kein Weg am Selbsterlernen der Sprache vorbei.

In meinem Alter lerne ich noch Chinesisch, denn ich möchte meinen Schülern ein Vorbild sein, damit auch sie diese Sprache lernen. Zugleich bin ich dann von Übersetzern unabhängig und kann bei einem Besuch in China in dieser Sprache selbst Kontakt aufnehmen und kommunizieren. In China ist es von großem

Nachteil, wenn man nicht die Landessprache spricht, denn insbesondere auf dem Lande kann man sich nicht auf Deutsch, Englisch oder Japanisch verständlich machen. Aus diesem Grund muss ich Chinesisch lernen.

Genau so unabhängig sollte ein Mönch oder eine Nonne von Geld und Liebe sein. Man sollte versuchen, sich selbst von allen Abhängigkeiten zu befreien, denn nur so kann man erfolgreich in dieser Gesellschaft und in diesem Leben werden.

In den meisten Fällen müssen Sie eigenständig sein und viele Arbeiten erledigen können - von Küchen - bis zu Büroarbeiten, Tätigkeiten in der Gebetshalle wie in der Bibliothek, im Klassenzimmer, am Rednerpult, bei Hochzeiten sowie bei Beerdigungen usw. Sind Sie überall einsetzbar, dann liegt der Erfolg allein in Ihren Händen. Niemand sonst kann Ihnen wirklich helfen. Sie müssen selbst mit der Schreibmaschine umgehen können, um nicht von der Sekretärin oder dem Sekretär abhängig zu sein. Sie müssen auch kochen können, um nicht vom Koch abhängig zu sein. Genauso müssen Sie mit den Arbeiten im Büro und in der Bibliothek vertraut sein. Sie müssen in der Lage sein, eine Hochzeits- oder eine Beerdigungszeremonie ebenso wie den Empfang eines hohen Regierungsbeamten zu leiten. Auch sollten Sie selbst singen und Gedichte aufsagen oder sogar einen ganzen Kulturabend leiten können. Ich kann gar nicht alles aufzählen, was einem als Leiter einer religiösen Institution wie der Pagode Vien Giac zum Erfolg verhilft. Es ist nun Ihre Entscheidung, meine Erfahrungen und Erkenntnisse abgewandelt auf sich selbst anzuwenden.

In diesem Kapitel habe ich einige Faktoren genannt, die zum Erfolg führen - die ich in den letzten Jahrzehnten in meinem eigenen Leben angewendet habe. Ich möchte an dieser Stelle nochmals darauf hinweisen, dass alles relativ ist. Wenn Sie die Lehre der

Leerheit, des Prajna oder der Ich-Losigkeit praktizieren, sollten Sie alles, was ich eben angeführt habe, als gegenstandslos und als für Sie nutzlos betrachten sowie wissen, dass Sie keine weiteren Gedanken darauf verwenden brauchen. Warum? Weil alle relativen Dinge und Sachverhalte keine Bedeutung für die Buddhas und Bodhisattvas haben!

Ich hoffe, dass meine Beiträge als ein kleiner Teil meines Dankes an Deutschland für die Gewährung von Freiheit und Unterstützung verstanden werden, welche es mir ermöglichten, hier meine Pflicht als buddhistische Ordensperson zu erfüllen. Wir Vietnamesen in Deutschland wollen zeigen, dass wir keine für die Gesellschaft nutzlosen Menschen sind, die nur von der Sozialhilfe leben und ein schlechtes Bild in der deutschen Bevölkerung hinterlassen, das besagt, wir würden Deutschland nur belasten. Ich hoffe, dass jeder von uns seinen Beitrag leistet, um eine harmonische und schöne Gesellschaft zu gestalten und aufzubauen, in welcher wir leben und welcher wir zu danken haben.

Kapitel VI

DIE FAKTOREN, DIE MICH ZUM ERFOLG GEFÜHRT HABEN

Es mag sein, dass der Erfolg des einen Menschen nicht gleichbedeutend mit dem eines anderen ist; gleichzeitig gibt es keinen Maßstab und keine Formel für alle Menschen, um Erfolg zu haben. Wenn sich etwas als gut erweist, sollte man es weiter verfolgen; wenn es sich aber als das Gegenteil erweist, sollte man es meiden. Nehmen wir als Beispiel den Tee: Wird der Tee mit Brunnenwasser in Vietnam gekocht, schmeckt er anders, als wenn man ihn mit Brunnenwasser in Japan zubereitet. Gerade heute habe ich mir einen Tee zubereitet, der aus Japan nach Deutschland kam und mit deutschem Wasser gekocht worden ist. Wenn Sie mich nach dem Geschmack fragen würden, so könnte ich bestimmt keine genaue Antwort geben. Den Anlass zur Niederschrift dieses Kapitels lieferten mein Dank an Deutschland, das mich für bereits viele Jahre aufgenommen hat und in dem ich womöglich eines Tages auch sterben werde, und mein Wunsch, den Nachkommen etwas zu hinterlassen, so dass sie eines Tages möglicherweise dieses Buch in einem alten Bücherstapel wieder finden und etwas daraus entnehmen, um es in ihrem Alltagleben anzuwenden. Ich werde bei meinen folgenden Ausführungen bestimmt keinen Hochmut zeigen und auch nicht mein Ego zur Schau stellen.

Seit dem Zeitpunkt, an dem ich in die Hauslosigkeit ging, sind inzwischen fast 40 Jahre vergangen. Ich habe während dieser Jahrzehnte viele Erfahrungen gesammelt und schwere Zeiten durchlebt. Doch ich habe Letztere überwunden und Erfolge mit

Hilfe der eigenen Kraft erzielt, welche ich in mir durch die Praxis der Lehre des Buddha, eine harte Ausbildung und viel Ausdauer entwickelt habe. Dazu im Folgenden einige Beispiele:

Ritualmusik: Im Buddhismus gibt es die Ritualmusik. Sie ist eine Technik für sich mit Stimmübungen und klangvollen Melodien. Sie dient in erster Linie der Lobpreisung und ist den Buddhas und Bodhisattvas gewidmet.

Nicht jeder besitzt die Fähigkeit zur Ritualmusik. Wenn man eine zu hohe, zu tiefe oder zu monotone Stimme hat, kann man keine Ritualmusik spielen oder gar andere Mitwirkende leiten. Man muss eine klare Stimme haben. In den buddhistischen Tempeln hört man oft folgenden Satz, der die Schwierigkeit des Erlernens der Ritualmusik verdeutlicht: „Die Sutratexte kann man innerhalb von drei Monaten meistern; doch um die Ritualmusik zu beherrschen, braucht man drei Jahre." Einen der schwersten Sutratexte weist das Suramgama-Sutra auf. Doch innerhalb von drei Monaten kann ein junger Novize ihn durchaus auswendig lernen. Er wird ihn mit Leichtigkeit gemeinsam mit den anderen Mönchen rezitieren und dabei den Gong und die Holzglocke betätigen können. Genau so wird er beim Erlernen der anderen Sutratexte wie z. B. des Amitabha-Sutras, des Bußsutras und des Opfergabensutras für die hungrigen Geister anlässlich der Morgen-, Nachmittags- und Abendgebete vorgehen. Nicht so einfach ist es dagegen mit der Ritualmusik. Nicht jeder hat eine so gute Stimme, um sie zu beherrschen.

In einem Tempel gibt es verschiedene vietnamesische Bezeichnungen für einen Ordinierten: Thay tu, Thay chua und Thay cung.

Als Thay tu werden diejenigen Mönche bezeichnet, die intensiv die Lehre des Buddha praktizieren und nicht auf das Geschehen in der Welt achten. Ein solcher Mönch besitzt ein sehr umfangreiches weltliches als auch spirituelles Wissen. Er hat sich möglicherweise bereits viele Jahre zurückgezogen und lange im Tempel gelebt und ist ein sehr namhafter Dharma-Lehrer für die Congregation.

Thay chua ist ein allgemeiner Begriff, um diejenigen Leute zu bezeichnen, die in die Hauslosigkeit gegangen sind. Hauslosigkeit bedeutet, dass man seine Familie verlässt und in einem Tempel lebt. In China nennt man eine Person, die ihr Zuhause verlässt, Hoa Thuong. Dies ist eine Bezeichnung für alle Ordinierten und hat nicht die gleiche Bedeutung wie eine hohe Ordensbezeichnung (dt.: Hochehrwürdiger) im Sprachgebrauch des vietnamesischen Buddhismus.

Ein Thay cung ist jemand, der nicht unbedingt direkt im Tempel lebt. Er könnte früher ein Mönch gewesen sein, der inzwischen die Robe zurückgegeben hat, weil er eine Familie gegründet hat; womöglich besitzt er eine gute Stimme und hat während seiner Mönchszeit die Ritualmusik erlernt. Die Ritualmusik übt er in diesem Fall im Tempel aus, um seine Familie - d.h. Frau und Kind - zu ernähren. Er tut dies rein beruflich. Doch auch Mönche, die eine gute Stimme besitzen und die Ritualmusik beherrschen, tragen die oben genannte vietnamesische Bezeichnung. In den Vinaya-Regeln der Sramanera werden solche Personen als Ung pho dao trang bezeichnet.

Es gibt viele verschiedene buddhistische Zeremonien, z.B. Heilandachten, Totenandachten, intensive Zeremonien zur Rettung der herumirrenden Geister, Reuezeremonien und Zeremonien zur Befreiung von Lebewesen. Es gibt Zeremonien, die sieben Tage und Nächte lang dauern. Während dieser Zeit übernehmen der Zeremonienmeister und einige weitere Teilnehmer die Rezitation von Gebeten und Mantras sowie die Darbringung von Opfergaben. Jede Zeremonie erfordert die Teilnahme mehrerer Ordensleute. Jede Ordensperson hat dabei ihre eigene Aufgabe und außerdem bestimmte Ritualinstrumente zu bedienen. Verschiedene

Ritualinstrumente wie z.B. der Holzfisch, der Gong, die Glocken, die Trommeln und das Holzbrett werden eingesetzt. Alle Instrumente sollen im Einklang miteinander bedient werden und mit der Stimme des Leiters der Zeremonie harmonieren.

Nach meinem Eintritt ins Mönchsleben wurde ich zwei Jahre lang - von 1964 bis 1966 - in der Partriarchenpagode in Hoi An ausgebildet. Dort wurde ich allerdings nicht in die buddhistischen Totenzeremonien eingeführt, weil die Pagode nicht darauf spezialisiert war. Erst als ich von 1966 bis 1968 in die Vien-Giac-Pagode (ebenfalls) in Hoi An und später in die Hung-Long-Pagode in Saigon ging, lernte ich die verschiedenen Zeremonien kennen. Ich wurde in die Ritualmusik der Quang-Nam-Provinz eingeführt. Seitdem beherrsche ich den Gebrauch der verschiedenen Ritualinstrumente recht gut. Natürlich war es von Anfang an nicht mein Ziel, zu einem Thay cung zu werden und mich nur für den bezahlten Dienst z.B. bei Totenzeremonien ausbilden zu lassen. Doch ich bin der Meinung, dass man trotzdem die Benutzung der verschiedenen Ritualinstrumente lernen sollte, so dass man den Buddhas und Bodhisattvas bei jeder Andacht, so wie es in den Lotussutras oder in den Sramanera-Regeln gelehrt wird, mit Ritualmusik opfern kann. Es ist sogar eine große Ehre, die Ritualinstrumente bei solchen Anlässen bedienen zu dürfen.

Buddhisten finden die Ritualmusik, wenn sie diese bei ihren Besuchen in den Pagoden hören, feierlich und schön, denn die Töne und Melodien haben einen meditativen Charakter, und man fühlt sich ruhig und gelassen - eben im Einklang mit den verschiedenen eingesetzten Ritualinstrumenten. Aus diesem Grund laden viele Laienbuddhisten, wenn Feierlichkeiten oder Andachten in ihren buddhistischen Ortsvereinen oder im privaten Rahmen bei ihnen zu Hause stattfinden, Mönche aus der Vien-Giac-Pagode ein. Viele Jahre lang bin ich immer persönlich zu solchen Heil- und

Totenandachten gegangen und habe die Zeremonien auch selbst geleitet. Doch seitdem ich viele Ordensschüler aufgenommen habe, gebe ich einen Teil dieser Dienste an sie weiter, sodass sie mich vor Ort vertreten. Ich leite nur noch Zeremonien für Buddhisten, die mir persönlich bekannt sind, welche seit langem in Deutschland leben und das Kloster von Anfang an unterstützt haben. Bei denjenigen Laien, die ich erst seit fünf oder zehn Jahren kenne, lasse ich mich durch meine Schüler vertreten, denn ein Mönch allein kann den vielen an die Pagode heran getragenen Einladungen nicht nachkommen.

Nicht alle vietnamesischen Buddhisten sind tatsächlich gläubige Anhänger. Meiner Ansicht nach kann man die Gesamtzahl der in Deutschland lebenden Vietnamesen von etwa 100.000 nach Religionszugehörigkeit in folgende Gruppen einteilen: 15.000 Menschen sind Christen (Katholiken und Protestanten), 5.000 konfessionslos und 80.000 Buddhisten. Letztere kann man wiederum in drei Untergruppen einteilen:

Zur ersten Untergruppe gehören streng gläubige Buddhisten, die Zuflucht zu den drei Juwelen genommen haben, sich an zwei bis zehn Tagen im Monat vegetarisch ernähren, zwischen guten und schlechten Taten unterscheiden können, Opfergaben an die Drei Juwelen zu würdigen wissen und für den Druck der Sutratexte spenden. Sie machen 20 % der vietnamesischen Buddhisten in Deutschland aus.

Die zweite Untergruppe macht 40 % aus. Ihre Angehörigen können gute von schlechten Taten unterscheiden; doch sie besuchen unregelmäßig und selten die Pagoden und Tempel und spenden außerdem nur gelegentlich.

Auch die dritte Untergruppe macht wie die zweite 40 % aus. Personen dieser Untergruppe gehen fast nie in die Pagoden und

Tempel, bezeichnen sich aber selbst als Buddhisten. In Wirklichkeit verehren sie nur die Ahnen und keine Buddhas und Bodhisattvas. Sie gehen ein bis zwei Male im Jahr in die Pagoden und Tempel und ernähren sich vielleicht dementsprechend selten - an nur einem bis zwei Tagen im Jahr - vegetarisch. Doch wenn ihre Eltern oder andere Verwandte sterben, rufen sie die Pagoden und Tempel an und bitten die Ordensleute um eine Totenandacht. In diesen Fällen ist es sehr wichtig, dass die Ordenleute an den Zeremonien teilnehmen, denn sie sollen sowohl Sterbenden als auch Lebenden die Lehre des Buddha aufzeigen. Anlässlich des Todes eines Familienangehörigen haben die lebenden Verwandten mit Hilfe des Besuches einer Ordensperson die Möglichkeit, etwas über die Lehre des Buddha - über Vergänglichkeit, Leid, Leerheit, Ich-Losigkeit, Ansammlung von Verdiensten sowie Freigiebigkeit - zu erfahren. Sie werden so die Lehre des Buddha tief in ihr Innerstes aufnehmen, sich von nun an zu gläubigen Buddhisten entwickeln und somit den Buddhismus in seinem Gedeihen unterstützen. Im Buddhismus gibt es keine Missionsstellen, die die Menschen zur Konvertierung bewegen sollen; doch bei den genannten Anlässen ergibt sich eine gute Gelegenheit, die Menschen über den Buddhismus zu informieren.

Bei einem meiner Besuche in den USA traf ich den Hochehrwürdigen Thich Duc Niem, Leiter des Internationalen Dharma-Institutes in Los Angeles. Er hat, wenn ich mich nicht täusche, einen Doktortitel in Taiwan im Jahre 1980 erworben. Der Hochehrwürdige sagte zu mir:

„Sehen Sie, Thay Nhu Dien; früher, als ich als Novize im Tempel aufgenommen wurde, gab mein Meister mir einen Gong und eine Holzglocke. Nun habe ich einen Doktortitel, und immer noch beschäftige ich mich mit diesen beiden Ritualinstrumenten."

„Das ist aber doch die Aufgabe eines Ordinierten, verehrter Hochehrwürdiger.", antwortete ich.

Die Ritualmusik gehört wirklich zum Karma und zu den Pflichten eines Ordinierten - gleichgültig, was für einen akademischen Abschluss er hat und welche gesellschaftliche Position er einnimmt. Der Gong und die Holzglocke begleiten ihn bis an sein Lebensende. Insofern stimmt das über die Ritualinstrumente Gesagte tatsächlich.

Dankbarkeit ist für die Asiaten - die Vietnamesen eingeschlossen - eine wichtige Tugend. Wenn jemandem Hilfe zuteil wird, dann wird der Unterstützte sein ganzes Leben lang stets an diese Hilfe denken und in der Regel erinnert der Helfer auch nicht an seine Leistung. Doch viele Familien sind zum Buddhismus gekommen und praktizieren ihn, weil bei ihnen ein wichtiges Ereignis wie z. B. eine Hochzeit oder eine Totenzeremonie statt gefunden hat, zu welchem ich eingeladen wurde. Das sind kleine Erfolge, die ich erzielen konnte, obwohl ich kein speziell ausgebildeter Zeremonienleiter bin. Aus diesem Grund möchte ich den jüngeren Ordinierten einen guten Rat geben: Es ist gut, wenn Sie in vielen anderen Bereichen über Fähigkeiten verfügen; doch vergessen Sie nicht die Bedeutung solcher privaten kleinen Zeremonien und Andachten, die ich gerade erwähnt habe.

Die zweite wichtige Fähigkeit, die ich erwähnen will, ist die Unterweisung in die Lehre des Buddha. Es ist nicht selbstverständlich, dass alle Lehramtsabsolventen gute Lehrer oder alle Mönche nach der Ausbildung gute Dharma-Lehrer werden. Das Dharma ist vielseitig; es gibt wortloses Dharma ebenso wie wortreiches Dharma. Wenn eine Ordensperson sich nicht mit dem Studium der Lehre des Buddha beschäftigt, gerät sie eines Tages in schwierige Situationen. Was macht sie, wenn ein Laie zu ihr kommt und eine Frage stellt, auf die er keine Antwort bekommt? Ist es denn nicht die Aufgabe eines Ordinierten, sich mit dem Studium und der Praxis der Lehre des Buddha zu beschäftigen, anstatt alles über weltliche Dinge zu wissen? Das Letztere wäre für ihn doch wirklich unvernünftig. Dass ein Laie, der gerade erst beginnt, sich für den Buddhismus zu interessieren, und eine leichte Frage stellt, vom Ordinierten keine Antwort bekommt, ist doch nicht in Ordnung. Ist es dennoch die Aufgabe und Pflicht eines Ordinierten, den spirituellen Bedarf der Menschen zu decken? Selbstverständlich, denn es herrscht ein großer Mangel.

Es gibt etliche Ordensleute, die akademisch gut ausgebildet sind und viele Erfolge sowohl im weltlichen als auch im religiösen Bereich erzielen, die jedoch, wenn sie Menschen in die Lehre des Buddha einzuweisen versuchen, von nur wenigen Zuhörern verstanden werden. Sie verwenden oft eine anspruchsvolle und philosophische - und daher unverständliche - Ausdrucksweise. Der Erfolg des einen Vortrag Haltenden hängt nicht von vielem geistvollen Gesprochenen ab, sondern allein davon, ob der Redner den Inhalt den Zuhörern verständlich machen kann.

Bei der Unterweisung in die Lehre des Buddha sollte man als Lehrender schon darauf achten, was die zuhörenden Buddhisten lernen wollen. Wenn während der Unterweisung viele Zuhörer plötzlich den Raum verlassen oder es lauter wird, bedeutet dies, dass die Unterweisung nicht interessant ist und die Leute gereizt sind. Auch wenn man vom Rednerpult aus in die Zuhörermenge schaut und feststellt, dass viele Leute dabei sind einzuschlafen, dann sollte man das Thema kurzfristig wechseln und mit einer lustigen Geschichte das Zuhörerpublikum wieder aufmuntern. Generell sollte man die Unterweisung zwischendurch mit Geschichten auflockern, denn sonst wird der Vortrag zu monoton und uninteressant. Außerdem besteht sonst die Gefahr, dass in Zukunft die Zuhörer schon, wenn sie den Namen des ihrer Meinung nach langweiligen Redners erfahren, sich dafür entscheiden, nicht mehr zu seiner Unterweisung zu kommen. Das ist sozusagen dann eine Niederlage.

Es gibt viele Mönche, die sehr gute Unterweisungen in die Lehre des Buddha geben. Sie wissen das Publikum aufzumuntern; doch wenn der Sinn ihrer Aussage am Schluss inhaltlich nicht vermittelt worden ist, dann sind auch sie gescheitert, denn in diesem Fall hat ihr Vortrag den Zuhörern keinen Nutzen gebracht.

Auch gibt es Dharma-Lehrer, die mit ihren Vorträgen die Zuhörer emotional berühren und sogar zum Weinen bringen. So etwas ist meines Erachtens ein Erfolg: denn die Zuhörer zum Lachen zu bringen, ist leicht, aber sie so zu bewegen, dass sie weinen, ist sehr schwer. Ihre Ergriffenheit beweist, dass sie den Inhalt des Vortrages verinnerlicht und verstanden haben.

Ferner gibt es Dharma-Lehrer, die eine sehr gute Einführung geben, doch dann langsam vom Thema abschweifen. Nach einer ganzen Stunde kommen sie immer noch nicht zur Schlussbemerkung und zur eindeutigen Schilderung einer Methode für die Praxis, welche die Zuhörer in ihrem Alltagsleben anwenden können. Dies ist keine geringe Niederlage. Ein Dharma-Lehrer kann ein Thema ruhig ausführlich behandeln; wichtig ist aber, dass er immer wieder auf die Kernaussage zurückkommt.

Die Zuhörerschaft bei solchen Vortragsveranstaltungen ist sehr vielschichtig, denn es sind unterschiedliche Bildungsstände vorhanden. Es ist sehr schwer zu erreichen, dass die Menschen aller sozialer Schichten sowie unterschiedlicher Altersgruppen einen Nutzen aus der Unterweisung ziehen können. Ein religiöser Vortrag ist nicht mit einer Vorlesung an der Universität oder einem Referat in der Schule zu vergleichen. Während der Redner eines normalen Vortrages den Studenten oder Schülern nur Informationen vermitteln muss, hat ein Mönch eine große Verpflichtung, denn schließlich soll er die Menschen spirituell anleiten und unterweisen. Wichtig ist, dass die Zuhörer die Lehre des Buddha verstehen und sie praktizieren können.

Im Verlaufe der Jahre habe ich verschiedene Themen - einfache und komplexe - in den Unterweisungen angesprochen, die grundlegende Lehre ebenso wie komplizierte Wissensgebiete. Der Umfang solcher Unterweisungen reicht von einer 90-minütigen Kassette bis zu demjenigen mehrerer solcher Kassetten; so z.B. das Sutra der Hundert Beispiele, das Lotussutra, das Maha-Karuna-Sutra, das Mahayana-Glaubensverfestigungssutra und das Sutra der Vollkommenen Erleuchtung. Die Sammlung von mir aufgenommener Unterweisungen umfasst 40 verschiedene Themen auf insgesamt über 140 Kassetten. Ich bin zwar kein Redner mit einer besonderen Redegewandtheit; doch in meinen Lehrreden können die Menschen etwas erfahren, was sie in ihrem Leben anwenden können. Deshalb gibt es viele Menschen, die gern meinen Unterweisungen zuhören.

Eines Tages ging ich in ein vietnamesisches Geschäft auf der Bolsa-Avenue in Westminster, Kalifornien, betrachtete gerade die Waren, die in den Vitrinen ausgestellt waren und hörte plötzlich meine eigene Stimme im Hintergrund. Dann wurde mir plötzlich klar, dass die Stimme von einer Kassette kam. Ich erfuhr dann, dass viele vietnamesische Buddhisten dort meine Lehrreden kennen und sie die Kassetten an ihre Freunde weiter verschenken. Die Besitzerin des Geschäftes sagte: „Ich habe seit langem Ihre Kassetten gehört; doch erst heute lerne ich Sie persönlich kennen. Das ist wirklich eine Ehre für mich."

Informationen und Nachrichten werden heute mit Hilfe der modernen Technologie sehr umfassend und schnell übertragen, z.B. per CD, Radio oder Internet. So werden auch die Lehrreden über die verschiedenen Medien in jedes Haus, an jeden Ort und in jede Umgebung gebracht. Das ist wirklich toll. Wenn man zu Hause keine Zeit haben sollte, dann kann man die Lehrreden im Auto auf dem Weg zur Arbeit hören. Man verbringt die Zeit auf diese Weise auch im Stau sinnvoll, wenn man Unterweisungen in die Lehre des Buddha durch verschiedene Dharma-Lehrer hört, und wird gleichzeitig sogar im Auto spirituell bereichert.

Es ist sehr schwer, die Prajnaptimatra-Lehre oder die buddhistische Psychologie den Zuhörern zu vermitteln. Doch wenn man geschickt ist, kann man es schaffen. Die Zuhörer erwarten sicherlich vom Dharma-Lehrer einen guten Rat, eine aufschlussreiche Belehrung oder eine klare Erläuterung. Wenn der Dharma-Lehrer dies bieten kann, dann ist er erfolgreich. Ich bin kein berühmter Dharma-Lehrer wie einige andere Persönlichkeiten; doch es gibt viele Menschen, die gerne meine Belehrungen hören. Dies beweist, dass meine Methode der Belehrung bei den Zuhörern Anklang findet. Somit habe ich auch einen Teilerfolg in meinem Leben als Dharma-Lehrer errungen.

Beim Erfolg als Verantwortung tragende Ordensperson geht es auch um die Kontaktaufnahme bzw. -pflege. Ein Mönch oder eine Nonne ist kein Regierungsbeamter bzw. keine -beamtin. Trotzdem benötigt man gute Beziehungen zu Privatpersonen ebenso wie zu Organisationen, wenn man die eigene Institution zum Erfolg bringen will. Fehlen derartige Kontakte und dauerhafte Beziehungen zu Anderen, ist dies wirklich als ein großer Mangel zu werten.

In allen Ländern muss man für Kontakte zu Einheimischen und zu anderen Personen die jeweilige Landessprache oder wenigstens Englisch beherrschen. In Deutschland muss man in der Lage sein, Deutsch zu verstehen, zu sprechen und zu lesen. Lebt man in Frankreich, so ist Französisch maßgeblich. Nehmen wir zum Beispiel an, dass eine andere Pagode der unsrigen einen Brief auf Chinesisch oder Japanisch schickt! Wenn der Abt die entsprechende Sprache beherrscht, ist dies von großem Vorteil, denn in diesem Fall kann er den Brief umgehend beantworten. Wenn er dagegen den Inhalt nicht versteht, ist er auf die Hilfe Anderer angewiesen und muss auf Unterstützung warten. Im letztgenannten Fall geht vielleicht viel Zeit verloren, bis jemand kommt und den Inhalt des Briefes übersetzt. Wartet der Absender zu lange auf eine Antwort, könnte es sein, dass er auf die Antwort gänzlich verzichtet und in Zukunft nicht mehr versucht, mit uns Kontakt aufzunehmen.

Fremdsprachen sind für die Aufnahme internationaler Kontakte sehr wichtig. Man sollte dabei die jeweils benötigte Sprache prägnant einsetzen und sich kurz und klar ausdrücken. Kommen wir nun zurück zur Dharma-Belehrung. Weiß der Redner sich kurz und prägnant auszudrücken, so dass die Zuhörer den Inhalt verstehen und die Absicht erkennen, ist die Belehrung ein Erfolg.

Ich habe das Glück, viele Sprachen zu sprechen. Obwohl ich sie nicht perfekt beherrsche, kann ich dennoch meine Gedanken in verschiedenen Sprachen z.B. auf internationalen Kongressen des Weltsangha oder bei anderen Versammlungen in Asien oder Europa ausdrücken. Ich benutze in der Regel Vietnamesisch, Chinesisch oder Japanisch. Wenn die Kongresse in Europa stattfinden, kann ich allerdings auch Englisch, Deutsch oder Französisch verwenden. In Amerika und Australien wird Englisch gesprochen. Dieser Umstand ist für mich sehr vorteilhaft. Natürlich hat jeder Bereich seine eigenen Schwerpunkte. Wichtig ist nur, dass man sich im eigenen Bereich sehr gut auskennt. So sind die Außenkontakte von Erfolg gekrönt. Dies alles entspricht der weltlich orientierten Gesellschaft. Wie verhält es sich aber in einer Pagode oder einem Tempel?

Jeder Mensch hat eine bestimmte Absicht, wenn er die Pagode besucht. Die Absichten der Besucher sind so unterschiedlich, dass sie einander nicht gleichen. Manche Leute gehen in die Pagode, weil es sich bei ihr um einen großen, beeindruckenden Sakralbau handelt. Andere wiederum kommen aus spirituellen Gründen, treffen sich hier mit ihren Freunden, suchen nach einem ruhigen Ort zur inneren Einkehr, wollen die vegetarische Kost kennen lernen, welche es hier gibt, usw. Kurz gesagt: Es gibt Hunderte von Gründen; doch sie alle führen die Menschen zur Pagode. Was muss die Pagode tun? Wie deckt sie diesen vielfältigen Bedarf ihrer Besucher? Ich vergleiche die Pagode oft mit einem Restaurant. Geht man in einem Restaurant essen, tut man dies nicht etwa, weil man Hunger hat oder nicht kochen kann, sondern weil das Essen und Trinken eine Kunst für sich ist oder weil man die Atmosphäre im Restaurant, die dortige Organisationsstruktur oder den dortigen Umgang der Leitung mit dem Personal schätzt. Wenn ein Restaurant nicht all diese Kriterien erfüllt, werden nur sehr wenige Gäste dorthin kommen. Auch die Preise und die Bedienung spielen eine nicht geringe Rolle. Dies sind alles Kriterien, die ein Restaurantbetrieb zu erfüllen hat, um erfolgreich zu sein.

Muss ein Intellektueller, der eine Pagode besucht, sich fragen, weshalb er dorthin geht? Was kann er dort lernen? Auch ein Normalbürger muss seine Bedürfnisse kennen. Aus diesem Grund müssen der Abt der Pagode und seine Ordensschüler etwas wie z. B. die intensive Praxis der Lehre des Buddha und die guten Tugenden vorweisen bzw. bieten können. Nur wenn dies der Fall ist, kommen tatsächlich zahlreiche Buddhisten aus allen möglichen Regionen in die Pagode, auch wenn viele von ihnen dafür weite Wege zurücklegen müssen. Wenn sich Buddhisten immer mehr von der Pagode entfernen, ist dies ein Zeichen dafür, dass im betreffenden Ordenshaus nicht richtig praktiziert wird. Die Buddhisten haben schließlich die Möglichkeit, in die Pagode ihrer Wahl zu gehen. Es steht außerdem jedem von ihnen frei, ob er überhaupt in die Pagode geht oder nicht. Der Erfolg einer Pagode oder eines Tempels stellt sich ein, wenn der Abt sich um das Wohl der Buddhisten kümmert, indem er sie z. B. nach ihren Sorgen fragt und sie privat besucht. Das sind Tätigkeiten, welche die Kontaktpflege erfolgreich werden lassen. Tri khach ist eine Bezeichnung für einen Mönch, der sich speziell um die Pagodenbesucher kümmert. Er muss den Kontakt zu ihnen aufnehmen und pflegen und dabei auch ihre Bedürfnisse ermitteln. Wenn das Vertrauen zwischen den Besuchern und dem Mönch erst einmal aufgebaut ist, dann wird der Letztere leichter einen Zugang zu den Gefühlen der Gäste oder der Buddhisten generell bekommen. Das führt zum Erfolg eines für den Empfang der Besucher zuständigen Mönchs.

Es gibt viele Pagoden, die einen sehr trostlosen und leblosen Eindruck vermitteln. Sie sehen teilweise verlassen aus. In ihnen wird weder gebetet noch die Lehre des Buddha praktiziert; diese Pagoden können auch keine Buddhisten anziehen. In vielen Pagoden und Tempeln gibt es jeweils nur einen alten Mönch bzw. eine alte Nonne oder aber Hausdame, der bzw. die für das jeweilige Ordenshaus aufkommt. Es gibt dort keine nennenswerten Aktivitäten oder Programme zur Glaubenspraxis für die Buddhisten, mit deren Hilfe man sich intensiv mit der Lehre des Buddha intensiv beschäftigen könnte. Die betreffenden Pagoden und Tempel werden eines Tages von den Laienbuddhisten vergessen. Viele Pagoden werden durch Spenden finanziert und von den Buddhisten in Eigenarbeit errichtet. Wenn ein Mönch oder eine Nonne seine bzw. ihre Aufgaben gewissenhaft verrichtet, wird er oder sie Unterstützung seitens der Laienbuddhisten bekommen. Erfüllen die Ordensleute die ihnen gestellten Aufgaben nicht, werden ihre Ordenshäuser auch nicht lange existieren. Man braucht dann die Pagoden und Tempel nicht durch willkürliche Zerstörung still zu legen, sondern sie werden allein durch Nichtinanspruchnahme still gelegt. Die Verbreitung und Bewahrung der buddhistischen Tradition und der Lehre des Buddha ist von großer Wichtigkeit sowohl für die Ordinierten als auch die Laien. Deshalb sollte man nicht zu leichtsinnig mit der Existenznot einzelner Pagoden und Tempel umgehen, auch wenn dieses Thema sehr klein und unbedeutend erscheint.

Eine weitere Grundlage des Erfolges eines Leiters einer buddhistischen Institution bildet die Bereitstellung von Informationsquellen wie z.B. Büchern und Zeitungen bzw. Zeitschriften. Es gibt heute viele Menschen, die sehr beschäftigt sind und daher keine Zeit für einen Besuch in der Pagode haben. Sie müssen zu Hause bleiben oder arbeiten in Fabriken und haben wenig Freizeit, um auch noch die Lehre des Buddha zu studieren. Deshalb sind viele Laienbuddhisten sehr froh und dankbar, wenn man sie mit Büchern und Zeitschriften zu ihrer Information versorgt.

In den Jahren 1978, 1979 und 1980 gab ich erstmals die Zeitschrift Vien Giac heraus. Die Anfangsauflage betrug 500 Exemplare in Form von zusammen gehefteten Kopien, die in viele Länder verschickt wurden. In den ersten Jahren war meine Erfahrung bei der Herausgabe der Zeitschrift noch gering, was sich auf den Inhalt der Zeitschrift auswirkte, der oft sehr trocken geschrieben war. Als jedoch das Format der Zeitschrift auf DIN A4 geändert wurde und außerdem finanzielle Unterstützung vom Innenministerium der Bundesrepublik Deutschland für den Druck bereitgestellt wurde, stieg die Zahl der Leser von Tag zu Tag. Von den genannten 500 Exemplaren zu Anfang kletterte die Auflage zunächst auf 1.000, dann auf 2.000, 3.000, 4.000 und schließlich - zum 25-jährigen Jubiläum - auf fast 6.000 Exemplare, welche in mehr als 38 Länder verschickt werden. Die Zeitschrift wird bis heute kostenlos verschickt und finanziert sich auch aus Spenden. Eine derartige Veröffentlichung bzw. Herausgabe können nur religiöse Institutionen verwirklichen, denn andere Organisationen können sich so etwas nicht leisten. Die religiösen Einrichtungen sind gemeinnützig. Viele Mitarbeiter sind außerdem ehrenamtliche Helfer und bekommen daher auch keinen Lohn. Die Kosten für Papier und Druck sind allerdings sehr hoch. Geht man von der Annahme aus, dass jeweils drei Personen nacheinander jedes

Exemplar der Zeitschrift lesen, so kommt man auf eine geschätzte Gesamtleserzahl von etwa 20.000. Der Inhalt der Zeitschrift setzt sich aus vielen Rubriken zusammen. Außer dem einleitenden Brief des Herausgebers gibt es Artikel über den Buddhismus, einen deutschen Teil, Seiten für Teenager, Erzählungen, Artikel freier Mitarbeiter, Bücherrezensionen, medizinische Informationen, Kochrezepte, Nachrichten aus aller Welt sowie speziell über buddhistische Aktivitäten, ein Literatur- und Kunstforum, politische Berichte, Vermisstenanzeigen, Nachrichten über Trauerfälle und schließlich eine aktuelle Liste von Spendern. Alle diese Rubriken decken den Bedarf an Informationen seitens der vietnamesischen Buddhisten und Nichtbuddhisten ab. Wenn die Leser die Zeitschrift nicht mögen würden, so würden sie sie auch nicht lesen. Wenn sie sie allerdings nicht unterstützen, wie soll die Zeitschrift dann überleben? Ihre Produzenten leben vom Zuspruch der Leser und von ihrem Vertrauen; und die Leute haben die Zeitschrift bis heute unterstützt. Ein solches Vertrauen zu schaffen, ist nicht leicht. In nur wenigen Monaten werden bereits 25 Jahre seit der Gründung der Zeitschrift Vien Giac vergangen sein. Die Zeitschrift hat sehr viel Vertrauen seitens der sie unterstützenden Behörde und der Leser erhalten. Wir möchten uns dieses Vertrauens auch zukünftig würdig erweisen und unsere Kraft der Praxis und Verbreitung der Lehre des Buddha zum Nutzen unseres Vaterlandes und der Religion widmen. Seit 25 Jahren bin ich Herausgeber der Zeitschrift und seit mehr als zwei Jahrzehnten sind die Herren Thi Chon und Phu Van ihre Chefredakteure. Die Zeitschrift Vien Giac war und ist ein wichtiges Sprachrohr für die Exil-Vietnamesen in allen Kontinenten, das sowohl qualitativ als auch quantitativ wertvolle Eigenschaften aufweist.

Alle Bücher, die ich schrieb, wurden ebenfalls zu einem Erfolg. Diese Veröffentlichungen umfassten sowohl Bücher über die Lehre des Buddha als auch Memoiren, Berichte über Pilgerfahrten, Erörterungen über die Erziehung, Übersetzungen buddhistischer Texte aus dem Chinesischen sowie Kommentare u. a. zu diesen Texten, wissenschaftliche Arbeiten und Kurzromane. Zu jedem der genannten Themenbereiche schrieb ich einige Bücher. Seit 1974 sind insgesamt 34 meiner Werke herausgegeben worden - also in jedem Jahr mindestens ein Buch -, von denen einige in verschiedene Sprachen übersetzt worden sind.

Ich habe meine Bücher meist auf Vietnamesisch verfasst. Für ihre Übersetzung in die deutsche Sprache waren bislang Herr Tuan, Frau Cuc, Thi Chon, Hanh Tan und Hanh Gioi zuständig. Die Herausgabe der Bücher wurde vom Innenministerium finanziell unterstützt. Sie gelten allgemein als glaubwürdige Informationsquellen. Aus einigen von ihnen haben z. B. Dr. Martin Baumann und Dr. Kabita Rump in ihren Lehrbüchern für Studenten zitiert. Diese Lehrbücher dienen wissenschaftlichen Studien an den Universitäten im Fachbereich Religionswissenschaft. Herr Dr. Baumann hat z. B. zwei Bücher - „Deutsche Buddhisten" (1995) und „Migration, Religion, Integration: Vietnamesen und Hinduistische Tamilen in Deutschland" (2000) - herausgegeben, welche beide beim Diagonal-Verlag erschienen sind und Zitate aus meinen Büchern enthalten. Dr. Baumanns wertvolle wissenschaftliche Studien sind vielen Lehrenden und Studenten bekannt. Frau Dr. Kabita Rump ist indischer Herkunft und hat einen Deutschen geheiratet. Sie ist Hinduistin, interessiert sich aber sehr für den Buddhismus. Sie lehrt an der Universität Hannover im Fachbereich Religionswissenschaft. Auch sie hat ein Buch mit dem Thema „Weltreligion Buddhismus" geschrieben, das demnächst beim Klett-Verlag erscheinen wird. In diesem Werk hat sie oft aus meinen Büchern zitiert.

Meine dreibändige wissenschaftliche Studie über die Untersuchung der Doktrin des buddhistischen Sangha, die von

Hanh Tan ins Deutsche übertragen wurde, setzte man in einem Dharma-Institut in Innsbruck, Österreich, als Basisliteratur für die Studenten des Fachbereichs Buddhismus ein.

Meine Kurzromane wie z. B. „Tinh Doi Nghia Dao" und „Vu An mot Nguoi Tu" (dt: Gerichtsprozess eines Mönches) wurden bereits im Internet veröffentlicht und so nunmehr zu Romanen für die allgemeine Leserschaft.

Bücher haben die Funktion, Nachrichten in Form von Schrift an die Leser zu vermitteln und dabei erlösende, freie Gedanken zu verbreiten, wobei jeder Mensch natürlich eine andere Empfindung beim Lesen hat. Wenn man ein Buch liest und seinen Inhalt versteht, dann versteht man auch den Autor. Je einfacher die Sätze und je tiefgründiger der Inhalt ist, desto leichter können die Leser eine Empfindung verspüren, nachvollziehen und akzeptieren. Ein guter Autor wird nicht berühmt, wenn er nur ein oder zwei gute Bücher schreibt. Autoren benötigen oft Jahre, bis sie genügend Erfahrung gesammelt haben, um ihre Gedanken zu Papier zu bringen. Bis heute habe ich - wie erwähnt - 34 Bücher herausgegeben; und in Zukunft werde ich noch mehr von ihnen schreiben. Unter den 34 bisher von mir verfassten Werken sind einige, mit denen ich sehr zufrieden bin; doch es gibt auch einige unter ihnen, von denen ich das nicht (mehr) behaupten kann. Wahrscheinlich symbolisieren diese 34 Bücher meine 34 Ordensschüler, die ich im Laufe der Jahre aufgenommen habe.

Ein vietnamesisches Sprichwort sagt: „Im Buch verbirgt sich die Jade." Viele Leute kaufen wertvolle Jade als Schmuck. Wäre es denn nicht besser, wenn man seinen Geist mit den spirituellen Gedanken schmückt, welche in den Büchern stehen? Es gibt Menschen, die sich nicht scheuen, teures Essen zu kaufen und im Kühlschrank zu deponieren, aber keinen einzigen Cent für ein Buch ausgeben würden. Andere hingegen legen keinen besonderen Wert auf das Essen, sondern tun etwas für ihren Geist und ihre Weisheit, was auf keinen Fall im Alltagsleben fehlen darf.

Täglich lese ich mindestens zwei Stunden, wobei der Lesestoff variiert. Das Lesen ist mir inzwischen eine Pflicht geworden. Wenn man sich nicht mit Hilfe von Büchern weiterbildet, so wird der Geist allmählich getrübt. Daher zwinge ich meinen Geist täglich zur Arbeit, denn das verborgene Alaya-Bewusstsein soll geweckt werden und ständig das oberste Ziel anstreben.

Es gibt Leute, die gerne Bücher über Philosophie, Wissenschaft, Geographie, soziale Themen, Erziehung oder Technik sowie Romane lesen, während andere Personen nicht lesen, sondern nur praktizieren. Letzteres ist auch eine gute Möglichkeit. Stets jedoch sollten Theorie und Praxis im Einklang miteinander stehen und sich gegenseitig unterstützen.

Ich bezeichne mich nicht als Schriftsteller oder Romanautor, auch wenn ich 1977 in Japan einen Abschluss im Fach Pädagogik erworben habe. Was kann ich trotzdem mit meinen Werken zur japanischen, vietnamesischen und deutschen Literatur beitragen? Ich bin der Meinung, dass jedes Individuum und jede Sprache eine Brücke darstellt, welche die Vergangenheit mit der Gegenwart und die Gegenwart mit der Zukunft verbindet. Es gibt keine Brücke, die von der Vergangenheit direkt in die Zukunft reicht. Es muss eine Art Zwischenstation geben, die jeweils zeitlich und räumlich an Situation und Adressaten angepasst ist.

Ich habe viel aus Sutratexten und Büchern gelernt. In meinen Schriften verarbeite ich dieses Wissen und gebe Letzteres weiter. Das ist meine Pflicht als Vorgänger bzw. Vermittler. Wenn Sie aus meinen Büchern etwas entnehmen und in Ihrem spirituellen Leben anwenden können, ist dies schon ein kleiner Erfolg für mich als einen Verfasser, welcher einen Beitrag zu Ihrer persönlichen Weiterentwicklung leisten möchte.

Eine weitere Eigenschaft, die mich zum Erfolgt geführt hat, ist die von mir angewandte Methode der Organisation und Arbeitsteilung.

Ich sage den Leuten oft: Wenn man die Intelligenz und die Lernfähigkeit der Asiaten mit denjenigen der Europäer vergleicht, wird man zu keinem zufrieden stellenden Ergebnis gelangen. Man sagt, dass die Asiaten lernwilliger seien. Doch warum gibt es in Europa so viele berühmte Wissenschaftler und in Asien so wenige? Die Antwort auf diese Frage liegt in der unterschiedlichen Gewichtung von Organisationsstruktur und -weise sowie Arbeitseinsatz und -teilung in einer Fabrik ebenso wie in einem Kloster oder einer Pagode. Arbeitet der jeweilige Leiter methodisch und mit dem Kopf, so hat er durchaus viel mehr Erfolg als ein planlos Handelnder. Wie organisieren sich also die Europäer?

Zunächst einmal übernimmt jeder nur den ihm zugeteilten Bereich, ist auch für seine Arbeit verantwortlich und braucht sich - mit Ausnahme eines Leiters oder Direktors - nicht um die Arbeit Anderer zu kümmern. Diese Arbeitsteilung ist an Hand einer Autofabrik sehr einfach zu verdeutlichen. Es gibt dort verschiedene Arbeitsschritte, die z.B. nur von Karosseriebauern, Lackierern oder Schlossern übernommen werden. Die Asiaten hingegen übernehmen jeweils alle Arbeitsschritte. Sie sind daher zwar überall einsetzbar; doch letztendlich weniger leistungsfähig, da nicht speziell ausgebildet. Wenn man aber keinen konkreten Beruf erlernt hat, kann man keinen speziellen Arbeitsbereich übernehmen. Und so kann man auch nicht zum Erfolg kommen.

In Europa sind die Berufsausbildungsmöglichkeiten umfangreicher, die Ausbildung intensiver und die Ausbildungsdauer länger. Das Studium eines Schulabsolventen in Deutschland wird z.B. von den wohlhabenden Eltern oder mit Hilfe eines zinslosen Darlehens vom BAföG-Amt finanziert. Nach dem Studium muss das BAföG-Darlehen zur Hälfe an den Staat zurückgezahlt werden. In Europa trägt der Staat zur Ausbildung der Bürger bei, was in Asien nicht geschieht. Selbst wenn es Letzteres dort geben sollte, dann wäre eine solche Förderung vermutlich an viele Bedingungen geknüpft.

Viele Leute fragen sich, warum die deutsche Bundesregierung die Congregation der Vereinigten Vietnamesischen Buddhistischen Kirche und die Pagode Vien Giac seit mehr als 20 Jahren finanziell unterstützt. Auf diese Frage gibt es viele Antworten. Einige von ihnen, die mir bekannt sind, seien im Folgenden von mir angeführt.

Die deutsche Regierung gewährt jährlich Zuschüsse für die Durchführung unserer buddhistischen Aktivitäten. Wenn die Organisation ihren selbst auferlegten Verpflichtungen erfolgreich nachkommt, wird sie auch im jeweils darauf folgenden Jahr unterstützt. Wenn sie dies jedoch nicht tut, gibt es keinen Grund, weitere Zuschüsse zu gewähren. Nehmen wir die Herausgabe der Zeitschrift Vien Giac als konkretes Beispiel der uns gewährten Unterstützung: Anfangs wurde die Zeitschrift - wie erwähnt - in einer Auflage von 500 Exemplaren herausgegeben. Innerhalb von 24 Jahren wuchs die Zahl der Leser sehr stark an, und somit stieg die Auflage auf inzwischen fast 6.000 Exemplare. Die Zeitschrift Vien Giac erscheint kontinuierlich seit 24 Jahren sechs Mal jährlich. Die dauerhafte Unterstützung belegt das in uns gesetzte Vertrauen seitens der deutschen Regierung.

Hilfe zur Selbsthilfe bedeutet, dass die Regierung uns Zuschüsse als eine Art Investition gewährt. Auf dieser Investition kann man aufbauen. Natürlich muss die Congregation sich auch selbst aktiv einbringen. Ein von der Regierung geleisteter finanzieller Beitrag kann nicht so effektiv sein wie die von den Vietnamesen selbst geleistete Arbeit, welche offiziell dem Wert des Geldbetrages entspricht, denn wenn die Vietnamesen die entsprechende Arbeit selbst leisten, entstehen nicht nur weniger Kosten, sondern auch die Leistungsfähigkeit ist größer, denn niemand versteht die Vietnamesen besser als ihre eigenen Landsleute.

Ein weiterer wichtiger Grund der finanziellen Unterstützung liegt im Bestreben der deutschen Bundesregierung, eine multikulturelle Gesellschaft in Deutschland aufzubauen. Sie unterstützt kleinere ethnische Gruppen im Land, damit diese als solche überleben und ihre Traditionen pflegen können. Sie sollen auch in die deutsche Gesellschaft integriert werden. In diesem Punkt beweist die Regierung diplomatisches Geschick, denn so entsteht Vertrauen zwischen den verschiedenen Ausländergruppen einerseits und den Deutschen andererseits. Viele radikale Deutsche sind allerdings der Meinung, Deutschland müsse reinrassig bleiben und dürfe keine Mischung der Rassen erlauben. Doch diese Sichtweise ist falsch, denn ein Garten wird erst dann schön, wenn in ihm viele Blumen blühen. Wenn es viele bunt blühende Blumen gibt, wird der Garten von Tag zu Tag immer schöner. Ist das denn nicht besser, als nur eine einzige Blumensorte zu haben? Diese würde sich im Garten nur einsam und allein vorkommen. Nicht nur in Asien, sondern auch in Europa herrscht dieser schöne Gedanke vor, welcher die Länder und Nationen zusammenbringt und das Zusammenleben vieler Völker ermöglicht.

Die Regierung unterstützt ja in der Regel keine religiöse Einrichtung in Deutschland. Jede Religionsgemeinschaft ist für ihre eigene Organisation und Durchführung verantwortlich. Dass die Regierung trotzdem den vietnamesischen Buddhisten hilft, liegt an der beabsichtigten Unterstützung der Kultur des Buddhismus.

Dies sind also m.E. einige Hauptgründe der finanziellen Förderung seitens der deutschen Bundesregierung. Ob dieser Unterstützung noch andere Gründe zu Grunde liegen, weiß ich leider nicht.

Ein geschickter Organisator weiß die ihm zur Verfügung stehenden Arbeitskräfte gut einzusetzen. Ein vietnamesisches Sprichwort sagt: „Man soll die Menschen wie das Holz verwenden." Das bedeutet, dass man die Leute ihren Fähigkeiten entsprechend einsetzen soll - so wie einen Baumstamm. Ist Letzterer nämlich krumm, so formt man aus ihm krumme Objekte. Versucht man hingegen mit Gewalt, den krummen Stamm gerade zu biegen oder - im umgekehrten Fall - einen gerade geformten Stamm krumm werden zu lassen, so führt dies zu Problemen. In der Vermeidung analoger Schwierigkeiten beim Einsatz menschlicher Arbeitskraft liegt die Aufgabe des Organisators und des Leiters auch einer buddhistischen Einrichtung. Als solcher sollte man die Mitarbeiter bzw. Helfer ihren Fähigkeiten entsprechend einteilen; auch bei Entscheidungen sollte man sich danach richten und die Möglichkeiten beurteilen. Hält man sich an diese Regel, hat man sicherlich Erfolg. Man sollte schließlich ja auch als Verkäufer nur das zum Verkauf anbieten, was die Leute tatsächlich kaufen wollen, und nicht etwa nur das, was man unbedingt verkaufen will. Der Käufer vergleicht in den meisten Fällen die Preise, bevor er dann die Ware kauft - wenn er das Geld aufbringen kann. Auch der Verkäufer will sicherlich seine Ware verkaufen. Man kann aber nicht etwa große Gewinne erzielen, wenn die Ware minderer Qualität ist. In der Regel möchte man nur das verkaufen, was man gerade vorrätig hat; doch man sollte auch an die Interessen der potentiellen Kunden denken. Sollte die Ware guter Qualität, aber teuer sein, so wird sie in der Regel auch gekauft. Ist die Ware hingegen minderer Qualität und zu teuer, dann erzielt der Verkäufer keinen Erfolg im Geschäft.

Wenn man mit einer bestimmten Tätigkeit beauftragt wird, so sollte man nur dieser Arbeit nachgehen und sich keine Gedanken über die Arbeit anderer machen. Nehmen wir z.B. an, dass ich gerade den Tisch decken muss, während ausgerechnet jetzt jemand zu mir kommt und mich fragt, ob ich jemanden anderen vom Bahnhof abholen kann! In diesem Fall muss ich verneinen, denn ich kann nicht meine Arbeit beiseite legen, um einer anderen Tätigkeit nachzugehen, welche mir nicht aufgetragen wurde. Ob ich zum Bahnhof fahren soll oder nicht, hat also allein mein Vorgesetzter zu entscheiden. Wenn ich so nett wäre und der Bitte des Bekannten nachkommen würde, würde ich meine Arbeit nicht erledigen und meine Pflicht nicht erfüllen. In Europa wird dem Einzelnen dieses Pflichtbewusstsein sehr intensiv vermittelt, während in Asien - insbesondere in Vietnam - so etwas zu wünschen wäre. Solche Bemühungen hätten allerdings dort vermutlich wenig Erfolg. Die Asiaten gelten als offener und lockerer; gleichzeitig sind sie aber weniger eigenständig. Die Europäer dagegen sind eher verschlossen und sorgfältig; doch ihre Ziele und Planungen sind übersichtlicher als diejenigen der Asiaten.

In Asien gibt es geradezu unverschämt bestechliche Beamte. Auch in Europa existiert Bestechung, doch der Betrug ist hier an Hand von Papieren belegbar - z.B. wenn anstatt einer Arbeitszeit von einer Stunde zweieinhalb Stunden aufgeschrieben und berechnet werden. Es gibt natürlich viele Betrugsfälle sowohl im Osten als auch im Westen. Ob nun der Pflicht oder dem persönlichen Interesse der Vorzug gegeben wird, hängt von den jeweiligen Gegebenheiten vor Ort im entsprechenden Kontinent ab.

Ein guter Organisator muss nicht unbedingt gleichzeitig alle zu verrichtenden Tätigkeiten ausführen, aber er muss sie alle kennen, um die ihm zur Verfügung stehenden Arbeitskräfte richtig und gezielt einsetzen zu können. Wenn jemand Fähigkeiten im Bereich der Küche hat, so kann man ihn nicht für Büroarbeiten einteilen. Einen Gärtner kann man ja auch nicht mit der Arbeit eines Computeringenieurs betrauen. Ein Manager ebenso wie ein Abt oder eine Äbtissin muss nicht alle Arbeiten z.B. in der Küche und im Büro selbst ausführen können. Natürlich ist es besser, wenn man alle Tätigkeiten kennt; doch dies wird nicht so oft der Fall sein. Kurz zusammengefasst: Es ist wichtig, dass man den Einsatz von Arbeitskräften richtig verteilt, denn dies führt zum Erfolg einer Organisation.

Während vieler Jahre Aufenthalt in Japan und Deutschland habe ich viele Erfahrungen gesammelt und diese im Umgang mit den Vietnamesen eingesetzt. Dies führt zu guten Ergebnissen - insbesondere dann, wenn es um die Arbeitsorganisation anlässlich der großen buddhistischen Feste wie Neujahr, Vesak und Ullambana in der Pagode Vien Giac geht. Anfangs gab es zwar Proteste seitens der nur für bestimmte Tätigkeiten Eingeteilten; doch nun verläuft meist alles nach Plan und hat alles seine Ordnung. Anfänglich gab es außerdem Leute, die sich darüber beschwerten, dass sie für jede Mahlzeit gesondert 5 DM zahlen sollten, obwohl sie schon für die Pagode gespendet hatten. Ihre Kritik war nicht ganz unberechtigt, andererseits aber auch nicht ganz angebracht, denn spenden kann jeder freiwillig, ohne dass er dazu gezwungen wird, während man bei den Mahlzeiten einen Dienst in Anspruch nimmt, für welchen ein gesonderter Lohn zu entrichten ist. Auch wenn man in ein Restaurant essen geht oder aber einkauft, muss man bezahlen. Außerdem ist es unmöglich, an 5.000 bis 7.000 Besucher der Pagode bei einem großen buddhistischen Fest kostenlos Essen auszuteilen. Wenn man Essen bekommt und dafür bezahlt, ist dies also vernünftig und angemessen. Außerdem ist der von uns dafür erhobene Obolus ja wirklich nicht sehr hoch, weil wir nicht daran verdienen wollen.

Mittlerweile haben die Festbesucher die geschilderte Regelung akzeptiert, und zwar nicht nur in den Pagoden und Tempeln in Deutschland und ganz Europa, sondern auch in Amerika und Australien. Überall dort wird dieses Verfahren inzwischen angewandt.

Allerdings gibt es einige wenige vietnamesische Pagoden und Tempel im Ausland, die weiterhin Essen kostenlos ausgeben und allein auf freiwillige Spenden hoffen. Mit dieser Vorgehensweise ist es jedoch sehr schwierig, die Organisation und die Institution zu vergrößern, denn der Unsicherheitsfaktor ist sehr groß.

Kürzlich erhielt ich kostenlos einige kleine Geräte mit einer Rezitation des Namens des Amitabha-Buddha darauf aus den USA. Auf der Verpackung stand: „freiwillige Spenden". Dies bedeutet, dass man um eine freiwillige Spende in nicht festgelegter Höhe gebeten wird, wenn man eine solche kleine Maschine in Taschenformat haben möchte. Wer aber spendet denn wirklich mehr als 5 US-Dollar, während der Wert einer solchen kleinen Maschine über 10 US-Dollar liegt? Wenn jemand nur 2 US-Dollar spendet und sich dafür ein Exemplar nimmt, könnte man sich fragen „Warum hat er nur so wenig gespendet; wäre es nicht besser, wenn man den Einkaufspreis als eine Art Richtlinie aufschreibt?" Eine Preisangabe würde also beiden Seiten den Kauf bzw. Verkauf erleichtern. Dies wäre nur eine Möglichkeit der Organisation. Der Erfolg verlangt viele unterschiedliche Anpassungen und Neuerungen.

Ein Berufstätiger erhält normalerweise für seine Arbeit einen entsprechenden Lohn - womöglich auch Zusatzleistungen wie z. B. Urlaubsgeld. So verrichtet man also fleißig die Arbeit. Wie verhält es sich jedoch in einer Pagode oder in einer karitativen oder anderen sozialen Organisation? Dort bringt man die eigene Arbeitskraft freiwillig ein. Wenn man dort genau so wie in einem normalen kommerziellen Betrieb mit den Helfern umgehen würde, könnte dies negative Auswirkungen haben. Letzteres gilt für einen Geistlichen, der ein Buch schreibt. Er muss von seinen Erfahrungen und von seiner eigenen Praxis schreiben - und nicht über irgendetwas anderes, denn damit würde er bestimmt nicht die Sympathien Anderer gewinnen.

Es gibt Bücher, die sehr schnell in großer Stückzahl verkauft werden, z. B. Liebesromane, die Sexualität behandelnde Schriften sowie Bücher, in denen Autoren andere Menschen verletzen und beschimpfen. Doch wenn man diese Bücher liest, zieht man daraus überhaupt keinen Nutzen außer vielleicht der Befriedigung des eigenen Ego. Die Bildung der Leser dieser Schriften reicht nur bis zu einer gewissen Grenze, und diese Leute brauchen nicht nachzudenken - was ihrer Meinung ohnehin Zeitvergeudung wäre - und voraus zu planen. Es gibt viele Wege, sehr schnell Gewinne zu machen und viel Geld zu verdienen, z.B. den Drogenhandel; doch wie wir wissen, ist das Ergebnis solch einer „beruflichen" Tätigkeit fatal für Menschen unterschiedlichen Alters - für Jugendliche ebenso wie für Erwachsene, die der Drogensucht verfallen. Eine Nation kann sich wegen dieser süchtigen Bürger nicht ungestört entwickeln. Es gibt keine Harmonie innerhalb einer Familie, wenn der Ehemann oder die Ehefrau nikotin- und alkoholabhängig ist und dadurch z.B. die Erziehungs- und Sorgfaltspflicht den eigenen Kindern gegenüber vernachlässigt.

Es gibt viele niveaulose Zeitungen und Zeitschriften in Deutschland, die in hohen Auflagen erscheinen und sich sehr gut verkaufen lassen. Die Verlage verdienen damit viel Geld. Doch es gibt auch kritische Zeitungen und Zeitschriften, die allerdings nur sehr schleppend verkauft werden. Oft verschwinden sie aus diesem Grund nach einiger Zeit. Dies bedeutet nicht, dass die für sie Verantwortlichen nicht über entsprechende Absichten oder Fähigkeiten verfügen, sondern es hängt damit zusammen, dass diejenigen Bedingungen, welche zum Erfolg führen würden, in diesen Fällen nicht vorhanden sind. Im vietnamesischen Gedicht „Kieu" heißt es: „Eine talentierte Person stößt oft auf Schwierigkeiten. Wenn diese Person nicht auf ihre eigenen Verdienste und auf diejenigen ihrer Ahnen zurückgreift, wird sie nicht zum Erfolg kommen."

Es gibt Leute, die nach einem Fußballspiel kommentieren, dass Mannschaft A wirklich gut war, aber leider Pech hatte, weil der entscheidende Schuss vom Torwart des gegnerischen Teams gehalten wurde. Oder sie sagen, dass Mannschaft A wegen des regnerischen Wetters verlor, während Mannschaft B viel Glück hatte, weil sie sich noch in der letzten Spielminute den Sieg holen konnte, oder weil sie Heimvorteil hatte.

Zur Universität gehen viele Menschen. Nach dem Studium haben die Leute unterschiedliche Abschlüsse erlangt. Doch einige von ihnen haben mehr Glück als andere, eine gute Arbeitsstelle zu finden oder am Arbeitsplatz das Vertrauen des Vorgesetzten zu gewinnen und von ihm mit wichtigen Aufgaben betraut zu werden. Doch wie kommt es, dass die Anderen nicht viel erreichen, auch wenn sie dieselben Abschlüsse haben wie die Erfolgreichen? Manchmal kommt es sogar vor, dass man mit einem hohen Universitätsabschluss finanziell und sozial noch schlechter gestellt ist als ein normaler Arbeiter. Was führt eigentlich zum Erfolg? Etwa gute Bedingungen oder Glück?

Natürlich kann es nicht 100-prozentig daran liegen, doch zum Teil schon. Nehmen wir ein anderes Beispiel: Ein Schüler bereitet sich ganz intensiv auf seine Prüfung vor und schafft es auch, eine gute Klausur zu schreiben. Doch ausgerechnet am Tag der Prüfung hat der Lehrer Probleme in der Familie, was sich negativ auf seine Benotung der Klausur auswirkt. Der Schüler bekommt auf Grund dessen eine schlechte Note. So geht es oft im Leben.

Ich musste mich auch stets sehr anstrengen. Doch ich bin der Ansicht, dass ich allein durch meine eigene Kraft nicht viel erreichen kann. Ich verlasse mich auch auf die Kraft der Buddhas und Bodhisattvas. Die unsichtbare Kraft, der Segen der Buddhas und Bodhisattvas in Einheit mit meiner Opferbereitschaft, meinem Willen und meiner Ausdauer hat mich zu dem gemacht, was ich heute bin. Deshalb sagen viele Mönche, Nonnen und Laienbuddhisten, dass ich viele gute Verdienste in früheren Leben erworben habe, und dass ich von unsichtbaren Wesen beschützt werde. Die Menschen teilen mit mir ihre Probleme und Sorgen. Ich möchte betonen, dass ich nicht zu den übermäßig talentierten Menschen gehöre, denn es gibt viele noch talentiertere Menschen als mich. Mit Hilfe meiner in diesem Kapitel angesprochenen Eigenschaften bin ich erfolgreich geworden. Ich hinterfrage aber durchaus meine eigenen Vorgehensweisen und ändere sie auch bei Bedarf, damit sie stets den jeweiligen Gegebenheiten angepasst sind. Ich höre auch auf Meinungen anderer. Man muss sich an ein bestimmtes Prinzip halten und unparteiisch entscheiden. Man soll auch nicht immer nur auf die Meinungen der älteren, sondern auch auf diejenigen der jüngeren Menschen - Kinder und Jugendlichen - hören. Wenn die Älteren Fehler machen, können wir nicht auf sie hören oder ihnen vertrauen. Wenn dagegen die Kinder Recht haben, wäre es falsch, nicht auf sie zu hören. Es sind stets schnelle Entscheidungen, die von einem Leiter einer Organisation getroffen werden müssen, wenn ihre Ausführung erfolgreich sein soll.

Kapitel VII

DIE PRAXIS DES VIETNAMESISCHEN BUDDHISMUS IN DEUTSCHLAND

Als Buddha noch lebte, lehrte er seine Schüler einzig den Weg zur Erleuchtung. Er war ein wahrer Lehrer dieser Welt und wandte viel Geschick an, um seinen Zuhörern das von ihm Gelehrte verständlich zu machen. Doch er konnte nicht alle belehren, denn viele hatten nicht genug Karma, um den Buddhismus zu lernen.

Er lehrte in verschiedenen Schwierigkeitsgraden - vom niedrigen zum mittleren und schließlich zum höchsten - die Weisheit der Leere und des Dharmakaya. Er führte die Menschen in das Wissen von Samsara und Nirvana ein. Die Lehre des Buddha war wie ein Fluss, der durch die asiatischen Länder floss. Er durchquerte Indien und erreichte Myanmar (früher: Birma), Bhutan, Thailand, Kambodscha, Laos, China, Vietnam, Korea, Japan, die Mongolei, Tibet und Sri Lanka. Dieser Fluss floss später - ab dem 20. Jahrhundert - weiter nach Europa, Amerika, Afrika und Australien. Vom Hauptfluss zweigten sich viele Nebenflüsse ab. Manche der Letzteren entwickelten sich so üppig, dass sie sich ihrerseits in mehrere Zweige aufteilten - wie z. B. der Buddhismus in China in zehn Schulen während der Zeit der Tang-Dynastie oder aber der Buddhismus in Japan und in Tibet. In Vietnam hingegen gibt es keine eindeutige buddhistische Schule wie in China. Doch jeder Begründer einer Richtung möchte natürlich seine Ideen verwirklicht und erhalten sowie seine Nachfolge geregelt wissen. Es gibt auch einige Nebenflüsse des buddhistischen Hauptstroms, die von Letzterem abgeschnitten wurden und daher in einer ungewohnten Umgebung dahin vegetieren müssen.

Als Buddha noch lebte, gab es viele religiöse und philosophische Schulen, von denen z. B. eine das ewige Leben, eine andere den nihilistischen Geist und eine weitere den ewigen Bestand der Seele lehrte. In den ersten zwölf Jahren seiner Lehrtätigkeit musste Buddha keine Regeln aufstellen, denn seine Nachfolger lebten harmonisch und in Eintracht miteinander. Als jedoch die Anzahl der Mönche anstieg, mehrten sich auch die Fehltritte unter ihnen, wie der Fall von Yasa zeigt, einem jungen Mönch aus einer reichen Familie in Vaishali. Dieser Mönch pflegte sexuelle Kontakte mit seiner Frau auch nach seiner Ordination. Dies wurde aber von Buddha abgelehnt, daher erließ er das Gebot der sexuellen Enthaltsamkeit. Einige andere Mönche wiederum strebten z.B. nach einer Veränderung der ihnen auferlegten Essensregeln.

Als Buddha lehrte, variierte er seine Wortwahl je nach dem sozialen Hintergrund oder Bildungsstand seiner Zuhörer. So teilten die Patriarchen seine Lehre später in Lehren des Hinayana, des Theravada und des Mahayana auf. Als der Buddhismus nach China gebracht wurde, entstanden dort später - wie erwähnt - zehn verschiedene buddhistische Schulen, nämlich die Schulen der Vinaya, der Kosa, der Wahren Lehre, der Leerheit, des Saddharma Pundarika, der Avamtasaka, des Nur-Bewusstseins, der Chan, der Geheimen Lehre und des Reinen Landes.

Auch in Japan existieren inzwischen zehn verschiedene buddhistische Schulen in zwei Kategorien. Es handelt sich bei ihnen um die Schulen des Mahayana Vinaya, der Kosa, der Satyasiddhi (= der Wahren Lehre), des Erscheinenden, der Dialektik, der Tien Tai, der Avamtasaka, des Wahren Wortes, der Nikayana Vinaya und des Reinen Landes.

In einer der Kategorien wird die Schule der Mahayana Vinaya durch den Zen ersetzt.[1] Die Schulen der Swastivada und der Kosa gehörten zur Hinayana-Tradition. Ihre Denkweisen waren nicht kompatibel mit der Tradition Chinas und Japans; daher konnten sie dort auch nicht lange bestehen. Heute gehören die meisten Buddhisten in China und Japan den Schulen des Reinen Landes, des Zen, des Lotussutra und des Avamtasaka-Sutra an. Die Schule der Geheimen Lehre gedeiht sowohl in beiden genannten Ländern als auch in Vietnam nicht sehr gut. Tibet hingegen ist sehr berühmt für die dort ausgeübte Praxis dieser Schule.

In Vietnam, China und Japan kommt die Schule des Reinen Landes zur vollen Geltung. Die chinesischen Buddhisten dieser Schule ernannten den Bodhisattva Samantabhabra zu ihrem ersten Patriarchen. Die unter ihnen populärste Praxis ist die Rezitation des Namens des Amitabha Buddha. Die Praxis der Schule beruht auf drei Hauptsutren:

Amitayu-Sutra (das lange Sukhavati-Sutra) - Es wurde von einem indischen Mönch namens Khang Tang Khai im 2. nachchristlichen Jahrhundert ins Chinesische übersetzt.

Amitabha-Sutra (das kurze Sukhavati-Sutra) - Es wurde vom indischen Mönch Kumarasila im 4. nachchristlichen Jahrhundert in Chinesische übersetzt.

Amitayusyoga-Sutra - Es wurde vom indischen Mönch Cuong Luong Yasa im 5. nachchristlichen Jahrhundert in Chinesische übersetzt.

Während der Zeit der Jin-Dynastie im 7. nachchristlichen Jahrhundert propagierte der chinesische Mönch Hui Yen die Praxis der Reines-Land-Schule. Er wohnte am Berg Lo Shan und

---

[1] Wörterbuch Sinovietnamesisch - Neuvietnamesisch, Forschungsabteilung für Buddhismus, S.1364 f.

organisierte eine Gruppe von 123 Buddhisten, die sogenannte Lotusgemeinde, die eine Wiedergeburt im Sukhavati anstrebten. Die Mönche der Gruppe Tan Luan während der Zeit der Wei-Dynastie und diejenigen der Gruppe Tao Chao während der Zeit der Tang-Dynastie befolgten ebenfalls die Regeln dieser Schule. Sie visualisierten und rezitierten den Namen des Amitabha-Buddha. Diese Schule insgesamt wurde auch als Lotusschule bezeichnet und ist bis heute sehr populär in Vietnam und Japan.[1]

Der Ehrwürdige Tri Sieu (Le Manh That) wies im ersten Band seines Buches „Geschichte des vietnamesischen Buddhismus" über der Zeitraum von der Einführung in Vietnam bis zur Ly-Nam-De-Dynastie im 6. nachchristlichen Jahrhundert nach, dass die Lotusschule bereits im 4. Jahrhundert in Vietnam bekannt war. Sie war besonders in der Gegend um den Berg Tien Du in Nordvietnam von Bedeutung. Dieses Beispiel zeigt, dass jede buddhistische Schule eine eigene Entwicklung in den verschiedenen Ländern durchgemacht hat, obwohl alle Schulen auf Buddha zurückzuführen sind. Inzwischen wurde der Buddhismus auch in die westlichen Länder gebracht. Der Zeitraum von Buddhas Lebzeiten bis heute ließ noch viel mehr Entwicklungsmöglichkeiten zu. Dies ist eine zu akzeptierende Tatsache - so wie die Vietnamesen zu sagen pflegen: „Im Ball ist es rund, und im Rohr ist es lang." Der Buddhismus existiert stets im Einklang mit der Kultur des jeweiligen Landes, das ihn beherbergt; dies ist eine selbst gewählte Verpflichtung dieser Glaubensgemeinschaft.

Die Schule der Meditation wurde ebenfalls sehr früh nach Vietnam, China und Japan gebracht. In China zum Beispiel lehrte während der Regierungszeit des Kaisers Liang Wu Di (520-527) der 28. Patriarch Bodhidharma die Grundsätze dieser Schule. Ihm folgten berühmte Schüler wie z.B. Hui Ke, Shang Can, Tao Shan,

---

[1] dto., S. 1353

Hwuang Ren und Hui Neng. So blieb die Schule dort bis in das 20. und 21. Jahrhundert hinein erhalten.

Allerdings existierte der Buddhismus bereits 500 Jahre vor der Zeit des eben genannten Patriarchen in China, war jedoch damals dort noch nicht so populär. Erst mit dem Auftreten des Bodhidharma blühte der Buddhismus richtig auf.

Es folgt eine kurze Beschreibung der Geschichte der Schule der Meditation in China:

Diese Schule hat viele Namen wie z.B. Schule des Herzens des Buddha, Schule des Bodhidharma oder Schule des Torlosen. Diese Schule ernannte den Ehrwürdigen Bodhidharma zu ihrem 1. Patriarchen. Sie versucht mit Hilfe der Praxis, die wahre Natur des Bewusstseins zu erkennen, denn sie meint, dass die Erkenntnis der Natur die Erleuchtung bringen wird. Die Tradition der Meditation wurde allerdings nicht nur von dieser Schule praktiziert, sondern auch von der Schule der Tien Tai und der Schule der San Lun. Während der Zeit der Tang-Dynastie kam der Ehrwürdige Bodhidharma nach China. Weil er dort ihr Begründer war, wurde diese Schule später auch Schule des Bodhidharma (s.o.) genannt. Diese Schule beruft sich in ihrer Praxis auf die Überlieferung, dass Buddha eine Lotusblume hochhielt und der Mahakassapa angesichts dieser Geste verständnisvoll lächelte. Obwohl diese Legende nicht in den buddhistischen Schriften gefunden werden konnte, wurde auf ihrer Grundlage die Methode zur Erlangung der direkten Erkenntnis des Geistes propagiert - getreu dem Grundsatz „Erlangung des Zieles durch direkte Übertragung von Herz zu Herz unabhängig von den Schriften". Der Mahakassapa selbst gab seine Tradition an Ananda weiter, dieser wiederum an seinen eigenen Nachfolger, sodass sie schließlich Bodhidharma als 28. „Generation" erreichte. Bodhidharma seinerseits brachte diese Tradition nach China und wurde der erste Patriarch in der chinesischen Tradition überhaupt. Zuerst traf Bodhidharma den Kaiser Liang Wu Di, als er in China angekommen war, doch die beiden Männer verstanden sich nicht; deshalb ging er weiter nach Tung Shan und meditierte neun Jahre in einer Höhle hinter dem Shao-Lin-Tempel. Die Leute nannten ihn den Brahmanen, der die Wand anschaute. Der Ehrwürdige Shan Kwang (Hui Ke) stand mehrere Tage lang im Schnee vor der Höhle und hackte sich einen Arm als Zeichen seines Begehrens nach der Lehre des Bodhidharma ab. Ihm wurde die Tradition überliefert, und so wurde er als 2. Patriarch bekannt. Er gab die Tradition an Shang Can und dieser später an Tao Shan weiter. Von diesem Zeitpunkt an wurde der Buddhismus in China sehr bekannt. Tao Shan hatte zwei berühmte Schüler: Hwuang Ren und Fa Rong. Fa Rong seinerseits belehrte u.a. Chi Yuan, Hui Feng und Fa Chu. Die Schule gründete eine Institution am Berg Niu Dou Chin Lang und wurde auch als die Meditationsschule des Wasserbüffelskopfes bezeichnet. Diese Schule praktizierte nach dem Grundsatz: „Um den Geist zu beruhigen, muss man ohne ihn agieren." Der fünfte Patriarch der Schule - der erwähnte Hwuang Ren - lebte am Berg Hwuang Mei (He Bei) und lehrte das Diamantensutra und das Prajnaparamita-Sutra. Er hatte viele hervorragende Schüler wie z. B. Shan Xiu, Hui Neng, Hui An, Tao Ming und Chi Sheng. Von den Schülern des 5. Patriarchen war Shan Xiu sehr gebildet und wurde als „Shang zuo Xiu" bezeichnet. Nach dem Tod des 5. Patriarchen zog Shan Xiu nach Norden und wurde als der nördliche Patriarch bekannt. Auch er hatte viele berühmte Schüler. Seine Schule hatte in Chiang An und Lo Yang etwa 100 Jahre lang Einfluss. Sie legte besonderen Wert auf fleißiges Praktizieren. Die Schüler des Shan Xiu waren sehr zahlreich. Zu ihnen gehörten u. a. Pu Pi und Yi Fou. Diese Richtung existierte jedoch nur noch fünf Generationen lang. Es gab außerdem den Ehrwürdigen Hui An, der ebenfalls eine

Tradition, nämlich die Schule der Alten An-Meditation, ins Leben rief, und ferner Chi San, der eine andere Tradition begründete. Der Ehrwürdige Hui Neng wurde offiziell vom 5. Patriarchen zum Nachfolger als 6. Patriarch bestimmt. Als Unruhen über seine Ernennung aufkamen, zog er nach Süden und lebte von nun an in Cao Xi in der Provinz Kwang Tong. Der Grundsatz der südlichen Tradition unterschied sich gravierend von demjenigen der nördlichen Tradition; deshalb sprach man vom „schnellen Süden" und „langsamen Norden". Mehr als 40 Ehrwürdige folgten der Linie des Hui Neng; Shan Hui war der berühmteste unter ihnen. Letzterer lehrte seine Schüler den Grundsatz: „Wenn ein Gedanke nicht aufkeimt, ist dies mit Sitzen gleichzusetzen; wenn dagegen die wahre Natur vollkommen erkannt wird, ist dies gleichzusetzen mit Meditation." Auch Nan Yue Huai Rang befolgte die Lehre des Hui Neng. Er lebte 30 Jahre lang im Kloster Prajna. Von seinen neun berühmten Schülern ist Ma Zu der bekannteste. Er lehrte in Jiang Xi; seine Vorgehensweise war sehr kraftvoll. Er lehrte unter Verwendung von Schlägen und Beschimpfungen. Er meinte, dass alle Aktivitäten des täglichen Lebens die Natur des Buddha beinhalten würden. Sie hätten „die Merkmale des großen Nutzens" und führten zur „Erkennung der wahren Natur", was erforderlich wäre, „um Buddha zu werden". Ma Zu hatte mehr als 100 Schüler. Nachdem der Ehrwürdige Huai Hai ein Kloster am Berg Bai Chiang aufgebaut hatte, stellte er Regeln für das Leben im Kloster auf, und zwar diejenigen der Meditationsschule bezüglich einzelner Regeln individueller Klöster. Nachfolger von Huai Hai waren u. a. Hwuang Ba und Ling You. Lin Zhi wiederum folgte Hwuang Ba und lehrte z. B. die Regel der „drei Tiefgründigkeiten und drei Schwerpunkte" und diejenige der „vier Methoden des Heilens". Auch seine Schüler waren zahlreich; sie gründeten später - während der letzten Periode der Tang-Dynastie - eine eigene Schule, die so genannte Lin-Zhi-

Schule (jap.: Rinzai). Bis zur Zeit der Sung-Dynastie teilte sich diese Linie in zwei weitere auf, nämlich in die Tao-Tung- und die Yue-Men-Linie.

Kurz: Von Bodhidharma bis Hui Neng entwickelte sich die Meditationsschule innerhalb von 250 Jahren zur vollen Blüte. Diese Schule ersann sogar eine eigene Theorie des Buddhismus, an Hand welcher die Unterschiede zwischen den bislang entstandenen Schulen überbrückt werden sollten. Die Idee der Meditationsschule beruhte auf dem Verzicht umständlicher Worte. Man konzentrierte sich auf den Grundsatz „Im Geist den Buddha verwirklichen, wobei ein gleichmütiger Geist der Weg ist!" Die Schule nutzte die Meditationshalle als zentralen Ort ihrer Aktivität und wandte eine geschickte Vorgehensweise als Anleitung zur Meditation sowie Schläge und Schreie in der Praxis an. Später spaltete sich die Schule in fünf Zweige auf. Dies war die Zeit der höchsten Blüte der Meditationsschule.

Die Tradition der Meditationsschule wurde in der zweiten Hälfte des 6. nachchristlichen Jahrhunderts vom Ehrwürdigen Vinayaruci aus China nach Vietnam gebracht. Der Ehrwürdige war ein Inder, der nach China gegangen war und dort den 3. Patriarchen der Meditationsschule - Shang Can (s.o.) - getroffen hatte. Dieser hatte ihn aufgefordert, nach Süden zu gehen. Um einer Ankündigung bzw. Anordnung des 2. Patriarchen der Schule - Hui Ke (s.o.) - entsprechen zu können, war er also am Berg Hoan Kung in der Provinz Shu Zhou sesshaft geworden. Als Kaiser Chu Wu Di die Buddhisten verfolgt hatte, war der Ehrwürdige zum Berg Xu Kong in der Gemeinde Tai Hu geflohen. Im 12. Jahr der Regierungszeit des Kai Hwuang der Sui-Dynastie überlieferte er die Tradition an den Sramanera Tao Shan. Als er im 2. Jahr der Regierungszeit des Xia Ye starb, wurde er vom damaligen Tang-Kaiser mit dem Titel Jian Zhi geehrt.

Nachdem der Ehrwürdige Vinayaruci die Tradition der Meditationsschule nach Vietnam gebracht hatte, wurden auch andere buddhistische Traditionen aus China, nämlich diejenigen der Schulen des Cao Dong, Bu Yan Tsong und Chu Lin, während der Zeit der Tran-Dynastie (1222-1400) nach Vietnam gebracht.

Im 17. Jahrhundert ging der Ehrwürdige Yuan Shao von China nach Vietnam, um dort die Meditation zu lehren. Er gehörte zur 33. Generation der Meditationslinie des Lin Zhi. Mittel- und Südvietnam wurden seit dieser Zeit von dieser Lehre beeinflusst. Erst Ende des 19., Anfang des 20. Jahrhunderts nahm in Vietnam der Einfluss der Reines-Land-Schule stark zu. Die Meditationsschule in Vietnam wurde also zu dieser Zeit durch die Reines-Land-Schule ersetzt. Eine andere bekannte Persönlichkeit in der Geschichte der Meditationsschule war der Ehrwürdige Ming Hai (1610-1687). Auch er kam aus China und wurde Schüler des Yuan Shao. Er gehört damit zur 34. Generation der Lin-Zhi-Schule.

Nach fast 400 Jahren der Entwicklung der Meditationsschule in Mittel- und Südvietnam gehöre ich selbst nun zur 41. Generation. An manchen Orten wurde die Linie schon bis zur 45. Generation weitergegeben. Diese Schule nennt man auch Schule des Lin Zhi, denn dieser Ehrwürdige war ihr Gründer. In Nordvietnam existiert eine andere Tradition, nämlich die Schule des Cao Dong. Außerdem gibt es heutzutage Bemühungen zur Wiederbelebung der Meditationsschule des Truc Lam Yen Tu der vietnamesischen Tradition. Andere versuchen, neue Richtlinien der Meditation aufzustellen. Eine solche Erneuerung mag für Leute aus westlichen Ländern ohne Weiteres hinnehmbar sein, doch für diejenigen Menschen, welche in der betreffenden Tradition aufwuchsen, sind derartige - von „oben" verordnete - Reformen schwer zu akzeptieren.

Der Ehrwürdige Ming Hai war ein Nachfolger des Ehrwürdigen Lin Zhi; und dieser wiederum stand in der Tradition des 6. Patriarchen Hui Neng (s.o.) der Meditationsschule, welcher seinerseits die direkte Nachfolge von Bodhidharma angetreten hatte. Der Ehrwürdige Bodhidharma vertrat die Linie des Mahakassapa, welcher wiederum die Lehre des Buddha aufrecht erhielt und weiter gab. In jeder Generation dieser Linie gab es Abzweigungen; deshalb ist es schwer zu sagen, welche Überlieferung die beste ist bzw. der ursprünglichen des historischen Buddha am nächsten kommt. Doch wir können mit Sicherheit sagen, dass diese Tradition insgesamt schon über 2.500 Jahre lang existiert.

Viele Deutsche verbinden mit dem Begriff Zen etwas Geheimnisvolles. Zen ist eigentlich eine japanische Übersetzung des chinesischen Wortes Chán, welches wiederum dem Sanskritwort Dhyana entspricht. In den westlichen Ländern ist damit Meditation gemeint. Manchmal lese ich in einem Magazin, dass die Deutschen Schwierigkeiten bei der Übertragung des Wortes 'Sensei' haben, doch seine Übersetzung ist nicht schwierig: Es handelt sich hierbei um ein aus dem Chinesischen stammendes Wort, welches einen Lehrer meint. In China redet man den jeweils Älteren damit an, manchmal sogar die Ehefrau auch den Ehemann.

Ich gehöre - wie erwähnt - zur 41. Generation der Lin-Zhi-Meditationsschule; deshalb trage ich einen Dharma-Namen, der mit dem Wort Nhu beginnt. Zuvor trug ich - ebenfalls der Tradition dieser Schule entsprechend - einen Novizennamen, der mit dem Wort Giai begann, und anschließend einen Mönchsnamen, der mit dem Wort Tri begann. Auch gegenwärtig praktiziere ich täglich Meditationen, doch diese Praxis wurde auch in meinem Alltag stark mit der Praxis der Reines-Land-Schule vermischt. Der Überlieferung der Meditationsschule zufolge sollen täglich mehrere Stunden mit dem Sitzen und der Kontemplation über die

Koán verbracht werden. Doch wir praktizieren heute viel mehr Rezitationen und Niederwerfungen als Meditationen.

In Europa und Amerika neigen viele buddhistisch interessierte Menschen zur Praxis des tantrischen Buddhismus unter Anleitung tibetischer Lamas oder unter direkter Anweisung des Dalai Lama. Die Praxis des tibetischen Buddhismus ist nicht gerade einfach. Wenn jemand eine Praxis ernsthaft durchführen möchte, muss er sich zuvor Hunderttausende Male vor einem Buddha niederwerfen. Dann kann er sich entweder ein Jahr, ein Monat und ein Tag oder aber drei Jahre, drei Monate und drei Tage lang an einen Ort zur inneren Einkehr zurückziehen. Oft wird in Deutschland die buddhistische Tradition Lamrim gelehrt. Diese beinhaltet einen Stufenweg, bei welchem der Schüler nacheinander die 37 Lehren des Theravada, die Methode des Mahayana und den Weg des Tantra praktiziert.

Viele Menschen aus den westlichen Ländern sind der Ansicht, dass es im Buddhismus einen einfachen Weg gäbe, die Erlösung und Erleuchtung in nur einem Leben zu vermitteln. Doch in allen anderen religiösen Traditionen spielt der Zeitfaktor eine bedeutende Rolle, während der Zeit im Buddhismus eine untergeordnete Bedeutung zukommt. Im himmlischen Reich z.B. ist ein Tag 1.600-mal so lang wie ein Tag in dieser Welt. Die Zeit in der Welt der Form und des Formlosen wird sogar in noch viel längeren Zeiträumen gemessen. Daher ist die Bedeutung der Zeit für die Lebewesen in jenen Welten sehr gering.

Die buddhistische Praxis führt einen Praktizierenden aus den Welten der drei Bereiche heraus, so dass er nacheinander die Zehn Stufen des Prozesses der Entwicklung hin zu einem Bodhisattva betreten kann. Erst nach Erlangung dieses Status beginnt der Weg hin zu demjenigen eines Buddhas. Die gesamte Zeit bis zur vollständigen Erleuchtung dauert etwa drei mal zehn hoch zweiundfünfzig Kalbas. Die Erleuchtung kann also nicht allein durch Sitzen und bewusstes Atmen in einem einzigen Leben erreicht werden. Natürlich kann auch jemand aus den westlichen Ländern ein Buddha werden, doch er muss viel Geduld haben. Nirvana und Erleuchtung können nicht so einfach erreicht werden.

Es gibt allerdings auch einen einfacheren Weg zur Erlangung der Buddhaschaft, nämlich denjenigen der Reines-Land-Schule. Der lehrende Buddha in jenem Reinen Land ist der Amitabha-Buddha. Der Lehre des Shakyamuni-Buddha zufolge kann jeder, der die drei Kriterien Vertrauen, Praxis und Wunsch erfüllt, im Reinen Land wiedergeboren werden. Am Tag des Ablebens des Gläubigen erscheinen dann der Amitabha-Buddha und zwei ihm helfende Bodhisattvas, um den Geist des Verstorbenen in das Sukhavati zu holen. Jenes Reine Land ist Hunderttausends Buddha-Länder westlich von uns entfernt. Wer dort wiedergeboren wird, unterliegt nicht mehr dem Kreislauf der Wiedergeburten. Er wird dort weiter bis zur Erleuchtung praktizieren. In beiden Welten - der unsrigen als auch der dortigen - müssen wir der Kraft des Amitabha vertrauen. Doch die Praxis als eigene Bemühung ist auch dort erforderlich.

Anders als die Anhänger der Reines-Land-Schule verlassen sich die Praktizierenden der Meditationsschule allein auf ihre eigenen Bemühungen, um die Erleuchtung zu erlangen. Dies ist nur möglich in einer Zeit der wahren und starken Lehre. Wir jedoch leben gerade in einer Zeit der schwachen Lehre. Es gibt derzeit kaum jemanden, der genügend Verdienste angesammelt hat, um auf diesem Weg die Erleuchtung zu erlangen.

Viele Leute aus den westlichen Ländern - darunter auch Deutsche - betrachten den Buddhismus als ein Hobby oder eine psychologische Therapie. Obwohl der Buddhismus die letztere Funktion erfüllen kann, ist er nicht ausschließlich als solche anzusehen, denn. Dies würde ein sehr verzerrtes Bild von ihm vermitteln. Der Buddhismus ist nicht wie ein neues Kleidungsstück, das man tragen möchte, weil der christliche Glaube einem selbst wie ein 2000-jähriges Kleidungsstück vorkommt. Das Wichtigste am Buddhismus ist das Vertrauen auf dem Weg der Erleuchtung und Erlösung.

In den 25 Jahren, die ich bisher in Deutschland verbracht habe, habe ich viel für die vietnamesischen Buddhisten getan. Ich unterteile die hier lebenden Ordinierten des Sangha in drei Kategorien:

Die erste Gruppe studiert in einer „normalen" Universität Fächer wie z.B. Religionswissenschaft, Philosophie, Sprachwissenschaften, Pädagogik oder Buddhismus. Diese Ordinierten verwenden zwei Drittel ihrer Zeit auf ihr Studium und nur ein Drittel auf die buddhistische Praxis.

Die zweite Gruppe wohnt ausschließlich im Kloster. Diese Ordinierten verbringen ihre Zeit mit dem Studium der buddhistischen Texte.

Die Ordinierten der erstgenannten Gruppe können ihre Kenntnisse nichtbuddhistischer Literatur und der westlichen Sprachen mit ihren Ordensbrüdern und -schwestern der zweiten Gruppe teilen, während sie von diesen im Gegenzug buddhistisches Wissen vermittelt bekommen.

Die dritte Gruppe ist diejenige der Praktizierenden. Nach dem Abschluss ihres Studiums widmen sich die Ordinierten der beiden obigen Gruppen vollkommen der Praxis. Es gibt in dieser dritten Gruppe außerdem Personen, die des Studierens - z.B. mangels entsprechender Schulausbildung - nicht fähig sind und sich daher nur der Praxis widmen sollen.

Es gibt natürlich auch Ausnahmen - also Ordinierte, welche keiner der drei genannten Gruppen angehören -, doch sie machen nur einen sehr geringen Anteil aus. Der Sangha der Pagode Vien Giac praktiziert nach folgendem Plan:

Das buddhistische Jahr unterteilt sich in zwei wichtige Abschnitte, nämlich in die drei Monate zwischen Buddhas Geburtstag und dem Ullambana-Tag einerseits und in die neun übrigen Monate andererseits.

Im Sommer beginnen viele Ordinierte ihren Tag schon um 4:30 Uhr. Sie rezitieren den Namen oder die Mantras des Buddha oder praktizieren Niederwerfungen. Um 5:45 Uhr versammeln sie sich alle zur Meditation und zur Rezitation des Suramgama-Mantra. Die Morgenandacht dauert bis 7:15 Uhr. Jeder erledigt anschließend seine Hausarbeit. Um 8:00 Uhr gibt es Frühstück. Wer in die Schule oder Universität gehen muss, tut dies im Anschluss. Andere widmen sich dem Studium des Buddhismus. Um etwa 10:30 Uhr findet eine Opfergabezeremonie an den Buddha statt. Um 11:00 Uhr versammeln sich die Ordinierten wieder, und zwar zum zeremoniellen Mahl - ein Essen im Sinne der Achtsamkeit, Opfergabe und Praxis. Von 12:00 bis 14:30 Uhr geht jeder seiner eigenen Beschäftigung nach. Anschließend findet bis 16:00 Uhr Unterricht statt. Um 17:00 Uhr beginnt die abendliche Andacht. Um 18:30 Uhr nimmt man eine Reissuppe zu sich. Um 20:00 Uhr wird eine Niederwerfungszeremonie durchgeführt, bei welcher jeweils ein Wort aus dem Mahaparinirvana vor jeder Niederwerfung rezitiert wird. Der Abend endet mit einer viertelstündigen Meditation, die um 21:30 Uhr beginnt. Dieser Ablauf gilt täglich während der dreimonatigen Klausurzeit.

Im Zeitraum von September bis Mai verläuft das Tagesprogramm etwas lockerer. Nun kann sich jeder einzelne Ordinierte seine eigene Praxis je nach Zeit und Wetter einteilen. Zum Beispiel kann die individuelle Praxis um etwa 5:00 Uhr vor der gemeinsamen Morgenandacht erfolgen. Das Tagesprogramm in diesen Monaten ist ähnlich demjenigen der dreimonatigen Klausurzeit - mit den Unterschieden, dass das Mittagessen erst um 12:00 Uhr eingenommen wird, es um 19:00 Uhr Abendessen gibt und die Rezitation der Mahayana-Sutras nach dem Abendessen eine freiwillige Aktion ist, an welcher trotzdem Viele teilnehmen.

Die Rezitation ist sehr wichtig. In meinen 40 Jahren als Ordinierter habe ich an keinem Tag versäumt, an der Morgenandacht teilzunehmen - ausgenommen in den Fällen, in denen ich krank oder auf Reisen war; doch solche Fälle gab es nur selten. Das Suramgama-Mantra ist ein Text, der Kraft zur Stärkung von Formen, von Gelöbnissen und von Vertrauen erweckt.

Als Ananda auf dem Almosenweg von der Tochter eines Brahmanen verführt wurde, lehrte Buddha zu seiner Befreiung dieses Mantra. Eine Bedingung für die Aufnahme in die Dharma-Universität des Reich-der-Zehntausend-Buddhas-Klosters in San Jose, Kalifornien, ist das Auswendiglernen des Suramgama-Mantra in chinesischer Aussprache - ungeachtet der Nationalität der Studenten. Der Ehrwürdige Tsuan Hua lehrte viel über dieses Mantra, und im Magazin „Bodhi-Ozean" schrieb er: „Wer das Suramgama-Mantra ununterbrochen rezitiert, der wird nicht in die drei niederen Bereiche der Wiedergeburten kommen; sein bisheriges Karma wird überwunden." In seinem Kloster empfiehlt er den Ordinierten die Ausübung von einer oder zwei der sechs Praxen Meditation, Sutra-Rezitation, Mantra-Rezitation, Rezitation der Namen des Buddha, Niederwerfungen und Silaseinhaltung. Jeder Ordinierte soll in die Zurückgezogenheit gehen und wird während dieser Zeit von den Anderen betreut. Anschließend sollen die Rollen vertauscht werden, so dass jeder die Chance einer intensiven Praxis erhält.

Im Kloster Vien Giac gibt es einige Ordinierte, die eine intensive Zeit der Zurückgezogenheit für mehrere Tage oder gar Wochen einhalten. Sie bleiben in ihren Zimmern und widmen sich ganz der Praxis. Sie werden während dieser Zeit von Anderen mit Essen versorgt. Die intensive Praxis ist eine Notwendigkeit für die Entwicklung des Geistes und den Fortschritt auf dem Weg zur Erleuchtung.

Das Suramgama-Mantra gibt bis heute Anlass zu vielen Diskussionen. Es existiert von ihm nämlich kein Originaltext in Sanskrit. Diesen Text gibt es nur im chinesischen, japanischen, vietnamesischen und koreanischen Tripitaka. Ich glaube, dass er im tibetischen Kanon nicht so bekannt ist, obwohl er ein wichtiges Mantra und ein Bestandteil des Tantra-Buddhismus sein soll. Der alten Überlieferung folgend wird er auch dort in der Praxis angewandt, ohne dass nach dem Ursprung geforscht wurde oder wird. Es ist sicher, dass der Ehrwürdige Ananda mit Hilfe dieses Mantras dem Zauberspruch und der Verführungskunst der Bramanentochter nicht erlag.

Die Praxis der Niederwerfung ist sehr wichtig für mich und für die anderen Ordinierten des Klosters Vien Giac. Es gibt verschiedene Formen der Niederwerfung, die sich je nach der landesüblichen Tradition richten. In den Ländern des Theravada-Buddhismus wie Thailand, Sri Lanka, Myanmar, Laos und Kambodscha vollziehen die Buddhisten die Niederwerfung im Sitzen. In den Ländern des Mahayana-Buddhismus wie Tibet, Bhutan, der Mongolei, China, Korea, Japan und Vietnam hingegen praktizieren die Buddhisten die Niederwerfung, indem sie zunächst aufstehen und sich dann gänzlich bäuchlings hinlegen. Doch nur die Tradition des tibetischen Buddhismus verlangt die Ausführung dieser Geste exakt nach der Regel der „fünf Körperglieder am Boden" - d. h. Stirn, Ellenbogen und Knie sollen gleichzeitig den Boden berühren.

Viele Tibeter vollziehen täglich Tausende Niederwerfungen - im Kloster sowie auf dem Weg zum Potala-Palast in Lhasa und zu den buddhistischen Pilgerstätten wie Bodhgaya (wo Buddha erleuchtet wurde), Lumbini (wo er geboren wurde), Sarnath (wo er zum ersten Mal seine Lehre verkündete) und Kushinagar (wo er ins Nirvana einging).

In China vollzog der Hochehrwürdige Tsu Yuan jeweils eine Niederwerfung nach drei Schritten, als er zu Fuß die Strecke von Pu Tuo Shan (wo der Avalokiteshvara in China erscheinen sollte) bis nach Wu Tai Shan (wo der Manjushri in China erscheinen sollte) zurücklegte. Dies erforderte einen starken Willen.

Jede Niederwerfung soll ein schlechtes Karma im vergangenen Leben entkräften; sie repräsentiert das notwendige Vertrauen, mit dessen Hilfe eigene Kraft zur Ausdauer entwickelt werden kann. Die Prajna-Weisheit wird sich zeigen, wenn die Energie in uns frei fließen kann und alle Chakras geöffnet sind. Wir sollten dennoch ohne Erwartung und Hoffnung praktizieren. Was kommt, wird kommen.

Seit 1984 praktizieren ich persönlich und die anderen Ordinierten des Klosters Vien Giac die Niederwerfung. Zuerst vollzogen wir sie bei gleichzeitiger Nennung der 500 Namen des Avalokiteshvara-Buddha anlässlich meiner ersten Zeit der Zurückgezogenheit im Sommer im Ausland. Ich selbst wurde 1964 im Kloster aufgenommen und 1971 zum Bhiksu ordiniert; doch erst 1984 begann ich persönlich mit der Praxis. Die Zeit meiner Vorbereitung war also ziemlich lang. Ich beobachtete währenddessen oft die älteren Buddhisten, während sie das Kloster besuchten und die Niederwerfung nur im Sitzen ausführen konnten, da sie keine Kraft mehr besaßen, um sich dabei stets zu erheben. Ich dachte an meine Zukunft - daran, dass ein solcher Tag mit Sicherheit auch für mich kommen würde - und traf für mich persönlich die Entscheidung, jährlich während der dreimonatigen Klausurzeit die Niederwerfung zu praktizieren. Seitdem sind schon fast 20 Jahre vergangen.

Im Anschluss an die oben genannten Niederwerfungen zu den 500 Namen des Avalokiteshvara-Buddha vollzogen wir in der Pagode Vien Giac die Niederwerfungen bei gleichzeitiger Nennung der 3.000 Namen des Buddha der drei Zeiten. Damals führten wir allabendlich etwa 100 Niederwerfungen aus; an manchen Abenden erreichten wir sogar 200 von ihnen. Derzeit vollziehen wir stündlich etwa 300 bis 350 Niederwerfungen.

Nach den Niederwerfungen zu den 3.000 Namen des Buddha der drei Zeiten folgten in unserem Kloster Niederwerfungen zu einem Text mit 10.000 Namen des Buddha. Anschließend vollzogen wir zu jedem Wort des Lotussutra eine Niederwerfung. Dies war ein langwieriger Prozess. Innerhalb von fünf Jahren - exakt vom 07. Juni 1990 bis zum 10. Juni 1995 - führten wir 75.802 Niederwerfungen zu diesem Text aus. So vollzogen wir in dieser Zeit jährlich ungefähr 13.000 bis 14.000 Niederwerfungen. Das Lotussutra ist ein wichtiges Sutra im Mahayana-Buddhismus, das wir sehr oft rezitieren, kommentieren und lernen. Die geschilderte Praxis im Kloster Vien Giac wurde fortgesetzt mit Niederwerfungen zu jedem Wort des Mahanirvana-Sutra. Diese Form der Praxis wird bei uns seit dem 11. Juni 1995 ausgeübt und dauert derzeit noch an.

Die neue schriftliche Ausgabe des eben genannten und zurzeit von uns während der Niederwerfungen Wort für Wort rezitierten Sutras umfasst nur noch zwei Bände mit kleinen Buchstaben. Der erste Band hat etwa 750 Seiten. Wir sind inzwischen auf Seite 515 des ersten Bandes angelangt. Wenn durchschnittlich 200 Worte auf jeder Seite stehen, dann haben wir also seit Mitte 1995 bereits über 100.000 Niederwerfungen zum Text dieses Sutras ausgeführt. Es bleiben noch mehr als 10 Jahre, bis jedes Wort dieses Sutras von uns mit einer Niederwerfung geehrt sein wird.

Obwohl wir täglich nur einige 100 Niederwerfungen vollziehen, kommen große Zahlen bei der Addition der Niederwerfungen von Monaten und Jahren zustande. Ähnlich verhält es sich mit dem kleinen negativen Karma; sie häufen sich unbemerkt an. Die eigenen Verdienste werden - wenn sie nicht ständig erneuert werden - allmählich schwinden. Deshalb soll ein Buddhist in jeder Minute Verdienste sammeln und negatives Karma vermeiden.

Auch in Vietnam gab es einige Ehrwürdige, welche die Praxis der Niederwerfungen vollzogen, doch diese Praxis konnte sich dort zunächst nicht durchsetzen. Im Ausland war ich vermutlich der Erste, der sie propagierte, und zwar seit 1984. Heute praktizieren viele Ordinierte in Deutschland, im übrigen Europa, in den USA und in Vietnam für sich selbst und für die Buddhisten ihrer Klöster die Niederwerfung während der dreimonatigen Klausurzeit, des Athangasila-Tages oder intensiver Praxisveranstaltungen.

Wenn man an diese Praxis gewöhnt ist, dann hat man keine Schwierigkeit mehr damit, am Uposatha-Tag „nur" 108 Niederwerfungen auszuführen. Wer sich so zur eigenen Praxis motiviert und diese kultiviert, wird viel Nutzen aus ihr ziehen können.

Das Umschreiten der Buddha-Statue während der Rezitation der Namen des Amitabha-Buddha mittags und abends sowie derjenigen des Shakyamuni-Buddha am frühen Morgen ist eine Art von Gehmeditation. Meditation ist nicht nur im Sitzen möglich, sondern auch während anderer Aktivitäten des Körpers wie Gehen, Stehen und Liegen. Alle diese vier Aktivitäten sollen mit Achtsamkeit und gezielter Konzentration ausgeführt werden; dann erzielt man gute Erfolge.

Ein weiterer Effekt der Gehmeditation ist die Korrigierbarkeit des Benehmens auch im bewegten Zustand des Körpers. Der Verdienst durch das Einhalten der ethischen Regeln vermehrt sich auch auf diese Weise. Die Form, der Geist und der Charakter der ethischen Regeln entsprechen auch der Grundpraxis des Buddhismus. Wenn wir in unserem Alltag das Fehlen von Tugend und Achtsamkeit bemerken, dann haben wir etwas in unserer Praxis falsch gemacht.

Während der Abendandacht werden die Sutras des Sukhavati, des Reubekenntnisses und der Opfergabe an die Petas (die Hungrigen Geister) rezitiert. Diese Andacht ist ein Ausdruck des Mitgefühls für die Verstorbenen; und Mitgefühl ist eine notwendige Motivation für die buddhistische Praxis. Deshalb soll die Zeremonie voll konzentriert und mit ganzem Herzen durchgeführt werden. Die Rezitation ist gleichzusetzen mit dem Andenken, das Andenken wiederum ist gleichzusetzen mit der Konzentration, und die Konzentration stellt eine obligatorische Übung eines buddhistischen Praktizierendem dar. So gesehen haben alle buddhistischen Schulrichtungen doch nur ein Ziel: den inneren Frieden und äußere Veränderung zum Wohl aller Wesen.

Praxis bewirkt Veränderung des Karmas, ist die Wurzel von Verdiensten, ist das Abändern und soll dem Praktizierenden selbst und Anderen Glück bringen. Praktizieren bedeutet keinesfalls Verstecken vor dem Leben und vor den Menschen, denn Praxis beinhaltet Akzeptanz und Transformation des Leidens.

Ich sage oft, dass das Lernen keine Erlösung bringt, doch ohne das Lernen kann ein Praktizierender die Tore zur Erlösung nicht öffnen. Das weltliche Wissen soll die buddhistische Weisheit ergänzen - und umgekehrt. Lernen vermittelt Wissen; doch ohne Richtlinien wird das Wissen zu einem Hindernis, welches zwar die intellektuelle Neugier befriedigt, für die Praxis aber unbrauchbar ist.

Im Kloster Vien Giac findet an manchen Wochenenden eine intensive Praxis statt. Es gibt die Praxis des Mitgefühls, wobei das Mahakarunadharani viele Stunden und Tage lang wiederholt wird sowie körperliche, verbale und geistige Aktivitäten trainieren werden. Es gibt auch die Praxis des Reinen Landes, bei welcher das Bild des Amitabha-Buddha wie eine Gottheit behandelt wird und sein Name als Mantra zur ständigen Wiederholung dient. Das Aufsagen des Namens des Amitabha-Buddha soll nicht erst am Sterbebett erfolgen, sondern bereits im Alltag oft wiederholt werden, denn der Buddha ist ständig aktiv - getreu seinem Gelübde, Wesen mit Vertrauen in sein Reich zu holen.

Allabendlich findet im Kloster Vien Giac im Anschluss an die Niederwerfungen (s.o.) eine 15-minütige Sitzmeditation statt. Als Buddha noch lebte, praktizierten die Ordinierten die Meditation sehr ausgiebig; manche von ihnen meditierten ganze Nächte hindurch. Der östlichen Tageszeitrechnung zufolge haben der Abend und die Nacht fünf Abschnitte:

Erster Abschnitt: 19:00 - 21:00 Uhr
Zweiter Abschnitt: 21:00 - 23:00 Uhr
Dritter Abschnitt:23:00 - 01:00 Uhr
Vierter Abschnitt: 01:00 - 03:00 Uhr
Fünfter Abschnitt: 03:00 - 05:00 Uhr

Während all dieser Zeitabschnitte soll ein Praktizierender immer wach bzw. aufmerksam sein. Wer durch Müdigkeit benebelt ist, hat seinen höheren Geist noch nicht geweckt. Deshalb soll ein Buddhist immer strebsam während seiner Praxis sein. Im nichtbuddhistischen Ausland gibt es einige Klöster, in denen bis 7:00 Uhr morgens keine Praxis durchgeführt wird, denn die einheimischen Nachbarn könnten sich sonst beschweren. In der Heimat stehen die Ordinierten vor 5:00 Uhr auf, also noch vor Sonnenaufgang. Es gibt auch Orte, an denen die Ordinierten noch früher aufstehen. Die Ordinierten in Korea z.B. leben hoch in den Bergen, wo die Landschaft sehr rein und die Atmosphäre sehr ruhig ist. Sie stehen bereits um 2:00 Uhr morgens für ihre Meditation und Rezitation auf, doch schon um 16:00 Uhr essen sie zu Abend und beginnen anschließend mit der abendlichen Meditation, bevor sie sich bereits um 18 Uhr zur Ruhe begeben.

Viele Deutsche können sich in einem vietnamesischen Kloster wie bei uns in der Pagode Vien Giac nicht zurecht finden. Sie haben Probleme mit den Niederwerfungen, mit dem frühen Aufstehen und mit der Rezitation. Auch die Sprache stellt ein schwieriges Problem dar. Sie suchen sich daher Orte, an denen sie sich besser sich einfügen können. Wie ich schon erwähnte, kann ein Praktizierender die Erleuchtung nicht innerhalb eines Lebens erlangen. Der Weg zur Erlösung ist lang und hat viele Stufen, welche zu erklettern sind.

In Deutschland gibt es heute 17 vietnamesisch-buddhistische Ortsvereine, 7 Jugendgruppen unserer Buddhistischen Familien und 10 vietnamesisch-buddhistische Tempel. Jährlich besuchen ich und die anderen Ordinierten des Klosters Vien Giac ein oder zwei Mal die verschiedenen Orte mit vietnamesisch-buddhistischen Einrichtungen; und im Gegenzug versammeln sich die Buddhisten der Ortvereine anlässlich der großen Feierlichkeiten wie Buddhas Geburtstag (Vesak-Fest), Ullambana- und Neujahrsfest bei uns im Kloster, um sie mit uns gemeinsam zu begehen.

Seit 1999 bieten wir jährlich vom 01. bis zum 14. Juli den Laienbuddhisten eine intensive Schulung an. Die Congregation hat diese Tradition eingeführt, um auch denjenigen Laienbuddhisten, welchen die vollständige Ordination nicht möglich ist, eine Möglichkeit zur Praxis zu geben. Meistens handelt es sich bei den Teilnehmern um Buddhisten mit Bodhisattva-Gelübte. Sie lassen sich die Haare scheren, tragen braune Umhänge und praktizieren wie Ordinierte. Die Anzahl der Teilnehmer schwankt je nach Anzahl der Urlaubstage der Laien; manchmal liegt sie bei über 150, manchmal jedoch auch unter 100.

Außerdem nehmen diese Laienbuddhisten an einem Seminar teil, welches von der Congregation jährlich in einem anderen Land Europas organisiert und durchgeführt wird. Die Teilnehmerzahl schwankt hier zwischen 500 und 1000. Das Seminar wird im Sommer - Ende Juli und Anfang August - veranstaltet, um Schülern und Studenten die Teilnahme zu ermöglichen. In diesem Jahr (2002) fand es in England statt, und im nächsten Jahr (2003) wird das 15. Seminar in Dänemark durchgeführt. Der Veranstaltungsort für das jeweils nächste Seminar wird bereits ein Jahr vorher bekannt gegeben, sodass die Teilnehmer sich darauf vorbereiten können.

Die Lehrpersonen dieser jährlichen Seminare sind in der Regel Mönche der Congregation in Europa, doch die Congregation lädt auch regelmäßig jährlich ein oder zwei Lehrer aus außereuropäischen Ländern ein. Während eines solchen Seminars gibt es täglich drei Lehrunterweisungen und drei Rezitationen sowie Arbeit und Mahlzeiten für die Teilnehmer. Am Ende des Kurses wird ein kleiner Ausflug organisiert. Viele Laienbuddhisten entwickeln eine richtige Leidenschaft für diese Kurse; in manchen von ihnen reift auf Grund solcher Veranstaltungen auch der Wunsch zur Ordination.

Die Veranstaltung des Athangasila-Tages oder des Tages der intensiven Praxis ist sehr schwierig zu organisieren, da keine feste Institution hierfür vorhanden ist. Meistens wird eine Halle für das betreffende Wochenende gemietet. Die Organisierenden stehen jedes Mal der Ungewissheit gegenüber, wie hoch die Teilnehmerzahl an der jeweiligen Veranstaltung sein wird, ob das Wetter mitspielen wird, und wer für was zuständig sein sollte. Die Teilnehmerzahl schwankt zwischen 25 und 120 und richtet sich nach der Anzahl der

Buddhisten im Einzugsgebiet der Einrichtung. Außerdem nehmen auch Buddhisten aus der weiteren Umgebung an der Veranstaltung teil - manchmal allerdings nur aus Höflichkeit oder zur moralischen Unterstützung. Manche kommen, um eine Unterweisung nicht zu verpassen, denn bei solchen Gelegenheiten gebe ich eine bis zwei Unterweisungen von je anderthalb Stunden Dauer. Manche Texte können allerdings nur in 10 oder 20 Unterweisungen abgehandelt werden.

Die Teilnehmer kommen bei solchen Veranstaltungen am Samstagmorgen und bleiben bis zum Sonntag, um zwei bis drei Unterweisungen zu hören. Es gehören auch zwei bis drei Rezitationen sowie ein Erfahrungsaustausch dazu. Als Abschluss einer solchen Veranstaltung gibt es immer ein öffentliches Gebet, an welchem auch diejenigen Buddhisten teilnehmen, welche keine Zeit haben, um den ganzen Tag der Veranstaltung zu folgen. Außer einer Rezitation gehört eine Unterweisung zum abschließenden Treffen, doch in dieser wird nur ein allgemeines Thema und nicht die tiefe Philosophie des Buddhismus behandelt. Daher gilt die tiefergehende Lehre nur den Praktizierenden, welche eine ernsthafte Praxis an den Tag legen.

Bei Veranstaltungen, die ich nicht persönlich leite, sondern die von meinen Schülern durchgeführt werden, geht es um die intensive Praxis des Mitleids oder um das Reine Land. Diese Veranstaltungen können kürzer sein, da der Schwerpunkt mehr auf der Praxis als auf dem Lernen liegt. Die Mantras und die Namen des Buddha werden hierbei mehrere Stunden lang rezitiert, oder das Stillsitzen wird geübt.

Es gibt jährlich etwa 10.000 Deutsche, die das Kloster Vien Giac besuchen, z. B. um den Buddhismus oder die vietnamesische Kultur kennen zu lernen. Die meisten dieser Besucher interessieren sich für die Meditation; und ihre an uns gerichteten Fragen kreisen um die Wiedergeburt oder Reinkarnation sowie um den Ort derselben nach dem Tod. Was ist Nirvana? Wie ist die Zustand der Erleuchtung? Diese Fragen sind nicht sehr einfach, doch auch nicht so kompliziert zu beantworten. Es gibt aber auch Situationen, in denen eine Antwort nicht erforderlich ist, denn die Fragenden wären in diesen Fällen noch nicht bereit, eine solche zu akzeptieren und zu verstehen. Aus der Sicht einer theistischen Religion kann man den Buddhismus gar nicht nachvollziehen.

Von 1994 bis 2001 bot ich abendliche Kurse für Deutsche an. Die Teilnehmer gehörten verschiedenen sozialen Schichten an: Ärzte, Ingenieure und Lehrer waren ebenso vertreten wie einfache Berufstätige, welche Interesse am Buddhismus zeigten. Die Kurse fanden einmal monatlich statt und hatten unterschiedlich starken Zulauf. Am vollsten war es eines Abends mit 25 Personen, am leersten einmal mit nur 5 Teilnehmern. Zuerst fand jeweils eine halbstündige Sitzmeditation statt; dann wurde ein Text gemeinsam behandelt, wobei ein Abschnitt gelesen, unbekannte Worte daraus erläutert und der Inhalt erklärt wurde; und schließlich folgte eine Diskussion über das Gelesene.

Obwohl diese Kurse ihre Wirkung zeigten, fand ich, dass die meisten Deutschen mehr an der Diskussion und dem intellektuellen Wissen interessiert sind. Sie nehmen die Praxis nicht so ernst; deshalb ist es auch im Umgang mit ihnen schwierig, ein Gleichgewicht zwischen Wissen und Weisheit herzustellen.

Einige andere asiatische Lehrer, die ihr Studium in westlichen Ländern abgeschlossen hatten, stießen ebenfalls auf Hindernisse bei der Vermittlung des Buddhismus an die Deutschen. Zum Beispiel soll der Methode des Paramitta zufolge ein Praktizierender zunächst die Praxis der Großzügigkeit üben, bevor er zur ethischen

Übung übergeht, welche wiederum als Basis des Gleichmuts dient, der seinerseits von der Anstrengung abgelöst wird. Erst dann - mit Hilfe der Anstrengung - soll ein Praktizierender die Meditation und anschließend die Weisheit üben. Die meisten Deutschen jedoch wollen sofort mit der Meditation beginnen, ohne die vorhergehenden Praktiken zu beachten. Meditation kann Weisheit erzeugen; doch dies wird nicht geschehen, wenn man auf die aufbauenden Abschnitte verzichtet.

Ein Deutscher kann 5, 10 oder sogar 100 Euro für einen Dharma-Vortrag zahlen; doch von einer freiwilligen Spende ist bei ihm keine Rede. Deshalb wird die Praxis für Menschen im Osten und im Westen stets eine andere Bedeutung haben. Obwohl es in Deutschland sehr viele buddhistische Zentren gibt, praktizieren die Deutschen den Buddhismus auf ganz andere Weise als z.B. wir Vietnamesen.

Bei einer Begegnung mit einem deutschen buddhistischen Mönch, der für den Aufbau seines Zentrums in Norddeutschland Spenden sammelte, machte ich den Vorschlag, jeder in seiner Gemeinde sollte für einen Quadratmeter des Neubaus spenden. Er sah mich an, lachte und sagte: „Sie haben recht! Doch meine Landleute erwarten, wenn sie für einen Meter oder zehn Meter spenden, auch irgendeinen Vorteil für sich selbst aus diesem Stück Land, sonst spenden sie nicht. Deutsche sind nicht wie Vietnamesen oder andere Asiaten." „Dies entspricht nicht dem Sinn des Dana, der Großzügigkeit.", erwiderte ich.

An dieser Geschichte erkennen wir die unterschiedlichen Mentalitäten der verschiedenen Völker. Es ist nicht unbedingt negativ zu werten, dass die Deutschen stets Gegenleistungen für ihre Handlungen erwarten. Es ist auch nicht durchweg positiv zu bewerten, dass die Asiaten mehr Hingabe für spirituelle Dinge zeigen. Es ist die strikte Unterteilung, die stört.

Wie ist denn die Arbeitsmotivation der Caritas oder der Diakonie zu verstehen? Natürlich gibt es auch auf diese Frage unterschiedliche Antworten. Ein reicher Deutscher ohne Erbe könnte seinen Besitz der Kirche vermachen. Die Kirche hat allerdings auch Einnahmen aus der Kirchensteuer. Sie benutzt das Geld, um es zu investieren. Deshalb geben die Deutschen bei einer Spendenaktion in der Regel nur Münzen ab. Bei den buddhistischen Veranstaltungen in Deutschland verläuft alles anders. Die Teilnehmer müssen Eintritt bezahlen, sodass die Veranstalter die Miete der Halle, die Benzinkosten und den Lohn professioneller Mitwirkender bezahlen können. In Asien geschieht so etwas auf freiwilliger Basis: Jeder nimmt dort an einer Veranstaltung teil und gibt anschließend seine Spende ab. In Vietnam lautet ein Sprichwort: „Ich bin ein Wohlhabender, ich opfere ein Bündel! - Ich bin ein Armer, ich opfere ein Stäbchen!" Dies bedeutet, dass der Spender die Summe seiner Gabe nach seinen eigenen finanziellen Möglichkeiten richtet. Dies entspricht nicht einer kommunistischen Regel, sondern einer Gleichstellung der Menschen im Wert ihrer Gabe und in ihrem Vertrauen zu Buddha und seiner Lehre. Der Buddha bestraft nicht die armen Menschen, die keine Spende darbringen. Er rettet auch nicht die reichen, die viel spenden.

Die Deutschen und die anderen Europäer haben viele große Werke geschaffen, denn sie sind immer durchdachten Plänen gefolgt. Die Asiaten sind da anders: Sie bauen nur so weit, wie ihr Geld reicht. Trotzdem werden Sie in Vietnam, Korea, Japan, China, Tibet, Thailand und Bhutan sehr große buddhistische Tempel und Klöster sehen. Sie alle entstanden nur auf Grund von Spenden der Buddhisten. In China sind manche Tempel größer als ein Königspalast.

In manchen Regionen gilt das Sprichwort „Die Dorftradition hat Vorrang vor dem Königserlass." Das bedeutet, dass die Buddhisten, wenn sie sich für eine religiöse Aktion engagieren, auch nicht vom König davon abgehalten werden können. Für sie ist die religiöse Pflicht die heiligste.

Der Buddhismus erreichte deutschen Boden schon vor 200 Jahren. Zuerst war es Arthur Schopenhauer, der sich mit dem Buddhismus befasste; ihm folgten u.a. Hermann Hesse und Friedrich Nietzsche. Sie waren berühmte Philosophen vor 100 bzw. 200 Jahren und auf der Suche nach einer Theorie, die der Ethik entspricht und vom theistischen Denken abweicht. Sie waren weder Geistliche noch spirituelle Leiter. Deshalb gaben sie sich keine Mühe, große Zentren oder Tempel zu errichten. Die Deutschen haben inzwischen die Wichtigkeit der Institution des Buddhismus - sowohl baulich als auch geistig - in ihrem Land erkannt. Buddhistische Zentren schießen hier nun überall aus dem Boden - oftmals allerdings nicht als Orte der Religionsausübung, sondern vielmehr als ein Ausdruck des Glaubens ihrer Erbauer als Buddhisten.

Der Buddhismus ist kein Eigentum der Asiaten und erst recht nicht dasjenige eines bestimmten Volkes. Wer ihn als für sich selbst geeignet empfindet, der kann nach seinen Grundsätzen leben und sich zu ihm bekennen. So einfach ist das! Der Buddhismus strebt nicht nach einer großen Zahl von Anhängern und versucht so etwas auch nicht durch Eroberungen von Völkern zu erreichen. Deshalb gibt es im Buddhismus keine Institution zur Missionierung Anderer. Die Vietnamesen kamen nach Deutschland, um politisches Asyl zu finden, als sie nicht mit dem kommunistischen Regime in Vietnam zurechtkamen. Als die kritischen Deutschen früher das Deutsche Reich als nicht mehr geeignet befanden, suchten sie überall auf der Welt Zuflucht. Als die Vietnamesen, die Tibeter und andere Asiaten nach Deutschland kamen, brachten sie auch ihre Religion mit, welche in ihrer Heimat bereits seit Tausenden von

Jahren existiert, um sie hier weiter zu praktizieren. Manche der Einheimischen empfinden diese Religion als für sich geeignet - da Toleranz und großes Mitleid aufweisend -, und befolgen nun diese Lehre. Die Zahl deutscher Buddhisten wächst auf natürliche Weise, ohne besondere Erwartungen zu erfüllen - und ohne Unterstützung seitens einer inneren oder äußeren Macht.

Dieses Kapitel habe ich der Darstellung der Praxis sowohl der Vietnamesen als auch der Deutschen in der Pagode Vien Giac in Hannover gewidmet. Jeder Buddhist soll die Kultivierung des Mitleids und der Nichtanhaftung zu Gunsten des Glücks aller Wesen praktizieren. In diesem Leben erfahren die Menschen mehr Leid als Glück. Die Lehre des Buddha ist der Weg zum ewigen Glück - das Glück bei der Betrachtung des lächelnden Antlitzes des Buddha oder durch die Berührung mit dem Sangha. Doch dies sind lediglich äußerliche Einflüsse - viel wichtiger ist es, im eigenen Inneren Glück zu entwickeln. Wenn unser Geist glücklich ist, können wir auch andere an diesem Glück teilhaben lassen.

Normalerweise ist unser Geist von Gier, Hass und Verblendung getrübt. Mit Hilfe der Praxis der Tugend können wir diese negativen Emotionen überwinden. Wir brauchen diese Emotionen nicht an jemanden abzugeben. Auch würde niemand so dumm sein, unsere Last auf sich zu nehmen. Wie kann man solche Emotionen loswerden? Das ist nicht so einfach.

Letztendlich haben alle Schulungen das Ziel, die eigene Natur aufzudecken; denn nur so können mit Hilfe der Praxis gute Erfolge erzielt werden. Andererseits führt die Praxis aber auch zu mehr Leid und negativen Emotionen.

Die Vietnamesen befolgen den Buddhismus als ein Erbe - eine Tradition, welcher bereits ihre Eltern angehörten. Ein Verständnis der Lehre erfordert inniges Lernen und Umsetzen. Tradition allein kann kein Wissen vermitteln.

Die Deutschen besitzen eine theistische Tradition; deshalb halten sie den Buddhismus für leichter umsetzbar und glauben, dass sie schnell das Nirvana erreichen können. In Wirklichkeit ist Letzteres nicht so einfach. Um Gold und Diamanten zu finden, muss man tief in der Erde graben. Gold und Diamanten kann man nicht einfach auf der Erde aufsammeln! Mit der buddhistischen Praxis verhält es sich genau so.

Kapitel VIII

DIE LAGE DES KLOSTERS PAGODE VIEN GIAC IN HANNOVER - EINE BESCHREIBUNG FÜR VIETNAMESEN UND DEUTSCHE

Die Pagode Vien Giac wurde in Hannover, der Hauptstadt des Bundeslandes Niedersachsen errichtet. Es ist vermutlich das erste buddhistische Kloster für Ausländer und Deutsche in Deutschland seit der Einführung des Buddhismus in diesem Land.

Nach inzwischen mehr als 200 Jahren Buddhismus in Deutschland gibt es inzwischen (2002) mehr als 500 Vereine und Institutionen deutscher oder ausländischer Buddhisten, doch unter ihnen befinden sich nur zwei neue asiatische Bauten, nämlich die Pagode Vien Giac und der japanische Tempel Nikko in Düsseldorf. Die anderen Institutionen haben z.B. Wohnhäuser und Schlösser gekauft und diese zu Zentren umgebaut. Das buddhistische Zentrum in Berlin-Frohnau z.B. wurde von Dr. Dahlke gestiftet und ist aus einem umgebauten Wohnhaus hervor gegangen.

Da sich die Pagode Vien Giac in Hannover befindet, folgen an dieser Stelle einige Fakten über Niedersachsen.

Die momentane Bevölkerungszahl dieses Bundeslandes liegt bei 7.815.000 Einwohnern. Dies entspricht 9,5 % der Gesamtbevölkerung der Bundesrepublik Deutschland. Von den Einwohnern Niedersachsens sind 3.999.600 Frauen und 3.815.500 Männer. Die Anzahl der Ausländer liegt bei 476.700. 4.735000

Einwohner sind evangelisch und 1.401.000 katholisch. Dies sind Daten aus der Niedersächsischen Staatskanzlei vom 18.06.2002.

Aus den Angaben ist ersichtlich, dass in diesem Bundesland die Frauen in der Überzahl sind, und dass es hier dreimal mehr Protestanten als Katholiken gibt. Von den halben Million Ausländern gibt es noch keine Statistik über deren Religionszugehörigkeit. Ich vermute, dass die Muslime die Mehrheit unter ihnen stellen, da sehr viele Türken in Niedersachsen leben. Ich versuche im Moment, Material über die Vietnamesen zu sammeln, um ein gemeinnütziges Programm zu initiieren - zunächst nur auf niedersächsischer Ebene und später vielleicht für den Bereich der ganzen Bundesrepublik.

Unsere Pagode ist seit 1978 aktiv, also bereits 25 Jahre lang. Es sind nur noch fünf Jahre bis zur allgemeinen staatlichen Anerkennung des Buddhismus als Religionsgemeinschaft in Deutschland bzw. in Niedersachsen, wie dies bereits in Italien und Österreich der Fall ist. In diesen fünf Jahren werden wir versuchen, eine Liste der in Niedersachsen lebenden Buddhisten (Vietnamesen und Nicht-Vietnamesen) zu erstellen, um nach Möglichkeit die Zahl zu ermitteln, die eine Anerkennung des Buddhismus als Organisation des öffentlichen Rechts in Niedersachsen rechtfertigen würde.

Die von den Buddhisten angestrebte staatliche Anerkennung ist seitens der Behörden an einige Bedingungen gekoppelt, welche ihre Religionsgemeinschaft erfüllen muss:

Dreißig Jahre Aktivität in Niedersachsen (Diese Bedingung können wir 2008 erfüllen.)

Ein Promille der Bevölkerung als Angehörige der Religion (Nach dem heutigen Stand müssten sich 7.800 Buddhisten in Niedersachsen als solche registrieren lassen. Diese für die Anerkennung erforderliche Zahl ist zwar nicht sehr hoch, doch in den nächsten fünf Jahren kann sich vieles verändern. Angesichts der derzeit zu verzeichnenden Wachstumstendenz rechne ich mit 8.500 bis 9.000 Buddhisten in der Zukunft.)

Gänzliche Klärung steuerlicher Fragen beim Finanzamt und institutionsbezogener Fragen beim Innenministerium. Derzeit - nach bisher 25 Jahren Kontakt - erfüllen wir diese Bedingung bereits, denn unsere Beziehungen zu den genannten Behörden sind sehr eng.)

Die Erlangung der Anerkennung des Buddhismus als Organisation des öffentliches Rechts in Niedersachsen bedarf einer langwierigen Arbeit, hätte aber auch dauerhafte positive Auswirkungen: Die Anerkennung unserer Religionsgemeinschaft könnte z.B. unseren Kindern buddhistischen Religionsunterricht in Schulen ermöglichen; die buddhistischen Feiertage könnten von buddhistischen Arbeitnehmern als religionsbedingte freie Tage in Anspruch genommen werden; und wichtige Ereignisse mit buddhistischem Hintergrund könnten landesweit offizielle Bedeutung bekommen.

Nach einer Statistik vom 31.12.1996 gibt es in Niedersachsen mehrere Städte mit mehr als 100.000 Einwohnern:

Hannover:	523.000
Braunschweig:	251.000
Osnabrück:	167.000
Oldenburg:	114.000
Göttingen:	126.000
Wolfsburg:	125.000
Salzgitter:	117.000
Hildesheim:	105.000

Es gibt in Niedersachsen vier Bezirksregierungen: Braunschweig (zuständig für 1.678.000 Einwohner), Hannover 2.147.000 Einwohner), Lüneburg (zuständig für 1.616.000 Einwohner) und Weser-Ems (zuständig für 2.374.000 Einwohner).

Niedersachsen hat eine Grundfläche von 47.609 km², dies entspricht 13,3 % der Fläche der Bundesrepublik Deutschland. Von der genannten Gesamtgrundfläche sind 29.700 km² landwirtschaftliche Nutzfläche, 9.850 km² Wald, 2.850 km² bebaute Fläche, 2.250 km² Verkehrswege, 10.000 km² Landschaftsschutzgebiete und 1.300 km² Naturschutzgebiete.

Die bemerkenswertesten Höhen über der Meeresoberfläche in Niedersachsen liegen bei:

Wurmberg (Harz):	971 m
Bruchber (Harz):	927 m
Achtermann (Harz):	925 m
Freepsumer Meer:	- 2,3 m
Wynhamster Kolb:	- 2,3 m

Niedersachsen hat folgende Flüsse und Kanäle (mit Angaben zu den Gesamtlängen):

Weser (einschließlich Werra und Fulda):	378 km
Elbe:	262 km
Ems:	241 km
Leine:	211 km
Mittellandkanal mit Seitenkanälen:	195 km
Dortmund-Ems-Kanal:	147 km
Elbe-Seitenkanal:	115 km

Das Land besitzt auch bedeutende natürliche Seen und Stauseen:

Steinhuder Meer:	27 km²
Dümmer See::	13 km²
Zwischenahner Meer:	5,5 km²
Großes Meer:	2,6 km²
Okertalsperre:	2,3 km²
Granetalsperre:	2,2 km²

Nach den oben genannten geographischen seien im Folgenden noch einige andere wichtige Fakten angeführt:

Augenblicklich (2002) hat die SPD im Niedersächsischen Landtag mit 83 Abgeordneten eine relative Mehrheit in Höhe von 47,9 % der Parlamentssitze, die CDU mit 62 Abgeordneten 35,9 % der Sitze und die Partei der Grünen mit 12 Abgeordneten 7 % der Landtagssitze.

Die niedersächsischen SPD-Minister sind wie folgt:

- Ministerpräsident:
  Herr Sigmar Gabriel
- Finanzminister:
  Herr Heinrich Aller
- Innenminister:
  Herr Heiner Bartling
- Kultusministerin:
  Frau Renate Jürgens-Pieper
- Minister für Land- und Forstwirtschaft:
  Herr Uwe Bartels
- Ministerin für Frauen, Arbeit und Soziales:
  Frau Dr. Gitta Trauernicht
- Justizminister:
  Herr Dr. Christian Pfeiffer
- Ministerin für Wirtschaft, Technik und Verkehr:
  Dr. Susanne Knorre
- Kultus- und Wissenschaftsminister:
  Herr Thomas Oppermann
- Umweltminister:
  Herr Wolfgang Jüttner
- Minister für Bundes- und Europaangelegenheiten:
  Herr Wofgang Senff

Außerdem sollten wir die ehemaligen Ministerpräsidenten von Niedersachsen kennen:

1946-1955:	Herr Heinrich Wilhelm Kopf (SPD)
1955-1959:	Herr Heinrich Hellwege (DP)
1959-1961:	Herr Hinrich-Wilhelm Kopf (SPD)
1961-1970:	Herr Georg Diederichs (SPD)
1970-1976:	Herr Alfred Kubel (SPD)
1976-1990:	Herr Ernst Albrecht (CDU)
1990-1998:	Herr Gerhard Schröder (SPD)
1998-1999:	Herr Gerhard Glogowski (SPD)

Seit 1999 ist Herr Sigmar Gabriel (SPD) niedersächsischer Ministerpräsident (s.o.). Von allen Ministerpräsidenten des Bundeslandes Niedersachsen hatte Herr Albrecht mit 14 Jahren die längste Amtzeit inne. Obwohl die SPD als Partei am längsten dieses Amt besetzen konnte, war der Ministerpräsident dieser Partei, der es am längsten bekleidete, nur 11 Jahre lang an der Spitze der Landesregierung. Während der Amtszeit von Herrn Albrecht wurden die vietnamesischen Flüchtlinge aufgenommen und begünstigt. Ich hatte die Ehre, zweimal mit ihm persönlich im Landtag sprechen sowie ihn und seine Frau bei uns im Kloster Vien Giac empfangen zu können.

Die Existenz des Neubaus der Pagode Vien Giac in der Karlsruher Str. 6 auf einem Grundstück mit 4000 m² Grund- und 3000 m² Nutzfläche verdanken wir zum Großteil dem früheren Ministerpräsidenten Albrecht. Dank seiner Unterstützung erhielten wir die Baugenehmigung sehr schnell. Obwohl die Landesregierung selbst den Bau nicht finanziell unterstützte, bekamen wir eine Spende in Höhe von 10.000 DM von der landeseigenen Toto-Lotto-Stiftung. Die Landesregierung ließ uns eine einmalige finanzielle Unterstützung für die Miete des Beethoven-Saales des Congress-Centrums für unsere Veranstaltung anlässlich des Vesak-Festes

1979 zukommen. Wir werden die großzügige Unterstützung dieses Bundeslandes und auch diejenige Deutschlands insgesamt niemals vergessen.

Wenn man in Hannover von der Autobahn herunter kommt und am Messegelände entlang fährt, weist ein braunes Schild mit dem Schriftzug „Pagode Vien Giac" auf uns hin. Das Schild erleichtert zwar einerseits die Suche nach der Pagode; manche Besucher kamen allerdings aus Neugier zu uns, nachdem sie beim Anblick des Schildes überhaupt erst auf unsere Einrichtung aufmerksam geworden waren.

Auf dem neuen Stadtplan von Hannover ist die Pagode mit einem Kreuz und dem Schriftzug „Tibetisches Buddhistisches Zentrum" gekennzeichnet. Beim Verlag wusste man nicht, welches Symbol der Pagode zugeordnet werden könnte; also entschied man sich für das normalerweise auf christliche Kirchen angewandte Kreuz. Unser Kloster gehört außerdem der vietnamesischen Tradition und nicht der tibetischen. Vielleicht denken die Deutschen immer an den tibetischen Buddhismus, wenn sie einen buddhistischer Tempel sehen. Doch mir macht dieses Versehen im Stadtplan nichts aus; der Hinweis überhaupt wird vielen Deutschen dabei helfen, den Buddhismus eher wahrzunehmen. Manche Deutsche schreiben das Wort „Buddhismus" noch heute nur mit einem „d" oder ohne „h".

Im Kloster Pagode Vien Giac haben wir ein kleines Zimmer den deutsch-tibetischen Buddhisten für ihre Praxis überlassen. Sie praktizieren hier bereits seit sieben bis acht Jahren. 1995 segnete seine Heiligkeit, der Dalai Lama, diesen Raum, als er uns besuchte. Wahrscheinlich auf Grund dieses Besuches wurde unsere Institution irrtümlich als Tibetisches Zentrum bezeichnet.

Im Folgenden möchte ich die Unterschiede zwischen den verschiedenen buddhistischen Einrichtungen - Gedenkstätte zu

Ehren Buddhas, Tempel, Pagode, Kloster und Praxiszentrum - verdeutlichen:

- Eine Gedenkstätte zu Ehren Buddhas ist ein kleiner Ort, an dem sich nur wenige Buddhisten zur Praxis versammeln können. Hierbei kann sich auch um einen entsprechend eingerichteten Raum in einem Privathaus handeln, der speziell dem Zweck der Praxis dient. Solch eine Stätte kann sowohl von einem Ordinierten als auch von einem Laien betreut werden.

- Ein Tempel ist größer als eine Gedenkstätte zu Ehren Buddhas. Viele Menschen kommen hierher, um ihre religiöse Praxis auszuüben. Ein Tempel ist stets ein öffentlich zugänglicher Ort für Gebet, Fürbitte, Gedenken an die Toten, Hochzeit sowie Unterweisung in die Lehre des Buddha.

- Eine Pagode wird oft von Vietnamesen für einen Tempel gehalten, doch diese Bezeichnung wird von ihnen in diesem Fall nicht korrekt angewandt. Den Begriff gab es ursprünglich nicht im Deutschen, sondern im Englischen („pagoda") und im Französischen („pagode"). Im Sanskrit heißt das entsprechende Wort „Stupa" und steht für einen Turm mit vielen Etagen. In vielen Tempeln gibt es eine Pagode, einigen anderen dagegen nicht. Viele Deutsche denken heute noch, dass „Pagode" eine Bezeichnung für ein chinesisches Restaurant ist! In Wirklichkeit dient die Pagode der Aufbewahrung von Reliquien des Buddha. Manchmal, wenn ich vor dem Tempel stand, kam ein Deutscher und fragte: „Haben Sie heute geöffnet?" „Sicherlich! Die Pagode ist immer geöffnet von 6 Uhr bis 20 Uhr.", antwortete ich. „Verkaufen Sie auch?", wollte er wissen. Ich gab ihm die Auskunft: „Wir sind ein buddhistischer Tempel und kein Restaurant. Wenn Sie essen wollen, gehen Sie bitte um die Ecke; dort ist ein vietnamesisches Restaurant". Eine hannoversche Regionalzeitschrift veranstaltete einmal ein Quiz mit einem Foto der Pagode - verbunden mit der Frage, was auf dem Foto abgebildet sei. Wer die Antwort wusste, konnte 35 DM gewinnen. Ich weiß nicht, wie viele Teilnehmer damals die richtige Antwort einsandten. Ich glaube, dass die meisten von ihnen vietnamesische Buddhisten sowie Deutsche aus unserer Nachbarschaft waren. Schade, dass ich die Zeitschrift erst zwei Tage nach dem Abgabetermin bekam. Doch durch diese Propaganda wurde unser Kloster den Vietnamesen und Deutschen gleichermaßen als möglicher Anlaufpunkt bei entsprechenden spirituellen Bedürfnissen bekannt. Im Internet kann man mit Hilfe einer so genannten Suchmaschine bei Eingabe der Begriffe „Pagode Vien Giac" und „Thich Nhu Dien" viele Einträge finden. Meistens handelt es sich bei Letzteren um Ansprachen von mir in verschiedenen Sprachen. Heute ist alles im Internet vorhanden - mit gutem Willen kann man viel auch über die Pagode herausfinden.

- Ein Kloster ist für viele ein abgeschiedener Ort der Glaubenspraxis. Dies stimmt nicht ganz im Falle der buddhistischen Klöster, sondern trifft eher auf manche katholische Klöster zu. In unserer Heimat beherbergt ein Kloster Hunderte von Ordinierten. Sie wohnen, arbeiten, rezitieren, lernen und praktizieren gemeinsam. Für uns ist ein Kloster ein Ort gemeinsamer religiöser Aktivitäten. Wenn ich Deutschen bei meinen Anrufen sage, dass ich zur Pagode Vien Giac gehöre, können sie den Begriff „Pagode" nicht sofort einordnen. Ganz anders verhält es sich, wenn ich mich ihnen als zum Kloster Vien Giac gehörig vorstelle. Der Begriff „Kloster" ist ihnen viel vertrauter auf Grund ihrer Kenntnisse der christlichen Kultur.

- Ein Praxiszentrum ist - wie der Name schon sagt - ein Ort des Praktizierens. Meist liegt es weit von großen Ansiedlungen entfernt - manchmal in den Bergen. Das Zentrum bietet Platz zum Wohnen und Praktizieren für Tausende von Menschen zur gleichen Zeit. Zu ihm gehören meist ein Haupttempel und viele Nebentempel, ferner Plätze für die Praxis und das Studium.

In Vietnam, China, Japan und Korea werden buddhistische Institutionen mit verschiedenen Bezeichnungen belegt. Im Deutschen gibt es für solche Einrichtungen keinen präzisen Namen, und viele Deutsche kennen auch nicht die Unterschiede zwischen ihnen. Eben der Differenzierung für ein besseres Verständnis seitens der Deutschen sowie jungen Vietnamesen dienen meine obigen Erläuterungen.

Manche Deutsche besuchen zwar den Tempel, doch dieser Schritt ist nicht einfach für sie, denn sie haben viele Hemmungen, der asiatischen Kultur näher zu treten. Allmählich jedoch gewöhnen sie sich an asiatische Sitten wie z.B. an das Ausziehen der Schuhe vor dem Eintritt in die Andachtshalle oder an das Verbot des Tragens kurzer Kleidungstücke, welche nicht die Knie bedecken, im Tempel. Doch betreffen solche Hemmungen lediglich zuvor unbekannte Gewohnheiten und können daher allmählich überwunden werden.

Die Pagode Vien Giac ist der erste in Deutschland errichtete vietnamesisch-buddhistische Tempel. Auch ist er in der bereits 200-jährigen Geschichte des Buddhismus in diesem Land das erste buddhistische Gebäude, das östliche und westliche architektonische Merkmale in sich vereint. Ein Vietnamese, der hier geboren und aufgewachsen ist, wird stolz darauf sein, dass sein Vorfahren, die mit leeren Händen nach Deutschland kamen, mit gutem Willen ihr Leben hier meisterten und dabei auch solch eine Pagode errichteten. Sie werden ihren vietnamesischen und deutschen Freunden mit Stolz verkünden können, dass die Pagode Vien Giac eine Präsentation der vietnamesischen Kultur und gleichzeitig einen Anlaufpunkt bei entsprechenden spirituellen Bedürfnissen darstellt. Die Vietnamesen besitzen zwar nun - nach 25 Jahren Aufenthalt in Deutschland - u.a. viele Geschäfte und Restaurants, doch diese kommerziellen Einrichtungen stellen nicht unsere Kultur dar. Die vietnamesischen Jugendlichen würden schließlich nicht auf ein Geschäft mit asiatischen Lebensmitteln oder ein vietnamesisches Restaurant zeigen und sagen, dass dies ihre Kultur sei.

Die Vietnamesen haben durch ihre Flucht ihren ursprünglichen Besitz in der Heimat verloren. Dazu zählen auch die buddhistischen Tempel. Deshalb tauchte das Bild eines Tempels sehr oft in ihrem Gedächtnis auf. Der Poet Huyen Khong - alias Ehrwürdiger Thich Man Giac - hat vor etwa 50 Jahren ein Gedicht verfasst mit dem Titel „Sich nach dem Tempel sehnen"; dieses Gedicht spiegelte nun das Gefühl der vietnamesischen Flüchtlinge wider:

Seit dem Weggang, ohne Tempel,
Auf dem Lebensweg viele Mühe
In mir erwachte die Bitterkeit;
Träume ich von der alten Landschaft.

Wir Menschen im Asyl wollen einen Sinn und den Erfolg in ihr Leben zu bringen. Deshalb konkurrieren wir mit Anderen, um einen Sieg davon zu tragen. Doch wenn wir reflektieren, entdecken wir die Bitterkeit in uns. Die Landschaft der Heimat in unserem Gedächtnis soll uns Trost spenden.

Hier und dort kam das Dorf zum Vorschein,
Einsam verläuft ein roter Pfad,

Der Bambuszaun ruft den Geist der Heimat wach,
Ruhig steht mein Tempel im goldenen Sonnenschein.

In bzw. mit der Landschaft der Heimat vermissen wir einen Bekannten. Der Pfad aus rotem Sand - von Bambuszaun begrenzt - führt direkt ins Dorf. Der Bambus symbolisiert in unserer Kultur etwas Edles. Der Tempel ist ein Symbol der Ruhe - sowohl in der grellen Sonne als auch in der eher traurigen Abenddämmerung.

Es gibt den ewigen Pflaumenbaum
Neben den stets grünen Tannen;
Der Blick ist getrübt vom Sandelholzweihrauch;
Der Buddha lächelt mitleidig.

Wie glücklich! Wie fröhlich! In allen Situationen, in allen Lebenslagen des Dorfes fällt der Blick auf den Tempel. Darin sitzt der Buddha im leichten, duftenden Rauch. Er lächelt mitleidig über die Veränderungen in den Menschen als auch über die Menschen selbst. Im Garten des Tempels gibt es viele Pflaumenbäume, die im Winter und Frühling Blüten tragen. Die Tannen trotzen dem harten Wetter des Winters; ihre Nadeln sind immer grün. Die beiden genannten Pflanzenarten spiegeln das Leben der Bauern wider. Diese sind gewillt, mit dem einfachen Leben und den gewöhnlichen Verhältnissen zurecht zu kommen.

Ich vermisse die Abende so,
Die höhere Stimme der Rezitation,
Hier im Tempel zweimal am Tag,
Wird dem Volk gewidmet.

Unter dem Dach des Tempels sieht man oft den alten Mönch, der zweimal täglich die Texte rezitiert, um seine Verdienste dem Volk zu widmen. Er hofft, dass das Volk negative Taten unterlässt und stattdessen positive vollbringt. Die höhere Stimme der Rezitation dringt tief in den Geist des Volkes, sogar in denjenigen in Ferne lebender Menschen. Die Stimme der Rezitation weckt in den Menschen die gute Seite.

> *Deshalb lebt mein Dorf in Frieden;*
> *Morgengrau und Abenddämmerung sind der Glockenstimme nah;*
> *Kartoffel, Mai, Reis ernähren das Volk,*
> *(Um) die Zukunft des Landes aufzubauen.*

Das Leben im Dorf ist sehr einfach. Man ernährt sich von Reis, Kartoffeln, Mais und Gemüse. Doch alle Wesen in diesem Dorf wurden geboren, um die Zukunft des Landes zu sichern. Der Klang der zeremoniellen Instrumente erweckt die Tugend in den Menschen, um für eine friedliche Zukunft zu sorgen. Der Friede kommt nicht von ungefähr; er ist mit Hilfe der Kraft der buddhistischen Lehre entstanden.

> *An jedem Abend empfangen die Dorfbewohner den kühlen Wind;*
> *Der Tempel badet sich im Schein des Mondes;*
> *Der (Klang des) weckende(n) Gong(s) breitet sich immer weiter aus,*
> *(Um) dem Volk in der Hütte Trost zu spenden.*

Das Leben im ganzen Land ist sehr einfach. Die Einwohner arbeiten hart, um ihrem Leben einen Sinn zu geben. Nach einem schweren Tag badet sich der Bauer und bringt seine Frau und Kinder in den Tempel. Warum? Nun, im Tempel gibt es immer schützenden Schatten. Der Mondschein dringt durch das Laub und verleiht der Landschaft eine unwirkliche Stimmung. Die Natur spendet Erleichterung und Glück. Dies ist ein großer Trost für alle; und man benötigt keine Extramittel, um mit deren Hilfe die höhere Ethik in jedem Menschen zu wecken.

> *Das Sandelholz brennt mit duftendem Rauch;*
> *Das obere Dorf ist wie das untere Dorf geschäftig;*
> *Das Volk bereitet sich mit einem Bad darauf vor,*
> *Zum Tempel zu gehen an jedem Vollmondabend.*

An den Vollmond- und Neumondabenden gehen die Dorfbewohner nach dem Abendessen und einem Bad in den Tempel. Sie gehen familienweise und bringen Opfergaben - bestehend aus heimischem Gemüse oder Obst - für den Mönch und die Gemeinde mit. Dies entspricht dem wahren Geist des einfachen Volkes. Alle Menschen erwarten diese Tage stets ungeduldig, um sich wieder unter das Volk zu mischen und auf diese Weise dessen Geist dem Buddha zu präsentieren.

Wann können wir wieder in die Heimat?
Die Sehnsucht wir den Wolken mitschicken;
Wie viel Leid auch noch kommen mag -
Möge der Tempel davor geschützt sein.

Der Tempel wird, wenn er in der rauen Natur steht, sicherlich inzwischen von ihr geprägt worden sein; doch in der Erinnerung der Heimatlosen behält er sein altes Aussehen von damals und bleibt ein hübscher Tempel, welcher ruhig und friedlich im Schatten der Bäume liegt. Der Tempel in der Erinnerung der Heimatlosen ist wie der Himmel, die Heimat und das eigene Land. Wir wissen nicht, wann wir ihn - den Tempel - wieder besuchen können, doch wir hoffen, dass er die alte Form behält, die wir uns einst einprägten.

Der Klang des Gongs wird so sehr vermisst,
Wer von uns vermisst nicht unseren Tempel?
Das Dach des Tempels beschützt den Geist des Volkes,
Die ewige Tradition unserer Vorfahrern.

Wie wunderbar, wie heilsam, wenn in unseren Ohren der helle Klang der Glocke unsere Sinne weckt und die Erinnerung an den Tempel der Heimat wieder belebt! Wer fern der Letzteren lebt, kann sicherlich den früher gemeinsam besuchten Tempel niemals vergessen. Warum? Das Dach des Tempels bietet dem Geist des Volkes und der langjährigen Tradition des Landes Schutz. Es vertreibt Traurigkeit und Mühsal des Lebens mit Hilfe der heiteren Sinne unserer Vorväter.

Das Gedicht besteht zwar nur aus 36 Zeilen in neun Versen, spiegelt jedoch gut das Verhältnis eines vietnamesischen Menschen zum Tempel während verschiedener Zeiten und Lebenslagen im Heimatland wider. Der Dichter hat seine eigenen Empfindungen in den Text eingebracht, als er fern der Heimat sich nach seinem alten Tempel sehnte. Die beiden letzten Sätze des Gedichtes sind sehr bedeutsam für die Vietnamesen. Ungeachtet ihrer jeweiligen Religionszugehörigkeit besitzt der Klang des buddhistischen Gongs eine ähnliche Wirkung auf alle vietnamesischen Menschen. Das Dach des Tempels kann alle im Volk existierenden Unterschiede überdecken und den gemeinsamen Aufbau der Zukunft des Landes ermöglichen.

Und ich selbst? Nach 30 Jahren fern der Heimat erinnere ich mich stets an einen bestimmten Tempel in Vietnam, obwohl ich seit 25 Jahren Abt eines Tempels in Deutschland bin. Auch hier im Tempel gibt es viele Erinnerungen an die Heimat. Er ist zwar kein in Vietnam liegendes Dorf, doch das mitleidige Antlitz des Buddha ist überall gleich. Ich frage mich, ob ich in Zukunft - gleich, wo ich mich auch befinden werde - an diesen Tempel in Deutschland denken werde, und ob sein Bild - ähnlich wie im Falle des Poeten Huyen Khong - dann in meinem Gedächtnis auftauchen wird.

Ich mache keine Unterschiede zwischen den buddhistischen Schulen oder den Nationalitäten. Manche sagen, dass sie der Theravada-Richtung angehören, andere hingegen ordnen sich der Mahayana-Richtung zu. Für mich gibt nur eine Schule: den Buddhayana. Im Kloster Pagode Vien Giac haben wir viele Schulen. Die japanische Zenschule, die koreanische Meditationschule, der thailändische Theravada-Buddhismus, der tibetische Buddhismus, der deutsche Buddhismus, der US-amerikanische Buddhismus und natürlich der vietnamesische Buddhismus fanden Platz unter unserem Dach. Ich versuche sogar, neu gegründete Vereine wie z.B. Fo Kwuang Shan in Berlin zu beraten, denn auch Buddhisten, die bereits lange in Deutschland leben, wissen oft immer noch nicht, wie man mit den hiesigen Behörden umgeht. Ich habe im Bedarfsfall beratend zur Seite gestanden.

In Vietnam und in anderen asiatischen Ländern gibt es nicht so viele die Religionsausübung betreffende Gesetze wie z.B. in Deutschland. Manche Tempel dort existierten bereits 100 Jahre, bevor Dörfer um sie herum gegründet wurden. Deshalb braucht man in dort keine Baugenehmigung zu beantragen. Hier in Deutschland ist alles umgekehrt: Die Stadt ist schon da; und wir müssen lernen, uns im Wald der Bürokratie zurecht zu finden.

SCHLUSSBEMERKUNGEN

Die Bundesrepublik Deutschland wurde 1949 gegründet; im selben Jahr wurde auch ich geboren. Ich weiß nicht, ob dies in einem Zusammenhang steht; doch ich lebe hier nun (2002) schon seit 25 Jahren. In diesen 25 Jahren gab es für mich viele Höhen und Tiefen, und genau so viele Änderungen gab es im gleichen Zeitraum in Deutschland. In Ostdeutschland war lange Zeit eine kommunistische Regierung an der Macht, und ein zweiter deutscher - weithin allerdings nicht anerkannter - Staat wurde am 07.10.1949 gegründet. Die beiden politischen Systeme waren gegeneinander eingestellt. 1961 wurde seitens der DDR die beschämende Mauer zwischen Ost- und West-Berlin errichtet, die später - am 09.11.1989 - von den ostdeutschen Bürgern überwunden wurde. Letzteres war gleichbedeutend mit dem Niedergang der kommunistischen Regierung Ostdeutschlands.

Nach 40 Jahren Leben unter der kommunistischen Regierung waren die Ostdeutschen wie auch die Osteuropäer und die Russen die Kommunisten leid und strebten nach einer Veränderung. Sie trafen ihre Wahl in Form einer Flucht in die Freiheit. Wir Vietnamesen verhielten uns genau so, als wir nach dem 30.04.75 unsere Heimat verließen. Wir konnten nicht mehr zurückkehren. Als wir flüchteten, wussten wir nicht, wohin wir uns wenden konnten; wir verließen uns ganz auf die Barmherzigkeit der freien Länder und ihrer Regierungen. Insgesamt kehrten etwa drei Millionen Menschen ihrem Land den Rücken, doch nur zwei Millionen von ihnen erreichten die Freiheit und leben jetzt weltweit verstreut in etwa 150 Ländern. Die anderen verloren ihr Leben im Urwald oder auf dem Meer oder verhungerten einfach. Das Meer hat vielen von uns das Leben genommen; ihre Geister irrten im Wasser ziellos umher. Deshalb fischte ich, als die Pagode Vien Giac 1991 eingeweiht wurde, diese Geister aus dem Meer bei Hamburg und brachte sie in die Pagode, um für sie zu beten. Wir beteten für die Wiedergeburt von Verwandten und Fremden, die ihr Leben auf der Flucht in die Freiheit verloren.

Als die Berliner Mauer zwischen Ost und West noch stand, verloren auch viele Deutsche ihr Leben auf der Flucht. Nur die Glücklichen kamen davon und konnten sich mit ihrer Familie wieder vereinigen. Wer vor 1989 (das freie West-) Berlin besuchte, musste auch unbedingt die Gräber der Getöteten und Gedenktafeln in der Nähe des jetzigen Parlamentarierhauses besuchen. Viele Menschen waren von ostdeutschen Grenzsoldaten erschossen worden, als sie versucht hatten, über die Grenze zu klettern oder den kleinen Fluss zu überqueren. Diejenigen, welche die Menschen auf der Flucht in die Freiheit erschossen, verleugneten mit ihrer Tat die Letztere. Bemerkenswert war die Tatsache, dass sehr viele Ostdeutsche nach Westen flohen, aber kaum Jemand aus dem Westen freiwillig in den Osten Deutschlands ging. Ähnlich wie Deutschland wurde auch Vietnam geteilt, und zwar am 20.07.1954. Die nördliche Hälfte wurde fortan von Kommunisten beherrscht, die südliche hingegen wurde zu einer Republik. Eine Million Vietnamesen übersiedelten vom Norden in den Süden, um dort ihr Leben neu aufzubauen; sehr wenige Vietnamesen machten sich dagegen auf den Weg in die Gegenrichtung. Dies verdeutlicht nur die Gemeinsamkeiten diktatorischer Regierungen in Asien und Europa. Der Ursprung all dieser kommunistischen Regimes lag in der Sowjetunion, die ihrerseits auch nur 70 Jahre lang existierte. Heute werden weltweit nur noch vier oder fünf Länder kommunistisch beherrscht. China hat sich gewandelt, und auch Vietnam wird sich demnächst dieser Entwicklung anschließen, um überleben zu können.

Südvietnam konnte die Mauer der Freiheit nur 21 Jahre lang (1954-1975) aufrechterhalten, bevor die Kommunisten vordrangen, während Südkorea seine Festungsanlagen seit 1950 sehr stabil hält. Deutschland ist ein mustergültiges Beispiel für die Macht der Freiheit, welche die Unterschiede zwischen den beiden Regierungsformen nach 40 Jahren Trennung überwand. Honecker, der ehemalige Regierungschef Ostdeutschlands, war ein mächtiger Mensch gewesen, doch dann musste er sein Land verlassen und verlor kurz darauf sein Leben im chilenischen Exil. Ruhm, Macht und Reichtum müssen sich vor dem Tod beugen. Am Ende bleibt vom Menschen doch nur ein Grab zurück. Dies ist die Vergänglichkeit des Lebens. Wenn die Bedingungen dafür vorhanden sind, existieren die Phänomene; wenn sie aber nicht mehr gegeben sind, verschwinden alle Erscheinungen. Herr Honecker hatte sich wahrscheinlich sein Lebensende anders vorgestellt. Ich frage mich, ob er sich am Sterbebett noch irgendeines Pastors oder überhaupt einer Kirche erinnerte. Wenn dies nicht der Fall war, dann muss ich sagen, dass das Ideal des Kommunismus sehr primitiv ist bzw. - da der Letztere als solcher kaum mehr in der Welt existiert - war.

Während des Aufbaus der angeblich „Deutschen Demokratischen Republik" in Ostdeutschland wurde in Westdeutschland ein System der föderalistischen Demokratie mit der Bundesregierung an der Spitze aufgebaut. Seit 1949 hatte die Bundesrepublik Deutschland als oberste Repräsentanten folgende Bundespräsidenten:

Herr Theodor Heuss (FDP):	1949 - 1959
Herr Heinrich Lübke (CDU):	1959 - 1969
Herr Gustav Heinemann (SPD):	1969 - 1974
Herr Walter Scheel (FDP):	1974 - 1979
Herr Carl Carstens (CDU):	1979 - 1984
Herr Richard von Weizsäcker (CDU):	1984 - 1994

Herr Roman Herzog (CDU):   1994 - 1998
Herr Johannes Rau (SPD):   seit 1998

Obwohl der Bundespräsident in Deutschland keine Macht besitzt wie die Präsidenten in Frankreich oder in Vietnam, stellt er einen für die Nation wichtigen Repräsentanten dar. Von den acht genannten Bundespräsidenten (s.o.) stand nur Herr von Weizsäcker dem Buddhismus nahe. Jedes Mal, wenn seine Heiligkeit, der Dalai Lama, nach Deutschland kam, wurde er von Herrn von Weizsäcker mit viel Wärme und in allen Ehren empfangen. Dies hatte natürlich auch eine diplomatische Bedeutung, doch seine Sympathie für die buddhistische Philosophie war nicht zu übersehen.

In den mehr als 50 Jahren seit 1949 gab es in der Bundesrepublik Deutschland sieben Bundeskanzler. Durchschnittlich regierte jeder von ihnen zwei Amtzeiten lang. Einige wie Erhard (1963-1966) und Kiesinger (1966-1969) allerdings regierten nur kurze Perioden, andere wie Brandt (1969-1974) und Kohl (1982-1998) dagegen sehr lange. Es waren folgende Kanzler an der Macht:

Herr Konrad Adenauer (CDU):   1949 - 1963
Herr Ludwig Erhard (CDU):   1963 - 1966
Herr Kurt Georg Kiesinger (CDU):   1966 - 1969
Herr Willy Brandt (SPD):   1969 - 1974
Herr Helmut Schmidt (SPD):   1974 - 1982
Herr Helmut Kohl (CDU):   1982 - 1998
Herr Gerhard Schröder (SPD):   seit 1998

Während der Amtszeit von Herrn Helmut Schmidt kamen 60.000 vietnamesische Flüchtlinge nach Deutschland. Einer unserer Retter war Herr Dr. Neudeck mit seinem Schiff „Cap Anamur". Er fuhr auf dem Südchinesischen Meer umher und rettete viele Menschen vor dem Ertrinken. Die zweite oder dritte Generation der Flüchtlinge würde die traumatische Erinnerung der eigenen

Eltern an die Erlebnisse auf See vermutlich irgendwann vergessen. Deshalb müssen Menschen unserer Generation diese Geschehnisse in Büchern und Berichten festhalten. Die Nachkommen sollen sich der grausamen Ereignisse bewusst werden, welche durch das unmenschliche Regime der Kommunisten in Vietnam zustande kamen. Auch die Ereignisse im so genannten Dritten Reich der deutschen Nationalsozialisten werden immer wieder in den Medien behandelt, um das Geschehen den jungen Generationen nahe zu bringen. Letztere sollen sich der grausamen Geschichte bewusst werden und über ihre Pflicht zu Toleranz und Frieden, die aus den Taten ihrer Vorfahren erwuchs, (nicht nur) den Juden gegenüber nachdenken.

Auch ein Kanzler, der die Freiheit symbolisiert und sich einen großen Verdienst um die Wiedervereinigung Deutschlands erwarb wie Herr Helmut Kohl, kann Ruhm und Vertrauen durch dunkle Geschäfte verlieren. Das Leben ist nicht so einfach. Das Richtige von gestern könnte heute falsch sein, und die Fehler von gestern könnten sich heute nachträglich als richtig erweisen. Wir können dies an Hand der drei Nationen USA, Russland und China erkennen. Vor 30 Jahre hätte sich niemand vorstellen können, dass diese Länder irgendwann freundschaftliche Beziehungen zueinander aufnehmen würden. Buddha pflegte zu sagen, dass alle Phänomene nur relativen Wert besitzen. Alle Werte sollten an Hand persönlicher Erfahrungen geprüft werden. Buddha war ein absoluter Demokrat, der oberhalb menschlicher Maßstäbe lebte; deshalb hinterließ er ein auch noch nach 2500 Jahren leuchtendes Beispiel an Ethik.

Gewöhnlich glauben wir, dass wir noch viel Zeit im Leben haben und noch jung sind. Dieser Glaube entspricht nicht der Realität. Die Zeit und die Flut warten auf niemanden. Die Zeit vergeht und hinterlässt viel Bedauern, wenn Arbeiten unvollendet zurückgelassen werden müssen. Die Flut kommt zweimal täglich, doch es kommt nie zweimal dieselbe Flut. Deshalb sollten wir jede Gelegenheit zur Praxis und zum Lernen nutzen.

Im Leben werden wir meist von den Umständen beeinflusst, und nur sehr selten können wir die Umstände ändern. Als Beispiel kann die Fußballweltmeisterschaft 2002 in Korea und Japan im Juni 2002 dienen. In Asien, Europa, Amerika, Australien und Afrika wollten Millionen Menschen die Spiele ungeachtet der lokalen Zeit live erleben. Viele Leute blieben wahrscheinlich bis nach Mittenacht auf und kamen am nächsten Morgen müde zur Arbeit. Ihr Tagesgespräch drehte sich ebenfalls um dieses Thema. In Vietnam waren nur ein paar Stunden Zeitverschiebung zu überbrücken, deshalb fielen die Spiele in die Zeit der Abendandacht. Ich glaube, dass viele Ehrwürdige extra ihre abendliche Lehr- und Andachtsstunde ausfallen ließen. Die Gebetshallen standen vermutlich leer. Auch zu verrichtende Arbeiten in Amerika und Afrika litten nicht wenig unter der Fußballweltmeisterschaft. Es ist doch schon komisch, dass Millionen von Menschen vom Geschehen um einen Ball gefesselt werden können. Zugegeben: Sport ist ein moderner Wettbewerb, doch er sollte keinen Anlass für Schäden irgendwelcher Art geben.

Ich habe nichts gegen solche Spiele, doch für mich persönlich sind sie ungeeignet. Wenn es darauf ankommen sollte, brauche ich nur das Ergebnis zu erfahren. Ich habe keine Zeit, um ein ganzes Spiel zu verfolgen. Die Zeit verbringe ich lieber beim Schreiben und Übersetzen von Büchern. Natürlich ist dies nur meine persönliche Einstellung; manche Leute mögen mich als altmodisch bezeichnen. Sie mögen sagen: „Heutzutage spielen sogar die Frauen Fußball, während Sie noch dieses Vorurteil gegen das Spiel haben." Dagegen habe ich nichts einzuwenden, obwohl ich einige Menschen kenne, die entgegnen würden: „Warum müssen so viele Menschen sich um einen Ball streiten? Warum kaufen sie sich nicht jeder einen?", während sich die anderen darüber streiten, welches Team ein bestimmtes Spiel gewinnen wird.

Selbst in der Pagode Vien Giac wurde während der Fußballweltmeisterschaft über die Spielzeiten informiert, um die Zeiten des Unterrichts und der Praxis dementsprechend ändern zu können. Manche Zeiten mussten um etwa 15 Minuten verschoben werden, um einigen Ordinierten die Möglichkeit zu geben, ein Spiel bis zu Ende zu verfolgen. Ich glaube, hierbei sehr nachgiebig gehandelt zu haben, obwohl ich keine Leidenschaft für diesen Sport besitze. An dieser Stelle möchte ich eine Begegnung zwischen dem Patriarchen Hui Neng und dem Ehrwürdigen Fa Dat erwähnen, um eine Verbindung zu dieser Fußballzeit herzustellen.

„Der Ehrwürdige Fa Dat vollzog eine Niederwerfung vor dem Patriarchen Hui Neng, doch sein Kopf berührte nicht den Boden. Der Patriarch fragte ihn: „Warum vollzogen Sie die Niederwerfung, ohne dabei mit dem Kopf den Boden zu berühren? Es ist in diesem Fall besser, gar keine Niederwerfung zu vollziehen. Oder haben Sie etwas in Ihrem Inneren, das Sie daran [= an einer richtigen Niederwerfung] hindert?" „Ich habe 3.000 Mal das Lotussutra rezitiert.", erwiderte Fa Dat. Hiermit meinte der Ehrwürdige Fa Dat, dass der Verdienst durch die Rezitation von so vielen Sutras dem Verdienst des Patriarchen überlegen sei. „Obwohl Sie das Lotussutra oft rezitiert haben, haben Sie es nicht umgesetzt. Sie verirrten sich nur in den Worten des Sutras.", belehrte ihn Hui Neng. Der Ehrwürdige Fa Dat vollzog eine tiefe Niederwerfung, um seine Einsicht zu zeigen"

Nur mit einem Satz hat der Patriarch Hui Neng den Geist der Erleuchtung in Fa Dat geweckt; sein durch die 3.000-malige Rezitation des Lotussutras angesammelter Verdienst wirkte sich in Form von Erlösung aus. Genau so sollten wir ein Fußballspiel je nach Situation nach genießen und nicht vollständig von ihm mitgerissen werden.

Erst gestern, am 25.06.2002, dem fünften Vollmond nach dem Mondkalender des Jahres des Pferdes, fand das Halbfinalspiel der Meisterschaft zwischen Korea und Deutschland statt - als Vorentscheidung für das Endspiel am Sonntag, dem 30.06.2002. Deutschland gewann das Spiel 1:0. Die Deutschen waren mit dem Ergebnis sehr zufrieden. Es gab in Deutschland Feuerwerk, Wein und Geschrei, als man den Sieg feierte, während die Koreaner, die auf den Sieg gehofft hatten, damit sie ins Endspiel kommen konnten, enttäuscht waren. Korea war das erste asiatische Land seit vielen Jahren, das es bis in die Viertelfinalrunde einer Fußballweltmeisterschaft geschafft hatte; deshalb wurde das Team auch sehr von den Asiaten moralisch unterstützt.

Hoffnung hat nichts mit Realität zu tun. Als das Spiel zu Ende war, wurde mir berichtet, dass Korea bedauerlicherweise verloren hätte. Ich fragte die Leute im Kloster, warum sie nicht auf der Seite der Deutschen gestanden hätten, zumal wir doch in Deutschland leben würden. Jemand antwortete: „Deutschland hatte nur einfach Glück, denn die deutsche Mannschaft war nicht so gut wie die koreanische; sie besaß nun einmal mehr jüngere und dynamischere Spieler."

Die Deutschen würden in jedem Fall für den Sieg kämpfen, denn sie hatten ihren Nationalstolz zu wahren. Das Land Korea wurde - wie Vietnam - geteilt. Doch Südkorea hat es aus eigener Kraft wirtschaftlich sehr weit gebracht. Er gehört zu den „Drachen" Asiens. Vielleicht wird es sich eines Tages schneller und erfolgreicher als Japan entwickeln. Aus der Geschichte lernten wir, dass die Japaner sich im Zweiten Weltkrieg im Kampf gegen China, Taiwan, Korea und Vietnam sehr grausam verhielten. Sie bestimmten z.B., dass drei koreanische Familien gemeinsam nur ein Messer benutzen durften, denn sie befürchteten den Widerstand der Koreaner. Aus diesem Grund mögen heute viele Koreaner - ebenso wie Chinesen und Taiwanesen - die Japaner nicht so gern. Die vor 1930 oder 1940 Geborenen dieser Länder können noch sehr gut Japanisch sprechen; doch weigern sie sich, diese Sprache anzuwenden. Letztere wurde nur unter Zwang gesprochen; die Japaner hatten die Menschen mit Gewalt dazu gebracht, ihre Sprache zu lernen.

Die Vietnamesen wurden von den Franzosen fast 100 Jahre lang (Mitte des 19. bis Mitte des 20. Jahrhunderts) beherrscht und ausgebeutet. Zwei Millionen Vietnamesen starben während der japanischen Besatzungszeit (1945 - 1954). Doch die Vietnamesen von heute hegen keinen Hass gegenüber diesen beiden Ländern mehr. Der Geist des Friedens ist ihnen sehr wichtig. Buddha lehrte, dass nur das Mitleid das Feuer des Hasses löschen kann, Hass kann niemals durch Hass beseitigt werden. Wenn Korea gegen Deutschland gewonnen hätte, wäre dem Land die Genugtuung zuteil geworden, auf einem Spielfeld in Japan das Endspiel austragen zu können. Und die Deutschen hätten die Niederlage gegen die Asiaten mit unangenehmen Gefühlen hinnehmen müssen. Doch es kam nicht dazu.

Mein Buch wird vor dem Endspiel beendet sein; deshalb kann ich im Moment noch nicht sagen, ob Deutschland, Brasilien oder die Türkei den goldenen Pokal bekommen wird. Doch im Leben treten sowohl Siege als auch Niederlagen sehr häufig auf. Betrachten wir doch einmal die französische Fußball-Nationalmannschaft. Sie war bereits Europa- und auch Weltmeister, doch nun musste sie sich schon im ersten Spiel geschlagen geben und schied aus. Wer heute gewinnt, wird morgen verlieren. Niemand kann ewig siegen, deshalb sollten wir kein Ergebnis zu optimistisch oder pessimistisch bewerten. Ich bin kein Fußballfan, deshalb kann ich viel zu diesem

Thema beitragen. Für Interessierte könnten wahrscheinlich ganze Bücher darüber geschrieben werden.

Ich möchte hier drei wahre Geschichten aufschreiben, die uns einige Beispiele für die Realität des Lebens bieten. Es handelt sich in allen drei Berichten um Vietnamesen, welche seit etwa 30 Jahren in Deutschland leben. Fern von ihrer Heimat machten sie Karriere, wurden sogar Millionäre, doch zu was für einem Preis?!

In der ersten Geschichte geht es um ein Studentenehepaar. Beide Partner kamen 1969 nach Deutschland. Sie heirateten und bekamen 1975 einen Sohn. Letzterer studiert heute. Nach dem Studium zog das Ehepaar verschiedene Verdienstmöglichkeiten in Betracht und entschied sich für die Selbstständigkeit. Nach 21 Jahren hatten sie in fast jeder Stadt Deutschlands ein Geschäft für asiatische Lebensmittel eröffnet. Doch sie sind neuerdings auch geschieden. Der Ehemann stand schließlich als Verlierer mit leeren Händen da und musste mit einem Fahrrad auskommen. Ich weiß nicht, was es noch an Vorfällen gab; doch sagte ich zu den Mönchen in unserem Kloster: „Seht ihr; Geld, Familie, Ruhm - dies alles hatte das Paar genügend. Aber geschieden sind die beiden trotzdem. Woran mag das wohl liegen?"

In der zweiten Geschichte geht es um zwei Leute, die im Jahr 1978 nach Deutschland flüchteten. Beide kämpften mit ihrem Schicksal und studierten hier noch einmal. Danach heirateten sie einander und bekamen eine - inzwischen 10-jährige Tochter. Diese Familie konnte einst als glücklich und reich bezeichnet werden. Die Eheleute hatten Geld an der Börse erwirtschaftet. Auf ihrem Konto hatten sie 3.000.000 DM zur Verfügung. Sie waren aber auch sehr großzügig und spendeten für die Tempel in Deutschland und Vietnam sowie für verschiedene Hilfsaktionen. Sie waren Besitzer von zwei Privathäusern und einem Restaurant.

Plötzlich - nach den Ereignissen vom 11. September 2001 - sanken die Kurse an der Börse dramatisch, so dass auch die besagten Eheleute ihr Geld verloren - aus dem Gewinn wurde ein großer Verlust. Sie schulden jetzt der Bank eine Million. Bei einer Begegnung mit mir sagten sie: „Wir werden wahrscheinlich unseren Besitz verkaufen, um die Schulden zu begleichen; den Rest sparen wir für die Erziehung unseres Kindes. Wir beide werden das spirituelle Leben im Kloster suchen." Ich erwiderte: „Wenn Sie beide sich einig sind, gibt es sicherlich keine Schwierigkeiten. Doch die Gewöhnung an die freie Wirtschaft könnte das Leben im Kloster sehr trist erscheinen lassen." Beide versprachen mir aber fest, dass sie zu ihrer Entscheidung stehen würden.

Ich erzählte dies den Ordinierten im Kloster in Verbindung mit meiner Schlussfolgerung, dass diese beiden Leute trotz ihrer Erlebnisse noch glücklich seien. Ihre Familie ist immer noch intakt. Geld, Besitz und hohe soziale Stellung können die Hindernisse des Lebens nicht beiseite räumen. Letztendlich ist doch das spirituelle Leben allem Anderen gegenüber überlegen.

In der dritten Geschichte geht es um einen Lotteriegewinn. Vor ungefähr fünf Monaten, als ich in einer Stadt in der Mitte Deutschlands eine Lehrrede hielt, kam in der Pause eine Frau zu mir und berichtete, dass ihre Kusine in Stuttgart 15.000.000 DM im Lotto gewonnen hatte. Die Gewinnerin hätte vor, dem Tempel 5.000.000 DM als zinsloses Darlehen und einen weiteren Teil des Gewinns als Spende zu übergeben. Sie wolle einen Termin mit mir vereinbaren, zu dem sie nach Hannover kommen könne. Der von mir vorgeschlagene Termin verstrich; eine Woche, zwei Wochen, drei Wochen vergingen, ohne dass die Gewinnerin von sich hören ließ. Nach einigen Monaten traf ich die frühere Überbringerin der „frohen" Botschaft noch einmal und erkundigte mich nach der Gewinnerin und deren Nicht-Erscheinen zum verabredeten

Termin. Die Antwort war, dass die Gewinnerin inzwischen ihren Plan geändert und das Geld in Amerika investiert hatte. Ich lächelte wissend.

15.000.000 DM sind eine große Summe, mit welcher sich durch geschickte Investitionen viel Geld verdienen lässt. Doch dieses Geld kann auch schnell wieder verloren gehen. Die Zeitungen berichten sehr oft über solche Fälle. Viele Menschen gewinnen ihr Geld in einer Lotterie; doch am Ende bleiben sie arm. Sie dienen auch gar nicht der Gemeinschaft mit ihrem Gewinn, denn sie spendeten nicht und unterstützten auch keine sozialen Aktivitäten im Lande. Im Vietnamesischen sagen wir:

„Niemand ist reich länger als drei Generationen,

Auch niemand ist arm über drei Generationen hinaus."

Dies ist eine Tatsache der Vergangenheit, der Gegenwart und der Zukunft. Deshalb sollten wir unsere eigenen Lektionen aus dem Leben lernen. Wenn wir unsere Situation als befriedigend empfinden, dann ist unser Leben sofort erfüllt. Wenn wir auf die Erfüllung eines Wunsches warten, wird sie niemals eintreten, denn unsere Gier ist grenzenlos wie eine Tasche ohne Boden. In Vietnam sagten wir auch: „Auch der Dumme muss sterben, auch der Kluge muss sterben; nur der Wissende überlebt!" Was sollte man sich in diesem Zusammenhang merken? Dass Genügsamkeit mit dem, was man hat, wichtig ist, und dass man das Mitleid als Maßstab für das eigene Handeln im Leben nehmen soll!

Die drei Geschichten stellen meines Erachtens gute und lehrreiche Lektionen dar. Es ging in ihnen um ganz normale Ereignisse - und nicht um Zigarettenmafia, Raub, Mord oder Schwarzmarkt, mit denen einige Vietnamesen früher im Osten Deutschlands gelebt hatten. Nicht alle Vietnamesen stecken in dunklen Geschäften, und nicht alle sind unfähig. In den obigen Geschichten besitzen alle Beteiligten Berufe, Studienabschlüsse, Fähigkeiten, Geld, Sprachkenntnisse usw., doch sie scheiterten trotzdem. Woran liegt dies? Wie können wir dem Versagen entrinnen? Benötigen wir überhaupt neben Berufsleben und Materialismus ein spirituelles Leben? Kann die Religion unsere Probleme beseitigen? Sollen wir uns der Religion zuwenden, oder wird die Religion uns aufsuchen?

Für diese Fragen muss wohl jeder selbst eine Antwort finden. Es gibt keine allgemein gültige Lösung. Ich erzählte diese Geschichten den Ordinierten im Kloster Vien Giac, um sie anzuregen, über das Leben nachzudenken. Es gibt so viele Fragen, denen wir im Leben begegnen werden. Was ist Glück? Was ist Leid? Was ist Niederlage? Was ist Sieg? Was ist Religion? Was ist das wahre Gesicht der Liebe? Dies sind nur einige der Fragen, die sich uns stellen.

Ich werde jetzt noch eine wahre Geschichte aus Vietnam niederschreiben. Meiner Meinung nach stellt auch sie eine ethisch wertvolle und tugendhafte Lektion für das Gepäck auf unserem Lebensweg dar.

Als ich noch in Vietnam war, lebte ich 1964 in Hoi An mit einigen Ordensbrüdern zusammen. Nach 1975 zerstreuten wir uns überall. Im Ausland erhielt ich später manchmal eine Nachricht über eine Heirat, eine Rückkehr ins weltliche Leben o.ä. von meinen ehemaligen Mitbrüdern. Ich habe inzwischen 20 Jahre lang keinen Kontakt mehr zu ihnen. Heute weiß ich schon etwas mehr über den Werdegang des Herrn A, der zum weltlichen Leben zurück kehrte, heiratete und später Kinder hatte. Herr B dagegen ließ sich nach seinen zwischenzeitlich gemachten Erfahrungen im weltlichen Leben mit Frau und Kindern wieder ordinieren. Manchmal halfen sich auch Freunde in Notlagen, wenn die Kinder des einen zum Beispiel kein Geld für das Studium hatte o.ä.

Eines Tages bekam ich plötzlich einen achtseitigen handgeschriebenen Brief aus Saigon. Die Schrift war sehr schön und stammte von einem ehemaligen Freund, den ich vor 40 Jahren kennen gelernt hatte. Er schrieb:

„Geehrter Ehrwürdiger, ich weiß jetzt über das Leben Bescheid. Ich hoffe, dass Sie mir ermöglichen können, in ein neues Leben geboren zu werden - in ein Leben ohne die Hölle der Familie. Dies ist eine feste Entscheidung. Mögen Sie mir eine Wiedergeburt ermöglichen! Doch ohne Bericht würden Sie den Grund nicht kennen. Folgendes ist als Drama des Lebens geschehen:

Nach der Rückkehr ins weltliche Leben (1975) heiratete ich eine Buddhistin, doch war ist nicht sehr gläubig. Sie suchte selten einen Tempel auf, deshalb verstand sie nichts von der Lehre des Buddha. Manchmal leitete ich sie an, doch das Ergebnis war nicht befriedigend. Die Zeit verging; wir beide waren fleißig mit dem Aufbau unserer Familie beschäftigt. Wir bekamen zwei Söhne. Wir besaßen ein Geschäft; ich arbeitete als Modedesigner und Schneider, deshalb floss das Geld nur so in unsere Kasse. Ich kaufte zwei Häuser - eines zum Wohnen und eines zum Vermieten. Gleichzeitig erwarb ich eine vornehme teure Schneiderei. Aufbau und Pflege aller Kontakte überließ ich meiner Frau; ja, sogar alle Einkünfte ließ ich sie verwalten. Ich kümmerte mich um den Beruf und die Erziehung der Söhne. Gleichzeitig fühlte ich mich nicht erfüllt vom Leben; deshalb wandte ich mich wieder der Lehre des Buddha zu. Ich frischte mein altes Wissen auf und lernte außerdem neue Dinge hinzu.

Meine Frau begründete ihre legere, verführerische Kleidung und ihre Verspätungen mit der erforderlichen Pflege von Kontakten. Ich hatte sie mehrmals gewarnt, doch sie hörte nicht auf mich. Ich befolgte meinen Weg und überließ meiner Frau den ihren. Wir lebten wie Fremde in einem Ehebett. Mit der Zeit wuchs in uns das innere Unverständnis füreinander. Inzwischen hatte sich meine Frau an einer Transaktion gemeinsam mit Anderen beteiligt. Sie wollte eines unserer Häuser mit der Begründung verkaufen, dass die Transaktion gescheitert wäre. Danach ereilte die Waschmaschine, die Schränke und die Betten das gleiche Schicksal wie das Haus. Nicht lange danach mussten wir auch die Schneiderei verkaufen; ich musste als Wäscher für eine andere Schneiderei arbeiten, um den Verlust wiedergutzumachen. Doch unsere Beziehung verschlechterte sich; meine Frau benahm sehr herausfordernd und zeigte sich in aller Öffentlichkeit mit ihrem Freund. Wir reichten vor Gericht die Scheidung ein. Jetzt gehört nicht einmal mehr das Haus mir. Ich bin jetzt ein Mensch am Ende des Lebens; ich lebe allein und habe nicht einmal genug Geld für Briefmarken. Ich bitte Sie, mir zu helfen und mir eine Wiedergeburt an einem anderen Ort zu ermöglichen. Ich möchte mich bei Ihnen ordinieren lassen.

Natürlich ist dies keine Flucht vor der Verantwortung, denn meine beiden Söhne sind inzwischen erwachsen. Ich möchte die restliche Zeit meines Lebens der Erleuchtung widmen. Die Zeit hat mein Leben mit Narben zurückgelassen. Ich bin nun schon über 50 und habe keine Zeit mehr zu verlieren. Ich bitte Sie um Ihre freundliche Unterstützung ... ".

Der weitere Inhalt des Briefes drehte sich nunmehr um dieses Schicksal. Ich konnte meine Tränen nicht zurückhalten, als ich ihn las. Ich dachte, dass dies auch eine Lektion für meine Schüler sei. Wenn wir im Kloster wohnen, denken wir, dass das Leben „draußen" uns sehr viel bieten könnte. Weil sehr viele Leute ihre Erfahrungen mit dem weltlichen Leben gemacht und dabei das wahre Gesicht des Letzteren erkannt haben, wollen sie sich dem klösterlichen Leben anschließen.

Mein ehemaliger Freund, der mich als Meister anredete, achtete wahrscheinlich meine spirituelle Laufbahn. In meinen 50 Lebensjahren habe ich nicht den Schmutz des weltlichen Lebens durchwaten müssen, während sich mein Freund durch das Leben kämpfte und Vieles einstecken musste. Ich rief ihn bei sich zu Hause an und fragte nach seiner aktuellen Situation. Er sagte, dass er gerade dabei sei, das von Ihm im Brief geschilderte Vorhaben zu realisieren. Er wird nun also sein Leben dem Ziel der Erleuchtung widmen.

Ich vermute, dass Sie diese Geschichte für eine Erfindung meines Geistes halten - so wie die Geschichten in den Büchern, die ich früher schrieb. Doch ich garantiere Ihnen, dass diese Geschichte der Wahrheit entspricht. Ich erzählte sie auch den Ordinierten im Kloster als eine Lehre aus dem Leben. Der Freund, der mir schrieb, hatte sein Abitur bereits vor 1975 mit dem Hauptfach Literatur bestanden; er konnte sehr gut schreiben. Er ist keine Schönheit, sondern von durchschnittlichem Aussehen. In einer Gesellschaft wie der kommunistischen in Vietnam war er ein reicher Mann. Als Ehemann und Vater erfüllte er seine Pflichten. Doch warum dieses Scheitern?

Dies ist eine Frage, die jeder für sich beantworten sollte! Manche würden behaupten, dass der Ehemann seine ehelichen Pflichten Leben vernachlässigt hätte, weshalb seine Frau woanders ihre Erfüllung gesucht hätte. Andere wären der Meinung, dass die Ehefrau eine Verräterin gewesen sei. Sie hätte ihren Mann betrogen und verraten. Tausende von Antworten sind denkbar. Meiner Meinung nach muss die wichtigste Antwort von den Ehepartnern selbst kommen, denn sie müssen festlegen, wie sie mit der neuen Situation in ihrem Leben zurechtkommen wollen. Sonst werden sie vor einer Sackgasse stehen. In der heutigen Gesellschaft gibt es sehr viele Institutionen für Eheberatung, psychologische Beratung, Psychotherapie usw. Doch die Hauptrolle spielt immer noch das Ehepaar. Die Entscheidungen liegen bei ihnen, Andere können ihnen nur Rat geben.

Als Mönch stelle ich andere Überlegungen an als Sie, der oder die Sie viele Erfahrungen mit dem weltlichen Leben und mit der Liebe gemacht haben. Wahrscheinlich ist Ihre Denkweise weniger kompliziert als meine. Doch ungeachtet unserer unterschiedlichen Überlegungen empfinden wir dieselbe Bitterkeit und Grausamkeit des Lebens. Wo liegt das wahre Glück? Wo kann man die edelmütige Liebe finden? Ich glaube, dass die Deutschen genau so wie wir Vietnamesen sind, denn sie sind ja auch Menschen. Die Deutschen haben wahrscheinlich noch mehr Unstimmigkeiten in ihrem Leben als die Vietnamesen zu bewältigen. Viele traurige Schicksale werden in den Zeitungen und anderen Medien geschildert, die wir täglich lesen oder hören. Ich glaube, dass ich zu diesem Thema nicht noch mehr Tinte und Papier zu verschwenden brauche. Wichtig ist zu wissen, was wir wollen und wer wir sind! Dies ist eine zwingende Notwendigkeit.

In der Unterrichtseinheit über den Sutra Mahaprajna von Nagarjuna stellte ich einmal folgende Frage: „Was ist am schwierigsten?" Es kamen viele Antworten, von denen natürlich keine vollkommen falsch war, doch auch keine den von mir gemeinten Sinn der Frage betraf. Eigentlich haben wir unsere Denkweise stets nach außen gerichtet - also weg von uns selbst. Wir unterscheiden zwischen arm und reich, hässlich und schön, gut und böse usw., doch niemand versucht dabei, sich selbst zu sehen oder zuzuordnen; deshalb geschieht so viel Leid auf dieser Welt. Die eigentliche Antwort auf meine der Klasse gestellte Frage hätte lauten müssen: „Sich selbst zu verstehen, ist am schwierigsten!" Diese Antwort erwartete ich, doch von niemandem hörte ich sie.

In diesem Leben steht der Eine über dem Anderen - nicht, weil er einen höheren akademischen Grad besitzt oder weil er schöner, mächtiger oder adlig ist, sondern weil er eine bessere Durchsetzungskraft aufweist. Wer einen eisernen Willen besitzt, wer in Zeit und Leben durchhält, wird Erfolg haben. Dieser Wille hilft uns, die Buddhaschaft zu erreichen, als Patriarch zu wirken sowie im Himmel oder als Mensch wiedergeboren zu werden. Andererseits kann der Wille uns auch in die Hölle bringen, wenn er so schwach ist, dass wir keine Kontrolle über unser Leben haben. Der Wille ist also sehr wichtig.

Außerdem müssen wir uns Kenntnisse aneignen. Das Lernen endet mit einem Abschluss. Als Lehrer oder als Vorgesetzter muss man sein Können unter Beweis stellen. Wenn wir keine Kenntnisse besitzen, wird unser Mitarbeiter nicht auf uns hören. Kenntnis entsteht durch Lernen, Kenntnis kommt natürlich nicht vom Abschluss, Kenntnis entsteht durch eigene Untersuchungen an Hand von Büchern und Sutras. Deshalb berücksichtigt man zwei Kriterien bei der Auswahl eines Kandidaten für die Stelle eines Lehrers oder eines Direktors, ja, sogar eines Abgeordneten im Rat: Abschluss und Können. In Asien wählten früher die Könige ihre Beamten mit Hilfe von Prüfungen dichterischer Fähigkeiten aus - und ihre Generäle mit Hilfe von Wettkämpfen im Ring. Damals gab es nur die zwei Kategorien Literatur und Kampf. Heute dagegen sind so viele Kriterien zu berücksichtigen, z. B. Wissenschaft, Technik und Umwelt. Meiner Meinung nach muss ein Bewerber in allen Situationen stets die obigen Kriterien erfüllen.

Ein anderes, nicht minder wichtiges Kriterium ist die Ausdauer. Worin sollen wir ausdauernd sein? Wenn wir eine Arbeit erledigen, verfolgen wir diese Arbeit und führen sie zum Erfolg. Niemand anders bringt uns den Erfolg oder ermöglicht uns das Scheitern - nur wir selbst. Anstrengung, Hingabe und Geduld sind die Voraussetzungen für einen Erfolg. Doch oft werden Diejenigen, die Erfolg haben, von Hochmut geplagt. Menschen, die hohe gesellschaftliche Positionen innehaben, können oft ihre Gier nicht bremsen. Daraus entstehen dann Korruption, Machtmissbrauch und letztendlich Diktaturen. Wenn die Liebe in Ehen ihren Höhepunkt überschritten hat, folgt manchmal die Hinterlist. Die Eheleute geben sich z. B. gegenseitig die Schuld. Niemand gibt nach; es folgt dann die Scheidung. Wenn allerdings jeder die eigenen Fehler erkennen würde, wäre die Welt um ein Vielfaches schöner. Ich wünsche der Welt einen Tag, an dem die Menschen diese Regel als Richtlinie für ihr Leben anwenden. Dann werden Familien glücklicher miteinander leben und die Regierungen die Staaten besser regieren können.

Ich nannte mein 34. Buch „Danke schön Deutschland!" Ich glaube, dass sich manche Deutsche die Mühe machen werden herauszufinden, wofür ich mich bei ihnen bedanke. Manche werden vermutlich enttäuscht sein, weil ihr Name nicht zum Dank für die Spenden, die sie uns gaben, erwähnt wird. Ich möchte hier den Menschen eine Richtung aufzeigen, welche die schönen Seiten des Lebens zur Geltung bringt. Dies ist meine Aufgabe als Vietnamese, der in Deutschland etwas beizutragen hat.

Für die den Vietnamesen erwiesene Unterstützung des Bundesinnenministeriums für unsere Kultur- und Medienarbeit habe ich mich bereits an anderer Stelle ausführlich bedankt. Wer mehr über diese staatlichen Hilfen erfahren möchte, kann sich in der Magister- und der Doktorarbeit meines Schülers Thich Hanh Gioi - „Der vietnamesische Buddhismus in Deutschland" und „Der vietnamesische Buddhismus in den USA" - informieren. In diesen Schriften finden sich auch ausführliche Quellenhinweise. Man kann auch die Bücher von Herrn Dr. Baumann, Gastprofessor der Universität Hannover am Institut für Religionswissenschaft, und von Frau Dr. Rump zu Rate ziehen. Beide Personen sind Wissenschaftler; deshalb beziehen sie ihre Informationen aus sicheren Quellen und formulieren Sätze viel fachmännischer, als ich es hier tue.

Sicherlich werde ich eines Tages sterben müssen. Auch Sie werden vermutlich ein Alter von 100 Jahren nicht erreichen und daher auch nicht die weiteren Veränderungen in der Welt bezeugen können. Dennoch wissen wir, dass die Gegenwart die Früchte aus Keimen der Vergangenheit trägt und die Zukunft die Ergebnisse der gegenwärtigen Bemühungen zeigen wird. Die Geschichte fließt mit der Zeit; sie steht nicht still. Was ich heute zu sagen habe, wird noch in Tausenden von Jahren in den deutschen Bibliotheken und in den Menschen existieren, die meine Texte lesen werden. Hier in Deutschland haben mehr als 100.000 Vietnamesen ihre Freiheit wieder gewonnen. Dafür werden wir den Deutschen immer dankbar sein.

An dieser Stelle möchte ich besonders Herrn Dr. Meihorst danken. Er ist seit dem Baubeginn in der Karlsruher Straße Berater der Pagode Vien Giac. 1989, als wir mit dem Bau der Pagode begannen, stießen wir auf im Grundstück eingelassene Betonblöcke aus dem Fundament eines früheren Bauwerkes. Obwohl die Baufirma Mehmel den Zuschlag für das Bauprojekt bekam und Herr Dr. Meihorst als erfolgloser Mitbewerber leer ausging, stand er uns seitdem zur Seite. Er half uns mit einem Anwalt, um etwas Geld für die Beseitigung des Betons vom Vorbesitzer des Grundstücks zu bekommen. Er war auch Vermittler zwischen uns und der Firma Mehmel, so dass wir die Baukosten in Raten bezahlen konnten. So wurde er unser dauerhafter Berater.

Vor seinem Eingreifen zu unseren Gunsten wussten wir nichts über ihn. Später erfuhren wir, dass er der Vorsitzende der Bundesingenieurskammer ist. Diesem Verband gehören 800.000 Fachleute an, welche entsprechende Positionen in der deutschen Gesellschaft innehaben. Gleichzeitig ist er auch Vorsitzender der Niedersächsischen Ingenieurskammer. Er ist ein reicher Mann mit viel Macht und hohem sozialen Rang, doch stets sehr bescheiden. Als wir knapp bei Kasse waren, lieh er uns zinslos Geld. Er und der

Architekt, Herr Tran Phong Luu, waren sich sehr einig über den Bau der Pagode Vien Giac. Die Beiden waren die Hauptpersonen während der Bauperiode von 1989 bis 1991. Von 1991 bis 1993 wurden sie teilweise von ihrer Verantwortung entlastet.

Manchmal lud ich Herrn Dr. Meihorst in die Pagode ein, um mit uns zu essen und über den Buddhismus zu diskutieren. Obwohl er kein Buddhist ist, praktiziert er oft Meditation und ist Mitglied des Hungervereins. Manchmal hungern die Mitglieder des Letzteren tage- oder sogar wochenlang, um Körper und Geist zu reinigen. Der Bitte, für die Pagode einen Brunnen anzulegen, um Wasser für den Garten zur Verfügung zu haben, kam Herr Dr. Meihorst nach, ohne uns diese Leistung jemals in Rechnung zu stellen - er sagte, dies sei eine Spende an die Pagode, denn er wusste, dass wir ein gemeinnütziger Verein sind. Er spendete auch eine große Opfergabe für unsere Andachtshalle, nämlich den roten Altartisch in der Mitte. Zu den großen Feiern wie z.B. dem Vesak-Fest anlässlich Buddhas Geburtstag bat ich Herrn Dr. Meihorst, einige Worte zu sprechen. Seine Worte rührten die vietnamesischen Zuhörer zutiefst.

In einer Gesellschaft gibt es natürlich viele Sorten von Menschen. Viele gute Menschen - wie z.B. Dr. Meihorst in Deutschland - gibt es überall. Doch auch Räuber, Diebe, Betrüger usw. gibt es nicht nur in den Entwicklungsländern Asiens, Afrikas und Lateinamerikas. In manchen dieser Länder beherrschen die Landesführer das Volk auf grausame Weise. In diesen Staaten wagt es das Volk nicht, etwas gegen die Despoten zu sagen oder zu unternehmen. Alle Medien dort dienen nur der Propaganda der Machthaber. In den westlichen Ländern dagegen genießt das Volk die wirkliche Freiheit. Alle Medien arbeiten hier unabhängig vom jeweiligen Staat. Sie scheuen sich nicht, Negatives von der Regierung sowie aus der Gesellschaft zu veröffentlichen. Hier erkennen wir den Unterschied zwischen einem diktatorischen und einem demokratischen System.

Eine Untersuchung zeigte, dass China im Jahr 2001 nur einige hundert Millionen Dollar durch den Verkauf von Softwareprodukten einnahm, während Indien im gleichen Zeitraum 8.000.000.000 Dollar an derartigen Geschäften verdiente. Der Grund für diesen Unterschied lag in den politischen Systemen: In Indien existiert die Konkurrenz ermöglichende Marktwirtschaft; in China hingegen wird die Produktion vom Staat kontrolliert und hat keine Chance einer freien Entwicklung. Die chinesischen Arbeiter kümmerten sich nur um ihre eigenen Arbeitsplätze; über den Gewinn oder Verlust ihrer Betriebe machten sie sich keine Sorgen, denn dafür stand ja der Staat gerade. Es gab keine Konkurrenten und daher keine Bemühungen um bessere Ergebnisse. Dies ist das Resultat einer diktatorischen Staatspolitik.

Das Geschehen in der Welt basiert heute auf globaler Vernetzung. Der Mensch wurde um so vieles kleiner, jedoch gleichzeitig schneller, denn in nur Sekundenbruchteilen erfährt man von Ereignissen aus der ganzen Welt z. B. durch Telefon, Fax, E-Mail und Internet. Doch niemand machte sich die Mühe, sich selbst oder Familienangehörige verstehen zu lernen. Dies ist eine Tragödie des Lebens. Arbeitslosigkeit, Scheidung, Selbstmord, Neurosen usw. werden zunehmen, denn die Menschen versuchen nur, sich in materialistischer Hinsicht zu befriedigen. Wie kommt man z.B. zu einem größeren Haus, schnelleren Wagen oder eigenem Zimmer? Das ersehnte Glück liegt gänzlich in der Privatsphäre, während überhaupt keine Gemeinsamkeit unter den Menschen mehr existiert. Hier spielt die Religion den Vermittler zwischen den Materialisten und den Spiritualisten.

Ein Mensch ohne edelmütiges spirituelles Denken unterscheidet sich nicht wesentlich von Pflanzen oder Steinen. Ein Leben, das Sinn macht, ist ein Leben mit Materiellem und Spiritualität im Gleichgewicht. Niemand soll sich nur auf den Eigenbedarf konzentrieren, ohne auf den anderen zu achten.

Heute ist es in Europa - besonders in Deutschland - Mode geworden, an Fengshui zu glauben. Fengshui bedeutet wörtlich Wind und Wasser. Wind und Wasser können das Leben jedes Einzelnen und der Familie beeinflussen. Fengshui bedeutet technisch die Wissenschaft von den Richtungen und der Lage des Landes und des Hauses. In Asien entdeckten zuerst die Chinesen diese Technik. Sie entwickelten auch eine Methode zur Berechnung günstiger Termine z. B. für Hochzeiten, Beerdigungen, Grundsteinlegungen und Grabsteinaufstellungen. Man glaubt, dass für jede Tätigkeit eine günstige Zeit gefunden werden muss, um das Wohl des Besitzers und einen Erfolg im Leben zu garantieren. Deshalb glauben viele Leute an die Fenghui-Technik. Natürlich gibt es auch hier Richtiges und Falsches. Nichts ist unfehlbar.

Beispielsweise baute sich eine Familie ein schönes Haus. Doch nach dem Einzug begannen die Kinder zu kränkeln, die soziale Stellung schwankte, und anderes Negatives geschah. Die Familie verkaufte das Haus und zog um. Andere Leute zogen in das Haus ein. Die zweite Familie hatte jedoch Glück und Erfolg. Woran lagen Unglück der Einen und Glück der Anderen? Aus der Sicht des Fengshui würde erklärt, dass die zweite Familie z. B. die Richtung der Haustür änderte oder die Betten der Kinder umstellte. Man könnte diese Begründung glauben. Weniger glaubhaft wäre jedoch die Begründung, dass unter dem Haus ein altes Grab oder ein unterirdischer Fluss existierte, das bzw. der die darüber lebenden Menschen negativ beeinflusste. Ein religiöser Mensch würde die Vorkommnisse mit dem vorhandenen bzw. nicht vorhandenen Verdienst der Beteiligten begründen. Die zweite Familie hatte dieser Begründung zufolge durch ihre guten Taten wie z.B. Spenden von Opfergaben Verdienste angesammelt; deshalb konnte sie alle Hindernisse überwinden. Ich sage auch oft: „Unser Körper ist zwar hier, doch er wird vergehen, denn wenn die vier

Elemente Erde, Wasser, Wind und Feuer nicht zusammen halten wollen, dann zerfällt unser Körper zu Staub. Obwohl unser Geist dagegen unsichtbar ist, ist er doch von dauerhafter Existenz. Der Geist ließ das Paradies, die Hölle, das Sukhavati und den Himmel entstehen - niemand sonst. Deshalb wurde der Verdienst auch vom Geist geschaffen. Obwohl er ohne Form ist, existiert er wirklich."

Die Pagode Vien Giac entwickelte sich seit ihrer Gründung stets weiter. Manche sagen, dies sei mein Verdienst. Andere sagen, dass der Erfolg zustande kam, weil der Architekt die Maße der Türen nach der Fengshui-Technik anfertigen ließ. Dies mag richtig oder auch nicht richtig sein, denn der Tempel, das Haus und die Statue sind lediglich leb- und gefühllose Gegenstände. Wir vermögen sie nach Belieben zu bewegen oder an ihrem Platz zu belassen. Viel wichtiger ist die Intension.

Seit dem Bau der Pagode Vien Giac und auch schon 10 Jahre davor haben die anderen Ordinierten und ich wie die Laien jeden Tag mit Rezitation, Niederwerfung, Aufsagen von Mantras, Meditation und Spende von Opfergaben verbracht. Aus diesem Grund entwickelte sich die Pagode und existiert bis heute. Die Zukunft des Tempels liegt in der Praxis seiner Bewohner. Wenn Letztere stets praktizieren, dann ist dies vergleichbar mit den fleißigen Bienen, welche Honig produzieren und damit Menschen anlocken. Wenn die Ordinierten ihre Praxis vernachlässigen, dann ist die Existenz des Tempels gefährdet, da in diesem Fall auch keine Unterstützung von den Laien kommen wird.

Ich muss einmal betonen, wie wichtig die Erde ist. Sie gibt uns Luft und schützt unser Leben in jedem kleinsten Augenblick unseres Daseins. Deshalb sollten wir die Erde hoch schätzen. Sie gibt uns auch Speisen wie z. B. Bohnen, Reis, Sesam, Kartoffeln und Mais. Die Menschen leben zwar auf ihr, doch manchmal quälen sie Mutter Erde nicht wenig. Sie gießen z. B. viele Giftstoffe in die

Flüsse. Diese Stoffe werden in das Meer gespült und verschmutzen damit auch dieses. Die Fische werden vergiftet; die Menschen essen die Gifte mit den Fischen; deshalb erkranken sie unaufhörlich. Wir nehmen auch Gifte mit den Pflanzen auf und werden auf diese Weise krank. Die geschilderten Vergiftungen haben wir uns selbst zu verdanken. Bei den meisten Problemen suchen wir anderswo die Schuld und werfen das Glück einfach fort, welches wir gerade in Händen halten.

Ich las einst eine Geschichte, in welcher die Autorin über einen Tempel in Mittelvietnam schrieb. Dieser Tempel wurde in kurzer Zeit errichtet, doch innerhalb von drei Jahren mussten dort sieben Äbte nacheinander ihr Amt antreten. Der Grund hierfür war, dass vier Äbte kurz nach ihrer Ernennung starben und die drei anderen nach kurzer Zeit auszogen. Die Ursache für diese raschen Wechsel ist nicht klar. Manche sagen, dass der Tempel auf einem ehemaligen Friedhof gebaut worden wäre; deshalb würden die Geister die Menschen stören. Der Verdienst der Mönche hätte noch nicht ausgereicht, um diese Geister zu besänftigen.

Ich konnte 12 Jahre lang friedlich in diesem Tempel wohnen. Dies ist dem Schutz des Buddha, des Wächters des Dharma, und der ununterbrochenen Rezitation des Suramgama-Mantra zu verdanken; deshalb hat die Andachtshalle der Pagode auch eine starke Ausstrahlung. Außerdem wird hier eine Reliquie des Buddha sowie Erde von den historischen Plätzen im Leben des Buddha verehrt. Deshalb konnte der Tempel seinen Platz behaupten. Nach 100, 200, 500 und 1000 Jahren werden wir - Sie und ich - nicht mehr hier sein. Die Statuen und der Bau mögen dann entweder noch existieren oder aber bereits vergangen sein. Dennoch werden das Bild der Pagode und seiner Bewohner ewig im Geist der Vietnamesen und der Deutschern existieren. Deshalb danke ich den Deutschen, die uns die Möglichkeit der Ausübung unserer Religion boten.

Heute - am 28.06.02 - ist mein 53. Geburtstag. Ich lebe nun also bereits eine lange Zeit auf dieser Welt. Was ist an diesem Tag so besonders?

Nun, zuerst einmal habe ich mein 34. Buch, das Ihnen hier vorliegt, innerhalb von 25 Tagen geschrieben. Die Arbeit daran bestand aus dem Recherchieren deutscher Informationen und der Niederschrift 300 handgeschriebener Seiten. Das Buch wird anschließend abgetippt und von Thich Hanh Tan und Thich Hanh Gioi ins Deutsche übersetzt. Der Umfang der gedruckten Version wird etwa 400 Seiten betragen. Ob man dies als ein großartiges Werk bezeichnen kann? Für mich ist es das am meisten befriedigende meiner Bücher. Ich weiß nichts von Ihren Empfindungen. Ich persönlich habe Ihnen mein Inneres geöffnet; ich habe Ihnen - den Vietnamesen und den Deutschen - alles gezeigt. Nichts habe ich ausgelassen; alles entspricht der Wahrheit.

Ich habe die Arbeit an diesem Buch am 4.06.02 begonnen, etwa zehn Tage nach dem Beginn der sommerlichen Zeit der Zurückgezogenheit in unserem Kloster. Bis heute - am 28.06.02 - habe ich täglich von 7:30 bis 8:00 Uhr, von 9:00 bis 10:30 Uhr und von 14:30 bis 16:00 Uhr am Buch gearbeitet. Wenn ich keinen Unterricht für die Ordinierten geben oder kein Chinesisch lernen musste, schrieb ich außerdem noch von 17:00 bis 18:30 Uhr am Text.

Die Kapitel habe ich nicht noch einmal durchgelesen, denn die Ideen zum Text strömten nur so aus meinem Kopf. Sie zwangen mich, schweigend die Arbeit am Buch zu beenden - ähnlich wie ein Vogel oder eine Biene sein bzw. ihr Nest baut, weil das Leben davon abhängt. Meine Sätze sind nicht in einer wissenschaftlichen, sondern in einer einfachen Sprache verfasst worden. Ich hoffe, dass die Leser meine Gedanken gut nachvollziehen können.

Heute kamen viele Glückwünschkarten anlässlich meines Geburtstages bei uns im Kloster an. Darunter ist auch eine von Dr.

Meihorst, der - wie erwähnt - dem Tempel viel geholfen hat. Auch kamen Schüler von mir aus Dänemark und aus Nürnberg zu mir zurück. Einige vietnamesische und deutsche Freunde warten schon auf mich in der Halle.

Aus dem fernen Vietnam schrieb mir auch Herr Bao Tam, der Bruder von Thich Hanh Bao, ein Gedicht zu meinem Geburtstag. Dieses Gedicht ist der Beginn eines Buches, das er über mein Leben schreiben will. Ich bedanke mich für diese Zuneigung und schreibe im Folgenden das Gedicht für uns alle nieder:

Besuch des Meisters Geburtsort

Der Gegangene macht die Bodhikette
Vom Dorf Xuyen My bis Hoi An,
Durch drei, vier Ordinationen,
Vinh Gia, Quang Duc und Hung Long.
Goldener Weg schimmert auch rosig,
Ha Linh, Vien Giac, Phuoc Lam, Pho Da,
Überall bleiben noch die Spuren,
Rund 30 Jahre ohne Rückkehr,
Die Wolken über Quangs Himmel sind dunkel,
Bekannte, Wegbegleiter, Heimatliche Gefühle sind immer noch
*   glühend,*
Der Gegangene ist fort seit rund 30 Jahren,
Der goldene Weg erstrahlt rosig den fernen Westen.

Jährlich wird mit der Feier des Geburtstages an die Mühe der Eltern erinnert. Ohne Eltern gäbe es unsere Existenz nicht. Ohne Lehrer gäbe uns niemand Ratschläge für unsere Entwicklung zu einem nützlichen Menschen. Ohne die Spendenbeiträge der Laien gäbe uns niemand Nahrung für die Erhaltung unseres Körpers, und ohne den deutschen Staat könnten wir nicht die Luft der Freiheit atmen. Im Vergleich mit all Diesem erscheinen wir selbst so klein - wir sind fast nichts. Meine Schüler und Bekannten bereiten mir bei dieser Gelegenheit eine Freude. Ich schätze dies sehr. Wenn ich verstorben sein werde, werde ich ja doch nichts mehr von dem für mich Geopferten genießen können.

Dies ist auch mein 31. Jahr im Ausland. Während dieser Zeit habe ich meine Energie der jungen Jahre für die Religion und für das Leben verwendet. Es gibt so viel zu sagen und zu beenden. Was zu sagen war, habe ich gesagt. Was zu schreiben war, habe ich geschrieben. Ich bin wie eine Seidenraupe, welche die Seide für die Verschönerung des Lebens erzeugt. Pflaumenblätter können nicht ohne die Raupe zu Seide werden. Und die Raupe wäre - wenn sie nur die Blätter essen würde, ohne Seide zu produzieren - doch nur ein normales Tier.

In diesem Leben habe ich vielen Menschen zu danken. Deshalb möchte ich im Folgenden meinen Dank aussprechen, sonst vergeht die Gelegenheit dazu ungenutzt. Als erstes danke ich noch einmal Deutschland einschließlich des Innenministeriums. Das Letztere ermöglichte übrigens auch das Erscheinen dieses Buches.

Als nächstes kommen die Schüler und Mitarbeiter, die den Text eingaben, die drucken, durchlesen, korrigieren, einordnen, kleben, schneiden, frankieren usw. So viele Arbeitsschritte! Genügt das Wort „Danke" allein für dies alles? Ich glaube nicht! Deshalb öffne ich allen Menschen mein Innerstes, um Vertrauen zu wecken - und um Mitarbeiter zu motivieren, damit wir gemeinsam unseren Glauben und unsere neue Heimat aufbauen können. Dies ist mein innigster Wunsch für die Religion und das Leben. Andere Dinge wie Lob, Beschimpfung, Sieg und Niederlage möchte ich den Menschen zurückgeben, denn ich möchte sie nicht in das Land der Ruhe mitbringen.

Ich lebe sehr einfach und werde wahrscheinlich auch so sterben. Ich wünsche nur, dass die Weisheit immer auf dieser Welt verweilt, um das Leid zu lindern, damit sich das Leben zum Besseren wenden kann.

Ich werde nun den Stift niederlegen und anlässlich meines 53. Geburtstages auf meine Taten zurück blicken, damit ich anschließend einen leuchtenden Blick auf die restlichen Monate und Jahre meines Lebens richten kann.

Ich danke dem Leben, danke den Menschen, danke allem - Deutschland inbegriffen, wie der Titel des Buches schon sagt. Mögen alle Menschen und anderen Lebewesen ein hohes spirituelles Leben genießen!

Abgeschlossen am 28.06.2002
im Privatraum in der Pagode Vien Giac
am 53. Geburtstag des Autors
Thich Nhu Dien

Kurze Biografie des Hochehrwürdigen Thich Nhu Dien

- Weltlicher Name: Cuong Le
- Geboren am 28.06.1949 in Duy Xuyen, Quang Nam, Vietnam.
- Akademischer Grad: Bachelor in Pädagogik und MA in Buddhismuskunde.

1964: Ordination zum Novizen in der Phuoc Lam und Vien Giac Pagode in Hoi An.

1971: Ordination zum Bhikshu (Mönch) in der Quang Duc Pagode in Thu Duc.

1972: Beginn des Studiums in Japan.

1977: Besuch in Deutschland, stellte Antrag auf Asyl und lebt seitdem in Deutschland.

1978: Gründung des Vien Giac Tempels in Hannover, der später zu Vien Giac Pagode wurde.

1978: Gründung der Vereinigung der vietnamesischen Studenten und Buddhisten, die später zu Vereinigung der Buddhistischen Vietnam-Flüchtlinge wurde.

1979: Gründung der Congregation der Vereinigten Vietnamesischen Buddhistischen Kirche in Deutschland.

1988: Ernennung zum Thuong Toa (Ehrwürdiger) in der Ordinationszeremonie Dai Nguyen in der Phap Hoa Pagode, Marseille, Frankreich.

2008: Ernennung zum Hoa Thuong (Hochehrwürdiger) in der Phap Chuyen Ordinationszeremonie in der Vien Giac Pagode, Hannover, Deutschland.

2011: Verleihung mit der höchsten Auszeichnung für buddhistische Tätigkeiten vom Sangha Rat in Colombo, Sri Lanka.

2015: Wahl zum zweiten Präsidenten der Congregation der Vereinigten Vietnamesischen Buddhistischen Kirche in Europa (2015-2020).

2018: Wahl zum Vize-Präsidenten des World Buddhist Sangha Councils – WBSC in Penang, Malaysia.

- Verfasste und übersetzte zirka 70 Bücher aus dem Englischen, Chinesischen, Japanischen und Deutschen in die vietnamesische Sprache.

(Stand: Mai/2019)